Naser-e-Khosrou

Safarname

Eine Predigtgesellschaft.

Aus: »Kolliyat« von Saʿdi, 1421
Handschriftenabteilung der Universität Heidelberg, Cod. Trüb. 54

Naser-e-Khosrou

SAFARNAME

Ein Reisebericht aus dem Orient des 11. Jahrhunderts

Herausgegeben, bearbeitet und aus dem Persischen übersetzt von Seyfeddin Najmabadi und Siegfried Weber

Diederichs

Die persischen Kalligraphien der Kapitelüberschriften
wurden von Professor Seyfeddin Najmabadi angefertigt.

Die Deutsche Bibliothek – CIP-Einheitsaufnahme
Nāṣir Ḫusrau:
Safarname : ein Reisebericht aus dem Orient des 11. Jahrhunderts /
Naser-e-Khosrou. Hrsg., bearb. und aus dem Pers. übers.
von Seyfeddin Najmabadi und Siegfried Weber. –
München : Diederichs, 1993
Einheitssacht.: Safar-nāma <dt.>
ISBN 3-424-01195-9
NE: Najmabadi, Seyfeddin [Hrsg.]

Lektorat: Matthias Wolf
Umschlaggestaltung: Ute Dissmann, München
Produktion: Tillmann Roeder, München
Satz: Uhl + Massopust, Aalen
Druck und Bindung: Bosch Druck, Landshut/Ergolding
Printed in Germany

ISBN 3-424-01195-9

Inhalt

Einleitung

Die islamische Welt im 11. Jahrhundert

Die islamische Welt zu Lebzeiten Naser-e-Khosrous, also noch vor den Kreuzzügen, umfaßte ein riesiges Gebiet, das sich von Spanien über Nordafrika, die Arabische Halbinsel, Palästina, Syrien, Mesopotamien und den Iran hinweg bis nach Zentralasien erstreckte. Die Eroberung Nordindiens ging allmählich voran, und Händler und vom missionarischen Gedanken ergriffene Gläubige trugen ihre Religion weit über die Grenzen der bekannten Welt hinaus.

Doch blickt man auf eine Karte zu jener Zeit, so ergibt sich kein einheitliches Bild: Dynastien haben sich etabliert, Fürstentümer und Königreiche sind entstanden. Zu groß waren die Unterschiede zwischen den einzelnen Völkern gewesen, und die Einheit der Umma, der Gesamtheit aller gläubigen Moslems, war schon früh zerbrochen. Die vom egalitären Gedanken durchdrungene Lehre des Islam konnte alte Streitigkeiten nicht dauerhaft unterbinden, ebensowenig wie das Aufkommen neuer. Anfänglich überdeckte die rasche Ausbreitung der Lehre des Propheten in einer alles hinwegfegenden Euphorie die teilweise doch recht krassen Gegensätze der einzelnen Völker, und solange der Islam noch relativ ungehemmt zu expandieren vermochte, tauchten auch kaum ernsthafte Probleme auf. Erst als der Drang nach außen ins Stocken geriet und die Regionen dauerhaft verwaltet werden mußten, brachen alte Rivalitäten wieder auf, und neue entstanden. Auch taten mit der Zeit aufkommende soziale Mißstände ein übriges.

Die Folge war, daß die Dynastien einander ablösten, und auch die Lehre des Islam selbst machte mehrere schnell aufeinanderfolgende Spaltungen durch, wobei auch jeweils das Gedankengut der unterworfenen Völker mit aufgenommen und verarbeitet wurde. Die Kernfrage bei alledem war, wie denn nun, nach dem Tod Muhammads, die gerechte Herrschaft auf Erden in Abwesenheit eines Vertreters Gottes zu realisieren sei.

Das 11. Jahrhundert war vornehmlich dadurch gekennzeichnet, daß die türkischen Stämme Zentralasiens, allen voran die Ghuzz oder Oghuzen, die schon seit dem 8. Jahrhundert den (sunnitischen) Islam angenommen hatten, nun die Ostgebiete der islamischen Welt überrannten und stetig nach Westen hin vorstießen. Die Saldjuqen, wie sie sich selber nach ihrem

Ahnherrn Saldjuq nannten, bildeten die Speerspitze dieser türkischen Völkerwanderung. Sie hatten sich von den Ghuzz abgespalten und waren unter ihren Führern Toghril Beg Muhammad (gest. 1063) und dessen Bruder Djaghri Beg (gest. 1061) in das Gebiet des heutigen Iran vorgedrungen. Toghril Beg dehnte in den folgenden Jahren seinen Herrschaftsbereich systematisch aus. Bis zu dieser Zeit waren die Türken bei den diversen Herrscherhäusern geschätzte Sklaven gewesen und waren bevorzugt als Elitetruppen sowie Leibwachen eingesetzt worden, da sie noch in keinerlei Abhängigkeiten verstrickt waren. Daß die türkischen Garden indes nicht nur willfährige Gehilfen waren, zeigte sich erstmals in den sechziger Jahren des 9. Jahrhunderts, als es ihnen in Baghdad gelungen war, die Herrschaft an sich zu reißen und ein Jahrzehnt dauernder Machtkämpfe folgte, denen drei Kalifen zum Opfer fielen. Ferner bewiesen dies die Tuluniden und Ikhshiditen in Ägypten (9./10. Jahrhundert) sowie im Ostiran die Ghaznaviden; alle ihre Begründer stammten von türkischen Söldnersklaven ab.

Im Jahre 1055 nahm Toghril Beg nach der Machtübernahme in Baghdad den Titel Sultan an, während der ohnehin machtlose ʿAbbasidenkalif al-Qa'im Ibn ul-Qadir weiterhin nominell der Umma vorstehen durfte. 1043, nach der Eroberung der Stadt Rey, hatte er Verhandlungen mit dem Kalifen aufgenommen und sich zu dessen Schutzherrn erklärt.

Bereits geraume Zeit davor war die tatsächliche Macht des Kalifen in Baghdad in die Hände der iranischen Buyiden (932-1055) übergegangen. Diese stammten aus Deylam, der Gebirgsgegend südlich des Kaspischen Meeres, die beständig Nachschub an kampfkräftigen Söldnern hervorbrachte. Die Buyiden, nach ihrem Stammvater Buya (arab. Buwayh) genannt, nutzten die schwindende Macht des ʿabbasidischen Kalifats für ihre Vorstöße und gelangten schließlich zur Macht. Obgleich Schiiten, ursprünglich gar Zayditen und Ismaʿiliten, setzten sie den sunnitischen Kalifen nicht ab. Er sorgte der Form halber für ihre Legitimität, während die tatsächliche Macht in den Händen des jeweiligen Oberamir blieb. Der Buyide ʿAdud ud-Daula (949-983) brachte die wahren Verhältnisse ans Licht, indem er sich mit dem alten iranischen Titel Shahan-Shah (König der Könige) schmückte. Dies kann man als den Ausdruck einer allgemeinen Tendenz der Buyidenherrschaft ansehen. Denn sie brachten, neben verschiedenen Reformen, das spezifisch iranische Element stärker zum Ausdruck, einhergehend mit einem Aufleben der Kultur. Der letzte Buyide al-Malik ur-Rahim wurde 1055 von Toghril Beg abgesetzt.

Diese Schwäche des Kalifats in Baghdad hatte indes nicht nur den türkischen Einmarsch begünstigt, sondern auch im Westen der islamischen Welt lokale Erhebungen und selbständige Staatengründungen provoziert. So hatten die Fatimiden Nordafrika mit der ismaʿilitischen Lehre überzogen, in Ägypten einen eigenen Staat gegründet (ab 969) und beanspruchten Kalifatswürden.

In der Folgezeit gelang es den Saldjuqen, ihre Herrschaft zu konsolidieren und weitere Gebiete zu erobern, sie stießen dabei aber im Westen auf die Fatimiden, die ein weiteres Vordringen verhinderten. Weiter nördlich verlief ihre Expansion erfolgreich. Mit ihrem Sieg über ein byzantinisches Heer im Jahr 1071 in der Schlacht von Mantzikert in der Nähe des Van-Sees eröffnete sich ihnen das Anatolische Hochland, und sie bereiteten den Weg zur Türkisierung Kleinasiens vor. Während die sogenannten Groß-Saldjuqen etwa das Gebiet des heutigen Iran dauerhaft unter ihre Kontrolle bringen konnten (bis 1158, in Kerman bis 1186), regierten die Rum-Saldjuqen in Kleinasien (1077-1307, seit 1243 unter mongolischer Oberheit).

Ägypten zur Zeit al-Mustansirs

Folgt man den Aussagen des Verfassers hinsichtlich einer Zustandsbeschreibung der islamischen Welt zur Zeit seiner Reise, dann gab es nur wenige über die Landkarte hinweg verstreute Inseln der Sicherheit und des Wohlstandes. Am Ende des Safarname erwähnt der Autor vier Gebiete, die seinen Vorstellungen dahingehend entsprechen, sowie die Garanten dieser Ideale.

Die für uns hier wichtigste Aussage betrifft Ägypten zur Zeit des achten Fatimidenkalifen al-Mustansir bi Allah, der von Naser-e-Khosrou an dieser Stelle als Amir ul-Mu'minin, Herrscher der Gläubigen (ansonsten betitelt er ihn ausschließlich mit Sultan), angeredet wird. Es handelt sich hier übrigens um die einzige Textstelle, wo der Name dieses Kalifen Erwähnung findet.

Was den Autor zu der Aussage verleitete, Ägypten sei ein blühendes und sicheres Land, kann Spekulationen überlassen bleiben (der Verdacht der Beschönigung eines ismaʿilitischen Gemeinwesens ist nicht vollständig von der Hand zu weisen), jedenfalls stellte sich die tatsächliche Situation, zieht man zusätzliche Quellen zu Rate, über weite Strecken völlig anders dar.

al-Mustansir bi Allah Abu Tamim Maʿadd Ibn ʿAli az-Zahir wurde am 2. Juli 1029 geboren und war ab 1036 Kalif. Seine Herrschaft, wenigstens dem Namen nach, ist noch heute die längste, die je ein islamischer Herrscher innegehabt hat. Sie dauerte bis zum 10. Januar 1094.

Zu Beginn seines Kalifats wurden die Regierungsgeschäfte noch vom Wazir seines Vaters Abu-l-Qasim al-Djardjara'i geleitet. Nach dessen Tod herrschte de facto die Kalifenmutter, eine ehemalige, aus dem Sudan stammende Sklavin. Ihr vormaliger Besitzer, der jüdische Kaufmann Abu Saʿd ut-Tustari, stand dabei wohl zusammen mit seinem Bruder Abu Nasr Harun im Hintergrund und zeichnete für manche Intrige verantwortlich. Die Ermordung Abu Saʿds im Jahre 1047 bei einem Truppenaufstand ist von Naser-e-Khosrou festgehalten worden und zeigt, daß die Zustände in Ägypten nicht so gesichert waren.

Auch mit der Ergebenheit der Truppen scheint es nicht weit her gewesen zu sein. Denn es wird von mehrfachen Kämpfen zwischen den verschiedenen Truppenteilen berichtet, die, wie auch im Safarname beschrieben, in der Hauptsache nach ihrer ethnischen Herkunft gegliedert waren. Besonders die Jahre 1062-1067, also bereits nach der Abreise des Autors, waren von den andauernden Rivalitäten der Truppen, die in offene Kämpfe ausarteten, gekennzeichnet. So verbündeten sich die Mashariqa mit den Magharibа und bekriegten und vertrieben schließlich die Zunudj. Im Verlauf dieser Kämpfe avancierte der Anführer der Mashariqa zum starken Mann und erklärte sich kurzzeitig zum Sultan, wobei er al-Mustansir kurzerhand absetzte und mit einer monatlichen Zahlung von 100 Dinaren abfand.

War al-Mustansir bereits 1054/55 – zu dieser Zeit hatte anscheinend der Qadi Abu Muhammad Hasan al-Yazuri die Fäden in der Hand – gezwungen gewesen, die Byzantiner unter Kaiser Konstantin IX. um Nahrungsmittellieferungen zu ersuchen, da eine Hungersnot Ägypten bedrohte, so hatten diese kriegerischen Auseinandersetzungen eine regelrechte Katastrophe zur Folge. Die Jahre 1065-1072 waren wahre Hungerjahre, wie man sie sich kaum schlimmer vorzustellen vermag. Es sind Fälle von Menschenjagden bekannt, die einzig zu dem Grund veranstaltet wurden, um die Gejagten anschließend aufzuessen. Der Verzehr von Hunden, Katzen und Ratten war an der Tagesordnung.

Erst mit der Machtergreifung des aus Armenien stammenden Badr ul-Djamali, den al-Mustansir in ʿAkka um Hilfe ersuchte und der daraufhin mit seinen Truppen nach Ägypten marschierte, änderte sich die Situation. Er führte das Land von 1074 bis 1094 und verheiratete seine Tochter mit dem jüngsten Kalifensohn, dem späteren Fatimidenkalifen al-Mustaʿli.

Die Fatimiden führten ihre Herkunft auf Fatima, die Tochter des Propheten, zurück und waren Anhänger und Verbreiter der isma'ilitischen Lehre. Isma'il war der Sohn Dja'far us-Sadiqs und noch vor diesem gestorben. Die Isma'iliten erkennen ihn als den rechtmäßigen Imam an und brechen mit ihm die Reihe der Imame ab, im Gegensatz zur schiitischen Mehrheit, den Zwölferschiiten oder Imamiten, die diese Reihe über dessen Bruder Musa al-Kazim weiterführt. Da Isma'il somit der siebte und letzte Imam für diese Gruppe darstellt, werden sie auch Siebenerschiiten genannt.

Nach der Etablierung der Dynastie in Ägypten im Jahre 969 überzogen die Fatimiden bald darauf die islamische Welt mit einem Netz von Missionaren, den Da'i, und traten somit als offene Rivalen der sunnitischen 'Abbasiden in Baghdad auf, die damals freilich ihre Macht schon eingebüßt hatten.

In ihrer Lehre unterscheiden die Isma'iliten zwischen der generell akzeptierten Lehrmeinung, die aus den einschlägigen Schriften und den darin niedergelegten Gesetzen hervorgeht, und einer verborgenen Wahrheit. Erstere wurde ›zahir‹ genannt und war mit dem jeweiligen Ritual von den Propheten verkündet worden. Es existiert indes eine innere, ›batin‹ genannte Wahrheit, die unvergänglich und aus dem Qoran zu deuten ist. Diese Deutung (ta'wil) ist allerdings nur Eingeweihten möglich. Aufgrund dieser Differenzierung werden die Isma'iliten häufig auch als Batiniten bezeichnet.

Die zyklische Geschichtsauffassung der Isma'iliten kennt sieben Ären (daur), die jeweils von einem sogenannten Natiq (Sprecher) eingeleitet wurden. Bei diesen handelt es sich um Adam, Noah, Abraham, Moses, Jesus und Muhammad. Der kommende siebte Natiq wird Muhammad Ibn Isma'il sein, der Qa'im oder Mahdi, und mit seinem Erscheinen wird die bisherige Ordnung förmlich auf den Kopf gestellt werden. Denn er wird eine völlig neue Herrschaft errichten, und alle Gesetze und Religionen, selbst der Islam, werden abgeschafft werden.

Jedem Natiq ist ein Asas (Fundament) oder Wasi (Bevollmächtigter) beigestellt, der die geheime Lehre einem kleinen Kreis von Personen enthüllt. Der Asas des Propheten Muhammad war der Kalif 'Ali gewesen.

Solange jedoch der letzte Natiq noch nicht erschienen ist, vertreten ihn während seiner Abwesenheit zwölf Hudjdja, die auf ebenso viele Djazira (Diözesen, von denen indes lediglich sechs nachzuweisen sind) verteilt sind und denen die Da'i (Missionare) unterstehen. Die Leitung und Steuerung der fatimidischen Mission lag in den Händen des Da'i ad-Du'at

(Oberdaʿi), der auch Bab (Tor) genannt wurde und der regelmäßige öffentliche Vorlesungen, die Madjalis ul-Hikma (Sitzungen der Weisheit), im Palast von Kairo abhielt und die Adepten einweihte.

Demnach läßt sich folgende Hierarchie festhalten: an-Natiq, al-Wasi, Imam, al-Bab, al-Hugga, ad-Daʿi (mit den Untergruppen: Daʿi ul-Balagh, ad-Daʿi ul-Mutlaq, ad-Daʿi ul-Mahsur), al-Ma'dun (mit den Untergruppen: al-Ma'dun ul-Mutlaq, al-Ma'dun ul-Mahsur), al-Mukasir, al-Mu'min ul-Baligh, al-Mustadjib (die beiden letzten sind Bezeichnungen für einfache Gläubige).

Ein zentraler Punkt war ihr Glaube an den verborgenen Imam, in dessen Erwartung die Ismaʿiliten wirkten. Es zeigte sich jedoch häufig, daß dieses Modell leicht mißbraucht werden konnte, indem sich einzelne Daʿis als der ersehnte Mahdi ausgaben und Gefolgschaft forderten. Dies führte immer wieder zu Spaltungen und Auseinandersetzungen. So entzweiten sich an dieser Problematik bereits Ende des 9. Jahrhunderts Fatimiden und Qarmaten. Während erstere seit al-Mahdi ›lebende‹ Imame anerkannten (die jeweiligen Kalifen), hielten letztere am Glauben in die Erwartung des verborgenen Mahdi fest.

Nach den Fatimiden, die ihre Herrschaft im Jahre 1171 an den Kurden Salah ud-Din, der bei uns unter dem Namen Saladin Berühmtheit erlangte, abtreten mußten, wurde die Lehre noch von den Tayyibi und den Nizari weitergetragen.

Zu den Tayyibi, die den Fatimidenkalifen al-Mustaʿli, den Sohn al-Mustansirs, bzw. dessen Enkel at-Tayyib als rechtmäßige Imame anerkennen, zählen heute noch die indischen Bohoras (oder Dawudi, und die jemenitischen Sulaymani), die sich 1591 über die Nachfolge des 26. Daʿi zerstritten und gespalten hatten. Die Nizari, die hingegen Nizar, den anderen Sohn al-Mustansirs, favorisieren, sammelten sich in der Gruppe der indischen Hodschas sowie den Anhängern des Aga Khan, der über die sogenannte Qasim-Shahi-Linie von den Assassinen in Alamut abstammen soll. Die Assassinen waren bis ins 12./13. Jahrhundert eine gefürchtete Gemeinschaft, die mittels Terroranschlägen sich einen zweifelhaften Ruf verschafft hatte. Sie konnten sich in Syrien und im Iran festsetzen, wo sie in der Folgezeit allmählich von den Mamluken, den Mongolen und den Safaviden bekämpft und besiegt wurden. Kleinere Nizari-Gemeinden haben bis in die Gegenwart im Ostiran überlebt.

Im Pamir, der letzten Wirkstätte Naser-e-Khosrous, lebten vor der russischen Invasion noch mehrere kleinere Gruppen von Ismaʿiliten.

Der Autor

Hakim Abu Moʿin Naser Ibn Khosrou Ibn Hares al-Qobadiyani al-Balkhi al-Marvazi, bekannt als Naser-e-Khosrou, wurde im Monat Dhu-l-Qaʿda des Jahres 394 (August/September 1004) in Qobadiyan, in der Nähe der Stadt Termez am Fluß Badakhshan, geboren. Er schreibt dazu in seinem Diwan: »394 Jahre waren seit der Hidjra vergangen, als meine Mutter mich in die Welt setzte.« Seine Familie, eine Beamtenfamilie, die ihre Herkunft auf den Kalifen ʿAli zurückführte, lebte in Balkh, und seinen eigenen Angaben zufolge war sie angesehen und recht wohlhabend; sie soll über ein Landgut verfügt haben.

Über seine Kindheit ist wenig bekannt, doch muß er, wie seine spätere Karriere im Staatsdienst beweist, eine gute Ausbildung genossen haben, wenn es auch, worauf einige Autoren hinweisen, um seine theologische Ausbildung nicht sonderlich gut bestellt gewesen war. Später wurde er zum Autodidakten. In seinen eigenen Worten: »Bei jeder Art von Wissen, wovon ich hörte, ließ ich mich nieder.« Im folgenden zählt er auf, mit welchen Wissensgebieten er sich befaßte: historische Zeugnisse, Arithmetik, dem Almagest des Ptolemäos, Musik sowie die Werke Euklids und Aristoteles'.

In seiner Jugend hatte er Zugang zu dem Herrscherhaus der Ghaznavidensultane Mahmud und Masʿud – zumindest behauptet er dies in seinem Safarname, ohne näher auf seine Beweggründe oder gar Tätigkeit einzugehen. Sein erster Kontakt mit den Ghaznaviden muß dann in jedem Falle vor seinem 27. Lebensjahr stattgefunden haben, da Mahmud im Jahre 421 (1030) starb. Folgt man seinen Gedichten, dann muß die Schlußfolgerung eindeutig ausfallen: »Fragend ging ich von einer Stadt zur anderen, suchend wandte ich vom Meer dem Land mich wieder zu; durch die Länder der Perser, Araber, Inder, Türken, Sindi, Hebräer und Byzantiner – vom Anfang bis zu deren Ende.«

Als 1040 die sunnitischen Saldjuqen die Macht in Khorasan übernahmen, zog Naser-e-Khosrou von Balkh nach Marv um und trat im Alter von 43 Jahren in ihre Dienste, nach seinen eigenen Worten als Sekretär, der sich unter anderem mit finanziellen Belangen auseinanderzusetzen hatte und der dabei wohl erfolgreich tätig war. In seinem Diwan nennt er sich Adib (Literat, gebildet), Dabir-e-fazel (hervorragender oder gelehrter Sekretär), Kh^{w}adje-ye-khatir (angesehener Herr), und er schildert, in welchen Kreisen er verkehrte: »Ich bin gerade dieser Naser, der bei den Versammlungen der Amire, Kanzler und Wazire nicht fehlen durfte.« Seine spätere Meinung von den neuen Herren ist indes nicht eben hoch:

»Die Erde Khorasans, einst ein Ort der Lebensart, ist jetzt zum Bergwerk unwürdiger Dämonen geworden.« Und: »Denn der Pöbel, vormals ohne Hab und Gut, hat sich in Khorasan niedergelassen und zum Hausherrn und zur Hausherrin aufgeworfen.«

In diese Zeit fällt nun seine tiefe persönliche Krise, die er in einem Gedicht in sein 42. Lebensjahr verlegt. Im Safarname schildert er eindringlich seine Flucht in den Alkohol und sein Traumgesicht, das ihm den Weg wies und ihn dazu brachte, die Hadjdj zu unternehmen, die ihn sieben Jahre lang von seinem Zuhause fernhielt. Nichts weist in dem Reisebericht darauf hin, daß andere Gründe für seine Reise ausschlaggebend gewesen sein mochten. Nun, Vermutungen dürfen hier angestellt werden, da dieser Traum ein hinlänglich bekanntes Motiv darstellt, das häufig in Biographien Verwendung findet. Die Frage nach der zeitlichen Einordnung seiner Bekehrung zur Isma'iliya, vor seiner Reise oder erst in Ägypten, ist nicht endgültig zu klären. In seinem Diwan stellt er sich indes als einen Suchenden dar, der die Reise letztlich zur Klärung seiner dringenden Fragen unternommen hat. Die Fortsetzung der oben zitierten Verse, seine Reise betreffend, lautet: »Ich wandte mich an Philosophen, Manichäer, Sabäer und Zurvanisten und befragte sie oft.«

Seine Reise führte ihn, zusammen mit seinem Bruder Abu Sa'id-e-Khosrou und einem indischen Diener, durch viele Regionen und Länder, die hinsichtlich der kulturellen Gegebenheiten enorme Unterschiede aufwiesen. Seine einschneidendsten Erlebnisse müssen ihn in Arabien ereilt haben. Hier ist er recht sparsam mit Informationen, läßt jedoch keine Gelegenheit aus, auf die – aus der Sicht des gebildeten, in hohen Kreisen sich bewegenden Persers – rohen und verderbten Sitten der Beduinen hinzuweisen und seine Abscheu darüber kundzutun.

Die mit Abstand längste Zeit, nämlich drei Jahre, nimmt sein Aufenthalt in Ägypten ein – Grund genug, um reichlich Spekulationen anzustellen. Ist er nun dem Fatimidenkalifen al-Mustansir persönlich begegnet oder nicht? Dies schält sich als eine der Kernfragen der Autoren heraus, die sich mit ihm befaßten, und begründbar sind beide Auffassungen. Jedenfalls schreibt er selbst nichts dazu, er schildert lediglich Privaträume und öffentliche Auftritte des Kalifen und erklärt, daß das Leben hier sehr angenehm sei. Einleuchtend erscheint allerdings, daß er zur Verleihung seines Titels ›Hudjdjat‹, gleichzeitig ein Einweihungsgrad, bei al-Mustansir hat vorstellig werden müssen, da nur dieser persönlich den Titel verleihen durfte, der den Träger zum Führer einer Reihe von Missionaren, den Da'i, machte, die in einer abgegrenzten Region, der Djazira (›Insel‹, Diözese), ihrer Aufgabe nachgingen. Aber es wird auch bezweifelt, wenngleich wenig überzeugend, daß er überhaupt diesen Titel erhalten hat. In seinen Gedichten nennt er sich jedoch häufig Hudjdjat (Hudjdjat-e-Khorasan, Hudjdjat-e-Mustansiri, Hudjdjat-e-Na'ib-e-Peyghambar u.ä.), was indes meist als Dichtername (Takhallos) interpretiert wird.

In jedem Fall ist er in Kairo mit al-Mu'ayyad zusammengetroffen, wenngleich er hierzu kein einziges Wort im Safarname verliert. Mu'ayyad fi ad-Din Abu Nasr Hibatullah Ibn Abi ʿImran Musa Ibn Da'ud ash-Shirazi hatte äußerst erfolgreich die ismaʿilitische Lehre bis zu den einsetzenden Verfolgungen im Jahre 1044/45 im Iran verkündet, wo er sogar den Buyiden Aba Kalidjar bekehrt hatte, und war anschließend nach Ägypten gegangen (vermutlich im Jahre 1047, also etwa zur gleichen Zeit wie der Autor), wo er zum Leiter der fatimidischen Mission, zum Daʿi ad-Duʿat avancierte, allerdings erst nach Naser-e-Khosrous Aufenthalt in Kairo. Trotzdem war er ein äußerst wichtiger Mann, und es ist gesichert nachgewiesen, daß er regelmäßig die Reden des damaligen Daʿi ad-Duʿat, die dieser einmal pro Woche abzuhalten hatte, schrieb. Naser-e-Khosrous Diwan gibt klar Auskunft über seine Bekanntschaft mit al-Mu'ayyad: »Durch Kh^{w}adje Mu'ayyad öffnete Gott mir die Tür zur Erkenntnis.« Und: »Meine Nacht hat er zum hellen Tag gemacht.«

Bei seiner Rückkehr nach Balkh war er etwa 51 Jahre alt. Sofort machte er sich an seine neue Aufgabe und trieb die ismaʿilitische Mission voran. Dies trug ihm allerdings die Feindschaft der sunnitischen Saldjuqen ein, die Fatwas erwirkten, wonach es erlaubt war, ihn zu töten. Aufgrund der zunehmenden Gefahr für sein Leben, verfolgt von aufgebrachten Massen, entschloß er sich zur Flucht, die zwischen 1056-1063 stattfand. Sie führte ihn zunächst nach Nishabur, dann nach Mazandaran und endlich ins sichere Yamgan-Tal unter den Schutz des Amirs ʿAli Ibn Asad al-Hares, südlich des Ortes Djurm, bei Feyzabad (Hauptstadt von Badakhshan, heute Afghanistan), wo auch heute noch Ismaʿiliten ansässig sind.

Hier lebte er etwa ab seinem 60. Lebensjahr (1068), zurückgezogen, aber sicher vor seinen Verfolgern, die ihn sogar in Baghdad von der Kanzel herab verdammen ließen. Er soll einigen Quellen zufolge ein recht angenehmes Lebensende verbracht haben. So gibt etwa zwei Jahrhunderte später al-Qazvini eine Beschreibung des Bades von Naser-e-Khosrou, die indes ziemlich phantastisch anmutet. Es sollte demnach mit Abbildungen von Tieren versehen sein und aufgrund dessen sowie seiner baulichen Besonderheiten zu den Wundern der Welt zählen. Er ergänzt noch, daß die Gebäude mittlerweile eine Stiftung geworden seien, die von seinen Nachkommen verwaltet würde. In Naser-e-Khosrous Dichtung fließen allerdings viele bittere Töne ein, und nach einer Zeit der Einsamkeit und

Zurückgezogenheit trafen einige Gefährten bei ihm ein, und er nahm seine Propagandatätigkeit in geringerem Umfang wieder auf. Außerdem gilt es als sicher, daß er ununterbrochen in brieflichem Kontakt mit Kairo stand.

Naser-e-Khosrou starb im Yamgan-Tal vermutlich im Jahre 1088 (es werden aber auch wesentlich frühere Daten genannt). Sein Grabmal dürfte, sofern es den jüngsten Krieg in Afghanistan überstanden hat, auch heute noch an seiner letzten Wirkstätte zu besichtigen sein. Es ist bis zur Gegenwart ein beliebtes Ziel für Pilger, und somit ist der Dichter – Ironie des Schicksals – selbst zum Objekt der Heiligenverehrung geworden.

Naser-e-Khosrous Hauptschaffensperiode fiel in die Zeit seines Exils in Badakhshan. Hier verfaßte er den Großteil seiner Werke. Seine wichtigsten Prosawerke, neben dem Safarname, sind: Goshayesh o Rahayesh, Djamiʿ ul-Hikmatayn (1070 auf Wunsch des Amirs von Badakhshan verfaßt), Zad ul-Musaferin (1061 geschrieben und al-Mustansir gewidmet), Vadjh-e-Din, Kh^{w}an ul-Ikhwan und Shesh Fasl. Der iranische Gelehrte Z. Safa (1348, Bd. 1, S. 180) würdigt seine Bedeutung für die neupersische Prosaliteratur mit den Worten: »... er faßte wissenschaftliche Begriffe sowie ganze Abschnitte in einen kraftvollen, klar verständlichen und flüssigen Stil.«

Sein Diwan, also seine Gedichtsammlung, umfaßt: Roushana'iname (1053 verfaßt; deutsche Übersetzung von H. Ethé in: Zeitschrift der Deutschen Morgenländischen Gesellschaft 33 (1879), S. 645-665, u. 34 (1880), S. 428-464, 617642) und Diwan-e-Ashʿar. Auch sollen viele Texte unter Naser-e-Khosrous Namen veröffentlicht worden sein. Insgesamt soll sein Diwan 30 000 Verse umfaßt haben. Einige Prosawerke werden ihm noch zugeschrieben bzw. sind verschollen. Die Forschung ist dahingehend noch zu keiner gesicherten endgültigen Aussage gelangt, und somit rundet sich das Bild über Naser-e-Khosrou wenigstens dahingehend ab, daß vieles unklar ist und vermutlich auch im dunkeln bleiben wird.

Um den Autor ranken sich viele Mythen und Legenden, so daß sich kein kohärentes Bild von ihm entwerfen läßt und man gezwungen ist, sich auf das wenige gesicherte und übereinstimmende Material sowie auf einige höchstwahrscheinliche Vermutungen zu stützen. Welche Blüten diese Quellenlage getrieben hat, zeigt das von Lutf ʿAli Beg im Jahre 1860 in Bombay veröffentlichte Buch mit dem Titel Ateshkade. Hierin entwirft der Autor einen phantastisch anmutenden Lebenslauf Naser-e-Khosrous, wonach dieser der Erzieher des Nizar, des Sohnes al-Mustansirs, und nach seiner Flucht aus Ägypten dann sogar Wazir des Kalifen in Baghdad gewesen sein soll.

Das Safarname

Das Safarname, das erste Prosawerk Naser-e-Khosrous, stellt ein Beispiel der frühen Sade-Prosa dar. Erst im vorhergehenden Jahrhundert hatte sich das Neupersische in seiner noch heute gültigen Form durchgesetzt, indem es, als Dari von Osten aus den Hochburgen Balkh und Bokhara kommend, wo es unter den Samaniden einen ersten Höhepunkt verzeichnete, mit den Dialekten des Westens verschmolz und in der Folge die einheitliche Schriftsprache bildete. Grundlage war die Sprache der Sasaniden, die in der Provinz Fars am Persischen Golf ihr Kernland besaßen.

Das Wort ›sade‹ bedeutet ›einfach, schlicht, rein‹. Der so bezeichnete Prosastil steht damit im Gegensatz zu dem Fanni oder Masnuʿ genannten, der, obgleich sehr künstlerisch, dennoch leicht schwülstig wirken kann (so z.B. Vassaf). Die Sade-Prosa hingegen zeichnet sich durch einfachen Satzbau und einen flüssigen Stil aus, was die Texte leicht verständlich macht. Die Sätze folgen einander, ohne ein künstlerisches Ziel zu verfolgen. Sie sind frei von Ausschmückungen; die Information steht im Vordergrund. Dabei bleiben natürlich häufige Wortwiederholungen nicht aus. Auffällig ist, daß Naser-e-Khosrou verhältnismäßig wenig arabische Wörter verwendet, meist nur Fachausdrücke. Seiner eigenen Aussage zufolge beherrschte er aber die arabische Sprache.

Bei den praktischen Informationen, die uns der Autor vermittelt, stehen besonders im Vordergrund: Befestigungen der Städte, Wasserversorgung, religiöse Bauwerke, der Versuch, exakte Abmessungen und Entfernungen anzugeben, genaue Datumsangaben, lokale Anbauprodukte, Sitten und Gebräuche der Völker, sowie nicht zuletzt eine minutiöse Beschreibung der Pilgerfahrtsrituale in Mekka.

Seine eigene Person taucht nur gelegentlich auf, die seiner Reisegefährten praktisch nicht (sein Bruder Abu Saʿid-e-Khosrou findet namentlich keine Erwähnung, er wird nur bei einigen wenigen Anlässen mit in die Erzählung aufgenommen; von dem eingangs erwähnten indischen Diener hören wir nichts mehr).

Ansonsten ist der Bericht ausgefüllt mit Städtebeschreibungen, Anekdoten, herausragenden Erlebnissen und Erfahrungen, Schilderungen für ihn wichtiger Bekanntschaften sowie einigen ihm zu Ohren gekommenen phantastischen Geschichten, für die Naser-e-Khosrou jedoch ausdrücklich keine Urheberschaft übernimmt. Seine Einstellung erweist sich als tolerant, wenn man von seinen Äußerungen hinsichtlich der beduinischen Araber absieht, deren Lebensweise ihm, dem gebildeten Perser, völlig unverständlich ist.

Bei der Niederschrift des Safarname ist der Autor wohl so vorgegangen, daß er sich auf Notizen stützte, die er während der Reise vorgenommen hatte (siehe seine Anmerkung am Ende seines Aufenthaltes in Jerusalem). Die Frage, ob ein umfangreicheres Originalwerk des Autors existierte, ist nicht eindeutig zu beantworten.

Mittlerweile ist die Forschung jedoch zu dem Schluß gelangt, daß es sich bei den vorhandenen Handschriften nicht mehr um die Originalfassung des Werkes handelt. Jan Rypka verweist auf den Fund einer Handschrift von Naser-e-Khosrous ›Goshayesh o Rahayesh‹, in dessen Vorrede der Abschreiber eingesteht, daß das Werk »des ›Unwahren‹ entkleidet wurde«. Überträgt man dies auf das vorliegende Buch (man stellt leicht fest, daß eigentlich nichts vom isma'ilitischen Gedankengut vorhanden ist), so ist es sehr wahrscheinlich, daß auch das Safarname eine fremde Redaktion durchlaufen hat, zumal einige Passagen ausführlicher wirken als andere. Auffällig ist auch, daß die ältesten Handschriften aus der Zeit der Safariden stammen, die als Imamiten (Zwölferschiiten) ein vitales Interesse daran hatten, sich möglichst scharf von anderen schiitischen Richtungen abzugrenzen.

Trotzdem verweisen Stil und mehrere grammatikalische Indizien auf ein früheres Datum. Es ist also kaum sicher anzunehmen, daß es sich hier um eine Nachahmung handelt. Hingegen ist Naser-e-Khosrous Diwan, wenngleich er teilweise verschollen oder teilweise die Urheberschaft umstritten ist, nicht »korrigiert« worden, und hier erscheinen einige Punkte in einem klareren Licht.

*

Die vorliegende Übersetzung des *Safarname-ye-Naser-e-Khosrou* basiert auf vier Ausgaben des Originalwerks (siehe Literaturverzeichnis). Sie weichen lediglich geringfügig voneinander ab und bieten eine ausreichende Grundlage für eine Übertragung ins Deutsche. Auf die differierenden Stellen sowie auf einige zum Teil durch Druckfehler bedingte Unklarheiten wird im Kommentarteil hingewiesen. Eingesehen wurden die Übersetzungen ins Französische und ins Englische von Schefer sowie Thackston bzw. Le Strange, die sich als sehr hilfreich erwiesen, wenn auch hier und da einige Verbesserungen vorzunehmen waren.

Die Kapiteleinteilung wurde – aus Gründen der besseren Übersichtlichkeit – von den Herausgebern vorgenommen; kursiv gesetzte Zwischenüberschriften stammen vom Autor selbst.

Im Kommentarteil werden alle auftauchenden Namen und Begriffe so ausführlich erläutert, wie es für einen mit der Materie nur oberflächlich vertrauten Leser angebracht erschien. Soweit Vermutungen angezeigt erschienen, wurden diese auch formuliert, wobei die Herausgeber zum Teil auf andere Ausgaben zurückgriffen (in erster Linie auf Schefer). Einige Termini erläutert der Autor selbst, so daß sich weitere Kommentare hier erübrigten.

Die Erläuterungen zu den Orten werden nicht unbedingt bei ihrer erstmaligen Nennung angebracht, sondern erst dort, wo der Autor im Verlauf seiner Reise tatsächlich an einer bestimmten Örtlichkeit eintrifft und mit ihrer Schilderung beginnt.

Die Umschrift wurde um der besseren Lesbarkeit willen stark vereinfacht; lange und kurze Vokale fanden dabei keine Berücksichtigung. Die Qoranzitate wurden aus der Übersetzung von Rudi Paret übernommen.

سفرنامه

ناصر خسرو قبادیانی

Der Reisebericht des Naser-e-Khosrou

سفرنامه

Das Vorhaben

Im Namen des barmherzigen und gnädigen Gottes

Dies berichtet Abu Moʿin Hamid od-Din Naser Ibn Khosrou al-Qobadiyani al-Marvazi – möge Gott sich ihm zuwenden.

Ich übte die Tätigkeit eines Sekretärs und Finanzverwalters aus und bearbeitete dabei die Bilanzen des Sultans[1]. Ferner war ich mit administrativen Angelegenheiten beschäftigt. Dieser Arbeit ging ich lange Zeit nach, und ich war bei meinen Mitarbeitern wohl angesehen.

Im Monat Rabiʿ ul-Akhir des Jahres 437 (Oktober/ November 1045), als Abu Sulayman Djaghri Beg Dawud Ibn Mika'il Ibn Saldjuq der Amir[2] von Khorasan war, verließ ich Marv und begab mich in ministeriellem Auftrag nach Pandjdeh bei Marv or-Rud. An jenem Tag stand der Planet Jupiter in Konjunktion mit dem Kulminationspunkt. Man sagt, daß Gott – Er ist erhaben, und gepriesen sei Seine Heiligkeit – an diesem Tag jeden Wunsch, den man vorbringt, erfüllt. Also stellte ich mich in eine Ecke, verrichtete zwei Rakʿa[3] und äußerte den Wunsch, daß Gott – Er ist erhaben und voller Segen – mir Reichtum zukommen lassen möge.

Als ich zu meinen Gefährten kam, trug gerade einer von ihnen ein persisches Gedicht vor. Mir kam dann selbst ein Gedicht in den Sinn, das ich auch von ihm vorgetragen haben wollte. Ich schrieb es auf ein Stück Papier, da ich es ihm geben wollte, damit er es vortragen konnte. Ich hatte es ihm noch nicht gegeben, da begann er, eben dieses Gedicht aufzusagen. Dieser Vorfall schien mir ein gutes Omen zu sein, und ich sagte zu mir:

1 Ursprünglich ein Ehrentitel, hier ein unabhängiger Herrscher.
2 Amir: Gouverneur, auch militärischer Titel (vgl. dt. Admiral von arab. Amir ul-Bahr, Befehlshaber zur See).
3 Gebet mit dazugehöriger ritueller Gestik und Körperhaltung.

»Gott – Er ist voller Segen und Er ist erhaben – hat meine Bitte wohlwollend aufgenommen!«

Von diesem Ort aus begab ich mich nun nach Djuzdjanan, wo ich fast einen Monat verbrachte und mich währenddessen unausgesetzt dem Trunk hingab. Der Prophet – Gott segne ihn und sein Geschlecht und schenke ihm Erlösung – fordert: »Sagt die Wahrheit, auch wenn sie euch nicht gut zu Gesicht steht.«

Dann sah ich eines Nachts im Traum jemanden, der zu mir sagte: »Wieviel von dem Wein, der den Menschen seines Verstandes beraubt, willst du denn noch trinken? Es wäre besser, du kämest wieder zur Besinnung.«

Ich entgegnete daraufhin: »Die Weisen konnten bislang nichts entdekken, das besser wäre, um die Sorgen der Welt zu vertreiben.«

Er erwiderte: »In der Ekstase und in der Betäubung findest du keine Ruhe. Man kann doch nicht den einen Weisen nennen, der den Menschen rät, sich andauernd zu betäuben! Vielmehr sollte man nach etwas suchen, das dem Verstand und dem Bewußtsein förderlich ist.«

Ich sagte: »Woher soll ich das denn nehmen?«

Er sprach: »Wer suchet, der findet!« Daraufhin wies er nur schweigend in Richtung Mekka.

Als ich erwachte, hatte ich diese Szene noch klar vor Augen, und sie beschäftigte mich unausgesetzt.

Schließlich sagte ich zu mir, daß ich aus dem Schlaf der vergangenen Nacht erwacht sei und nun auch noch aus meinem vierzigjährigen Schlaf erwachen müsse. Also kam ich zu dem Schluß, daß ich keine Erlösung fände, bis ich nicht all mein Tun und Lassen änderte.

Am Donnerstag, dem 6. Djumada-l-Akhira des Jahres 437, entsprechend der Mitte des Monats Dey der Perser im Jahr 414 der Yazdagerd-Ära (19. Dezember 1045), wusch ich mir Kopf und Körper und ging zur Freitagsmoschee[4]. Dort verrichtete ich mein Gebet und bat dabei um Gottes Hilfe – Er ist voller Segen und Er ist erhaben – bei der Erfüllung all dessen, was meine Pflicht ist zu tun und mich abzuhalten von verbotenen und unanständigen Taten, so wie Gott – Ihm sei Lob und Er ist erhaben – es befohlen hat.

Von hier aus wandte ich mich dann nach Shaburghan. Die anschließende Nacht verbrachte ich in dem Dorf Baryab, von wo aus ich mich

4 Größte Moschee einer Stadt, eines Stadtteils oder Bezirkes. Hier versammeln sich die Gläubigen am Freitag, dem arbeitsfreien Wochentag zum gemeinsamen Gebet und hören die Predigt.

über Sanglan und Taleqan nach Marv or-Rud aufmachte. – Danach reiste ich weiter nach Marv und sagte mich dort los von meinen Pflichten, die mir auferlegt waren, indem ich verkündete: »Ich hege die Absicht, nach Mekka zu reisen.«

Daraufhin übergab ich meine Bilanzen und ließ, bis auf das Allernotwendigste, alle meine irdischen Güter zurück.

در قلمرو فرمانروایی سلجوقیان

Durch das Reich der Saldjuqen

Am 23. Shaʿban (5. März 1046) machte ich mich, in der Absicht, nach Nishabur zu reisen, wieder auf den Weg, wobei ich von Marv nach Sarakhs eine Strecke von 30 Farsangen[1] zurücklegte. Von diesem Ort aus sind es bis Nishabur noch 40 Farsange.

Samstags, den 11. Shawwal (21. April 1046), traf ich in Nishabur ein. Am letzten Mittwoch dieses Monats fand eine Sonnenfinsternis statt, und der Herrscher zu jener Zeit war Toghril Beg Muhammad, der Bruder von Djaghri Beg. Er hatte befohlen, in der Nähe des Bazars der Sattler eine Madrasa[2] zu errichten, und man war gerade dabei, diese zu bauen. Er selbst hatte sich zum ersten Mal nach Isfahan aufgemacht, um das Gebiet dort unter seine Herrschaft zu bringen.

Ich verließ Nishabur am 2. Dhu-l-Qaʿda (11. Mai 1046) in Begleitung von Kh^{w}adje Movaffaq[3], der im Dienst des Sultans stand. Über Gavan gelangten wir in die Provinz Qumis, wo wir das Grab von Shaykh Bayazid Bastami[4] – Gott möge seine Seele heiligen – besuchten.

Am Freitag, dem 8. Dhu-l-Qaʿda (17. Mai 1046), brach ich von dort aus nach Damghan auf.

Am ersten Tag des Monats Dhu-l-Hidjdja des Jahres 437 (9. Juni 1046) kam ich über Abkhori und Chashtkhoran nach Semnan. Dort verweilte

1 Das antike Parasang, die sog. Wegstunde, etwa 5-6 km; heute genau 6 km.

2 Urspr. separater Raum in einer Moschee für Lesungen und Studien, später höheres Bildungsinstitut für islamische Wissenschaften. Eine der bekanntesten Madrasa war die Nizamiya in Baghdad, gegründet von dem berühmten Saldjuqenwesir Nezam ol-Molk (gest. 1092).

3 Kh^{w}adje Hebatollah Movaffaq, Toghril Begs Sekretär.

4 Bayazid Bastami (gest. 874), berühmter Mystiker, dessen Lehre die Ekstase betont; liegt in Bastam (auch Bistam) begraben.

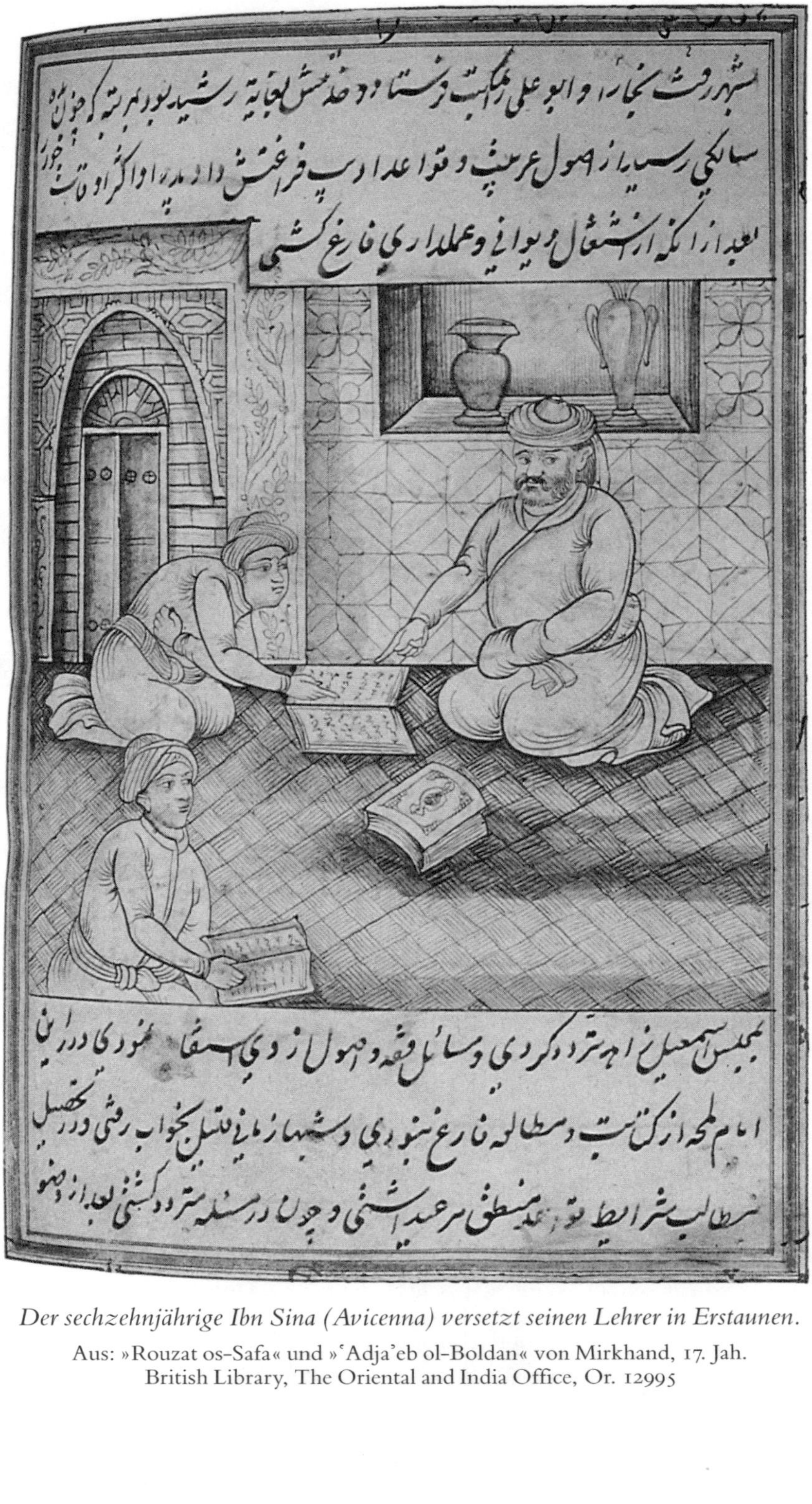

Der sechzehnjährige Ibn Sina (Avicenna) versetzt seinen Lehrer in Erstaunen.

Aus: »Rouzat os-Safa« und »ʿAdja'eb ol-Boldan« von Mirkhand, 17. Jah.
British Library, The Oriental and India Office, Or. 12995

ich eine Zeitlang, da ich dort einige gelehrte Männer aufzusuchen gedachte. Man verwies mich dazu an einen gewissen Ostad ʿAli Nesa'i, und ich suchte ihn auf. Er war ein junger Mann, der Persisch nach Art der Deylamiten sprach und das Haar offen trug. Bei ihm waren einige Leute versammelt. Eine Gruppe studierte Euklid, eine andere Medizin und eine weitere Mathematik. Im Laufe des Gesprächs beschrieb er, wie er bei Ostad Abu ʿAli Sina – die Barmherzigkeit Gottes möge auf ihm ruhen – studiert und ihm zugehört hatte. Dem lag gewißlich die Absicht zugrunde, mich wissen zu lassen, daß er einst Schüler von Abu ʿAli Sina gewesen war.[5]

Als ich später mit den Anwesenden diskutierte, gestand er: »Ich habe leider nur geringe Kenntnisse im Rechnen, doch ich würde gerne mehr davon verstehen.«

Ich staunte nicht schlecht, verließ ihn und sagte zu mir: »Wenn er nichts weiß, was bringt er dann den anderen bei?«

Von Balkh bis Rey zählte ich 350 Farsange. Von Rey nach Save sind es angeblich 30 Farsange, von Save bis Hamadan 30, von Rey nach Isfahan 50 und nach Amol 30 Farsange.

Im Gebiet zwischen Rey und Amol, das Lavasan genannt wird, erhebt sich wie eine Kuppel der Berg Damavand. Man sagt, es gibt auf seinem Gipfel einen Schacht, wo Salmiak gewonnen wird und angeblich auch Schwefel. Die Leute schneiden Kuhhäute zurecht, füllen diese mit dem Salmiak und rollen sie vom Gipfel herab, da es unmöglich ist, sie den ganzen Weg hinab zu tragen.

Am 5. Muharram des Jahres 438, entsprechend dem 10. Mordad des Jahres 415 nach der persischen Zeitrechnung (12. Juli 1046), machte ich mich auf den Weg nach Qazvin. Dabei gelangte ich in das Dorf Quhe, wo gerade die Nahrung knapp war, weshalb ein Man Gerstenbrot für zwei Dirham[6] verkauft wurde.

5 ʿAli Nesa'i: Gelehrter, bekannt als al-Hakim ul-mukhtass.
Deylamiten: Bezeichnung für mehrere Bergstämme südwestlich des Kaspischen Meeres.
ʿAli Sina: bekannt als Ibn Sina, Avicenna (980–1037); Universalgelehrter, der bereits mit 16 Jahren als Arzt tätig war; hinterließ in seinem umfangreichen Werk ein geschlossenes philosophisches System, das auf Vernunftprinzipien aufgebaut war.
Ostad: Ehrenbezeichnung, heute Professor.

6 Man: Gewichtseinheit (antike Mine), damals etwa 5/6 kg, heute 3 kg.
Dirham: von griech. Drachme, Gewichtseinheit (pers. Dirham 3,2 g, Standarddirham 3,125 g) und Silbereinheit des arabischen Geldsystems. Allgemein ist zu beachten, daß die Gewichte je nach Zeit und Lokalität mitunter sehr stark schwankten, weshalb der Autor sich auch veranlaßt sieht, Umrechnungshilfen zu geben.

Ich verließ diesen Ort und erreichte am 9. Muharram (16. Juli 1046) Qazvin, wo es viele kultivierte Flächen gab, die nicht von Mauern und Hecken umgeben waren und somit nichts einem den Weg versperrte. Qazvin, so fand ich, war eine schöne Stadt, umgeben von einer starken Festungsmauer, die von Zinnen gekrönt war. Die Bazare waren ebenfalls wunderschön, allein die Karize[7] führten wenig Wasser. Das Stadtoberhaupt war ein ʿAlide[8], und die meisten der in der Stadt ansässigen Handwerker waren Schuster.

Ich reiste aus Qazvin am 12. Muharram des Jahres 438 (19. Juli 1046) ab und kam danach durch Bil und Qabban, die dem Bezirk von Qazvin angehören, und anschließend zu einem Dorf mit Namen Kharzavil. Ich, mein Bruder und der indische Diener, der uns begleitete, verfügten nur noch über wenig Reiseproviant, weshalb mein Bruder ins Dorf ging, um bei einem Lebensmittelhändler Einkäufe zu tätigen.

Da sprach mich unvermittelt jemand an: »Brauchst du etwas? Ich bin der Lebensmittelhändler.« Ich sagte: »Alles, was es gibt, kommt uns zu Nutzen. Denn wir sind fremd und auf der Durchreise.«

Daraufhin erwiderte er: »Ich habe aber nichts!«

Später sagte ich dann immer, wenn einer so daherredete: »Der ist wie der Lebensmittelhändler aus Kharzavil.«

Nachdem ich weitergezogen war, traf ich auf einen steilen Abhang. Drei Farsange danach kam ich in ein Dorf, das zur Provinz Tarom gehörte und das Barz ol-Kheyr hieß. Dort herrschte tropisches Klima, und es wuchsen viele, zumeist wilde Granatapfel- und Feigenbäume.

Ich setzte meine Reise fort und kam an einen Fluß, der viel Wasser führte und den man Shahrud nannte. Am Ufer des Flusses lag ein Dorf namens Khandan, wo Zollgebühren im Namen des Oberamirs, eines der Herrscher der Deylamiten, erhoben wurden. Sobald dieser Fluß das Dorf passiert hat, verbindet er sich mit einem anderen, mit Namen Sepidrud. Nach der Vereinigung der beiden Flüsse ergießt sich der Strom in ein Tal, das vom Gilan-Gebirge aus in Richtung Osten verläuft. Dieses Gewässer durchquert Gilan und fließt in das Meer von Abesgun. Man sagt, dessen

7 Auch Qanat genannt, sehr alte Wassergewinnungstechnik; dazu wird an Vorgebirgen ein ansteigender Stollen vorangetrieben, bis man auf eine wasserführende Schicht trifft. Zur Luftversorgung, zum Abraumtransport und zur späteren Instandhaltung werden weitere Stollen senkrecht hoch an die Oberfläche getrieben. Die durchschnittliche Länge eines Kariz beträgt ca. 4 km, manche sind bis zu 70 km lang. Das Verbreitungsgebiet der Kariztechnik erstreckt sich von Oman, wo sie Afladj genannt werden, bis Afghanistan und auch Marokko.

8 Anhänger des Kalifen ʿAli.

Umfang betrage 1.200 Farsange. Mitten in diesem Meer liegen mehrere Inseln, auf denen viele Menschen leben. Dies habe ich von vielen Leuten gehört.

Nun komme ich wieder auf meine Erzählung zurück und auf das, was mich betrifft, zu sprechen. Die Strecke zwischen Khandan und Shemiran – eine kleine Ebene voller Steine – beläuft sich auf drei Farsange. Letztere ist die Hauptstadt der Provinz Tarom. Am Rand der Stadt steht eine hohe Burg, die auf Granit gebaut wurde. Drei Mauern umgeben sie, und ein Kariz ist mitten in der Burg ausgehoben worden, das bis hin zum Flußufer reicht, damit man von dort Wasser holen und zur Burg hochziehen kann.

Die Edelleute der Provinz haben tausend Mann in der Burg stationiert, damit es keiner wagt, eine Ungesetzlichkeit oder einen Aufstand zu begehen. Man sagte mir, jener Amir besitze mehrere Burgen in der Provinz Deylam, und dort herrsche Gerechtigkeit und Sicherheit, so daß in seiner Provinz keiner einem anderen etwas wegnehmen könne. Die Leute, die in seiner Provinz die Freitagsmoschee besuchen, lassen auch alle ihre Schuhe außerhalb der Moschee stehen, und niemand nimmt sie ihnen weg. Dieser Amir unterzeichnet Papiere wie folgt: Marzban ud-Deylam Gil-e-Gilan Abu Salih Maula Amir ul-Mu'minin; sein eigentlicher Name ist indes Djastan Ibrahim[9].

In Shemiran begegnete ich einem guten Menschen, der aus Darband stammte. Sein Name lautete Abo-l-Fazl Khalifa Ibn ʿAli al-Faylasuf. Er war ein würdiger Mann, der uns großherzig behandelte und uns manche Wohltat erwies. Wir führten viele Diskussionen, und bald verbanden uns freundschaftliche Gefühle.

Er fragte mich: »Was hast du nun vor?«

Ich erwiderte: »Ich habe vor, die Hadjdj[10] durchzuführen.« Daraufhin sagte er: »Ich sähe es gerne, wenn du auf deiner Rückreise wieder hier vorbeikämst, damit ich dich wiedersehen kann.«

Ich verließ Shemiran am 26. Muharram (2. August 1046). Am 14. Safar (20. August 1046) kam ich in Sarab an und reiste am 16. Safar (22. August 1046) ab. Über Saʿidabad erreichte ich am 20. Safar 438, entsprechend dem fünften Tag des alten Monats Shahrivar (26. August 1046), Tabriz. Diese

9 Maula Amir ul-Mu'minin: ›Klient des Beherrschers der Gläubigen (=Kalif)‹.
Gil-e-Gilan: alter Titel.
Marzban: Markgraf.
Abu Salih Djastan Ibn Ibrahim (reg. ab 1029) war ein Angehöriger der Djastaniden, eines Zweigs der Musafiriden.

10 Die Mekka-Pilgerfahrt, die jeder Gläubige wenigstens einmal in seinem Leben durchgeführt haben sollte.

Jäger auf dem Damavand, dem sagenumwobenen höchsten Berg des Iran, nördlich von Teheran.

Aus: »Nozhat ol-Qolub« von Hamdollah Mostoufi Qazvini, 17. Jh.
British Library, The Oriental and India Office, Or. 12220

Stadt, die Hauptstadt von Azarba'idjan, ist ein blühendes Gemeinwesen. Ich maß ihre Länge und Breite mit meinem Schritt ab, und es ergaben sich jeweils 1.400 Schritte. Der Herrscher der Provinz Azarba'idjan wurde in der Freitagspredigt so betitelt: Amir ul-adjall Sayf ud-Daula wa Sharaf ul-Milla Abu Mansur Vahsudan Ibn Muhammad Maula Amir ul-Mu-'minin[11].

Man erzählte mir, in jener Stadt habe am Abend des Donnerstag, des 17. Rabiᶜ ul-Awwal des Jahres 434 (4. November 1042), ein Erdbeben stattgefunden. Dies war während der Schalttage geschehen, nach dem Abendgebet. Ein Teil der Stadt war dabei zerstört worden, wohingegen der andere Teil keinen Schaden erlitten hatte. Den Aussagen zufolge hatten 40 000 Menschen den Tod gefunden. In Tabriz begegnete ich einem Dichter mit Namen Qatran, der zwar gute Gedichte verfaßte, aber nicht sehr gut Persisch verstand. Als er mich aufsuchte, brachte er den Diwan von Mondjik und den von Daqiqi mit, las mir daraus vor und erfragte von mir die Bedeutung einiger Stellen, die ihm Schwierigkeiten bereiteten. Ich erklärte sie ihm, woraufhin er sich die Erläuterungen notierte und mir anschließend seine eigenen Gedichte vortrug[12].

Am 14. Rabiᶜ ul-Awwal (18. September 1046) machten wir uns von Tabriz aus auf den Weg nach Marand, und gemeinsam mit einer Abteilung Soldaten des Amir Vahsudan kamen wir bis nach Khoy. Hier schlossen wir uns einem Gesandten, der nach Bargari unterwegs war, an. Von Khoy nach Bargari sind es 30 Farsange; wir trafen am 12. Djumada-l-Ula (14. November 1046) dort ein.

Anschließend zogen wir weiter nach Van und Vastan. Im örtlichen Bazar wurde Schweinefleisch neben Schaffleisch verkauft, und die Frauen und Männer saßen in den Geschäften und tranken ohne die geringsten Hemmungen Wein.

Danach gelangten wir nach Akhlat, am 18. Djumada-l-Ula (20. November 1046). Diese Stadt bildet die Grenze zwischen den Moslems und den christlichen Armeniern. Die Strecke von Bargari bis zu diesem

11 Abu Mansur Vahsudan Ibn Muhammad ar-Rawwadi, reg. 1033/34-1054/55.

12 Qatran: Abu Mansur Qatran ᶜAzudi, pers. Dichter (geb. um 1010 - gest. 1072). Die Textstelle wird verständlich, wenn man sich vor Augen hält, daß zu jener Zeit das Neupersische (Farsi) noch nicht die Verkehrssprache des Iran war. Die Sprache entwickelte sich als Hofsprache zuerst im Osten (Balkh, Bokhara) und erfuhr im 10. Jh. ihre mehr oder minder noch heute geltende Form. Während Dichter wie Abo-l-Hasan ᶜAli Ibn Muhammad Mondjik (2. Hälfte des 10. Jhs.) und Abu Mansur Muhammad Ibn Ahmad Daqiqi (gest. um 980) Worte aus den östlichen Dialekten verwendeten, griff Qatran auf seinen Dialekt zurück.

Ort beträgt 19 Farsange. Hier lebte ein Amir mit Namen Nasr ud-Daula[13], der bereits über 100 Jahre alt war. Er hatte mehrere Söhne, und jedem von ihnen hatte er die Herrschaft über einen Bezirk übertragen. In dieser Stadt Akhlat wurden drei Sprachen gesprochen: Arabisch, Persisch und Armenisch. Ich vermute, daß man aus diesem Grund die Stadt Akhlat nennt. Der lokale Handel wurde mit Kupfergeld abgewickelt; das Ratl entsprach 300 Dirham.[14]

Am 20. Djumada-l-Ula (22. November 1046) ging ich von dort weg und kehrte in einem Ribat[15] ein. Es lag viel Schnee, und es war bitterkalt. In einer Steppe, die sich vor der Stadt hinzog, war mit Hölzern eine Strecke des Weges abgesteckt, an denen man sich bei Schnee und Nebel zu orientieren vermochte.

Danach erreichten wir Bitlis, das in einem Tal lag. Wir kauften dort Honig. Ausgehend von dem Betrag, zu dem man ihn uns verkaufte, kosteten 100 Man davon einen Dinar[16]. Es hieß, es lebe in dieser Stadt ein Mann, der einen Jahresertrag von 300 bis 400 Schläuchen Honig erziele.

Wir zogen weiter und wurden bald einer Burg ansichtig, die man »Qif-Unzur« nannte. Das bedeutet: Halt an und sieh! Wir ließen sie hinter uns und kamen an einen Ort, wo eine Moschee stand, deren Erbauung Uways ul-Qarani[17] – Gott möge seine Seele heiligen – zugeschrieben wurde. In dieser Gegend sah ich Leute, die in die Berge zogen und Holz, ähnlich dem der Zypresse, schnitten.

Ich fragte sie: »Was macht ihr damit?«

Sie sagten: »Ein Ende des Holzes legen wir ins Feuer, und am anderen Ende tritt dann Holzteer aus. Wir sammeln alles in einer Grube, und aus dieser Grube füllen wir es in Behälter um und bringen es den Leuten in der Umgebung.«

Die Bezirke, die nach Akhlat erwähnt und hier kurz angesprochen wurden, zählen sämtlich zur Provinz Mayyafariqin.

13 Sohn von Marwan Ibn Rushak (reg. 1011-1061), dem Begründer der Kurdendynastie der Marwaniden von Diyarbakr und Djazira (983-1094).

14 Die Bedeutung des arab. Begriffs (Pl. von Khalt, Gemisch) hat den Autor zu dieser Etymologie verführt; vermutlich urartäisches Wort.
Ratl: griech. litron, verbreitete Gewichtseinheit, zwischen 300 g und 2,8 kg; entsprach im Iran dem Man.

15 In Khorasan Bezeichnung für Karawanserei.

16 Bis zum 14. Jh. weitverbreitete Goldeinheit (lat. denarius), Standardmünzgewicht 4,233 g.

17 Gefährte des Propheten, der in der Schlacht von Siffin (657) auf der Seite des vierten Kalifen ʿAli kämpfend fiel.

Von dort aus gelangten wir nach Arzan, einer blühenden und hübschen Stadt, mit fließendem Wasser, Gärten, Bäumen sowie schönen Bazaren. Dort wurden im Monat Azar (November/Dezember) der Perser 200 Man Trauben, die man Raz-e-Armanus nannte, zu einem Dinar verkauft.

Danach begaben wir uns nach Mayyafariqin. Von der Stadt Akhlat bis nach Mayyafariqin waren es 28 Farsange und von Balkh bis Mayyafariqin – der Weg, den wir nun bereits zurückgelegt hatten – 552 Farsange. Es war der 26. Djumada-l-Ula des Jahres 438 (28. November 1046). In dieser Zeit waren die Blätter der Bäume noch grün. Die Stadt besaß eine starke Festungsmauer und war ganz aus weißen Steinen erbaut, von denen jeder 500 Man wog. Im Abstand von 50 Gaz[18] war jeweils ein gewaltiger Turm, der ebenfalls aus diesem erwähnten weißen Stein bestand, eingefügt worden. Die Mauer war überall mit Zinnen gekrönt und erweckte den Eindruck, als habe der Meister eben erst letzte Hand daran gelegt. Diese Stadt verfügt über ein Tor in Richtung Westen – ein gewaltiges Portal, das aus einem steinernen Bogen und einer eisernen Tür ganz ohne Holz besteht. Es gibt eine Freitagsmoschee, doch wollte man diese beschreiben, so würde dies hier einige Zeit in Anspruch nehmen. Der Verfasser dieses Buches hat indes eine Beschreibung so ausführlich wie möglich niedergeschrieben. Hier nur soviel: Der in dieser Moschee für die rituelle Waschung gedachte Ort verfügt über 40 Nischen.

Zwei große Bäche fließen durch jedes Haus. Der eine, dessen Wasser benutzt wird, ist an der Oberfläche sichtbar, während der andere, unter der Erde verborgen, den Unrat fortträgt und die Senkgruben reinigt.

Um diese Stadt herum, in den Vorstädten, finden sich Karawansereien, Bazare, Bäder und noch eine weitere Freitagsmoschee, worin auch freitags Leute zum Gebet zusammenkommen. In nördlicher Richtung liegt ein anderer befestigter Ort, al-Muhaddatha genannt. Es ist eine Stadt für sich mit einem eigenen Bazar, einer Freitagsmoschee sowie Bädern, alle nach Plan angelegt.

Der Sultan dieses Gebietes wird in der Freitagspredigt wie folgt genannt: al-Amir ul-aʿzam ʿIzz ul-Islam Saʿd ud-Din Nasr ud-Daula wa Sharaf ul-Milla Abu Nasr Ahmad, ein hundert Jahre alter Mann. Man sagt, er lebe noch. Das Ratl beträgt dort 480 Dirham. Dieser Amir hat im Abstand von vier Farsangen von Mayyafariqin eine Stadt erbaut mit Namen an-Nasriya. Von Amid bis Mayyafariqin sind es neun Farsange.

Am sechsten Tag des alten Monats Dey (1. Dezember 1046) betraten wir die Stadt Amid. Ihre Fundamente sind auf solidem Felsgestein

18 Elle (auch Dharʿ), zwischen 68 u. 95 cm; heute 104 cm.

errichtet worden. Die Länge der Stadt beträgt nach meiner Messung 2000 Schritte und die Breite ebenso viele. Um diese Stadt herum ist eine Festungsmauer gezogen, aus schwarzem Stein, der zu diesem Zweck zu Blöcken zwischen 100 und 1000 Man und mehr zurechtgeschnitten worden war. Diese Steine sind weder durch Lehm noch Gips miteinander verbunden. Die Höhe der Mauer beträgt 20 Arash[19], ihre Breite 10 Arash. Alle hundert Gaz wurde ein Turm gebaut, dessen halber Umfang 80 Gaz beträgt. Die Zinnen bestehen aus demselben Stein. Von innen wurden an vielen Stellen steinerne Aufgänge angebracht, die den Zugang zur Mauerkrone ermöglichen. Auf jedem Turm wurde eine Kampfplattform errichtet.

Die Stadt besitzt vier Tore, alle aus Eisen, ohne daß Holz Verwendung fand, und jedes zeigt in eine der vier Haupthimmelsrichtungen. Das östliche wird Bab ud-Didjla genannt, das westliche Bab ur-Rum, das nördliche Bab ul-Arman und das südliche Bab ut-Tall.[20] Um diese Stadtmauer herum steht eine weitere Stadtmauer, ebenfalls aus diesem Felsgestein gebaut. Ihre Höhe beträgt 10 Gaz, und die Mauerkrone ist überall mit Zinnen versehen. Hinter den Zinnen ist ein Wehrgang derart angelegt, daß ihn ein Mann in voller Rüstung entlanggehen, dort stehen und ohne weiteres kämpfen kann. In diese äußere Festungsmauer hat man ebenfalls eiserne Tore eingesetzt. Diese wurden so gegenüber den inneren Toren versetzt, daß man nach dem Durchschreiten der Tore der äußeren Festungsmauer eine gewisse Strecke in einem Graben dazwischen zurücklegen muß, ehe man das Tor der zweiten Mauer erreicht. Die Breite des Grabens beträgt 15 Gaz.

In der Mitte der Stadt entspringt eine Quelle, die aus Granitgestein hervortritt und deren Wassermenge ausreicht, um fünf Mühlen zu betreiben. Das Wasser, von dem niemand weiß, woher es kommt, ist überaus wohlschmeckend. Dank dieses Wassers ist die Stadt im Besitz vieler Bäume und Gärten. Der Amir und Herrscher dieser Stadt ist der Sohn jenes bereits erwähnten Nasr ud-Daula. Ich sah viele Städte und Burgen in allen Gegenden der Welt, in den Ländern der Araber, der Perser, der Inder und der Türken, aber eine wie die Stadt Amid sah ich an keinem anderen Ort. Es gibt keine zweite wie diese auf der Erde, und ich hörte auch keinen berichten, der schon einen solchen Ort gesehen hat.

Die Freitagsmoschee ist gleichfalls aus diesem schwarzen Stein erbaut, und zwar derart, daß es unmöglich etwas geben kann, das regelmäßiger

19 etwa 64 cm.
20 Tigristor, Byzantinertor, Armeniertor, Hügeltor.

und solider wäre. Im Innern der Moschee erheben sich mehr als 200 Steinpfeiler. Jeder Pfeiler ist aus einem Stück Stein, und auf ihnen stehen Bögen, alle aus Stein. Auf dem Gipfel der Bögen stehen wiederum Pfeiler, die kürzer sind als die anderen, und eine weitere Reihe Bögen steht auf den Gipfeln der großen Bögen. Alle Dächer dieser Moschee laufen spitz zu, sind frei von Unebenheiten, mit Verzierungen und Schnitzereien versehen und eingefettet. Im Hof der Moschee liegt ein großer Stein, worauf man ein gewaltiges steinernes Becken gestellt hat, dessen Höhe der Größe eines Mannes entspricht und dessen Umfang zehn Gaz beträgt. In der Mitte des Beckens ragt ein Messingröhrchen hervor, aus welchem ein Strahl klaren Wassers herausspritzt; dabei ist es so konstruiert, daß man weder sehen kann, wo das Wasser eintritt noch wohin es abläuft. Ein sehr großer Raum zur Verrichtung der rituellen Waschung ist so schön gebaut worden, daß es besser nicht geht. Im Unterschied zu Mayyafariqin, wo weißer Stein Verwendung fand, ist indes der Stein von Amid, den man zum Bau benutzt hat, schwarz.

In der Nähe der Moschee steht eine große prachtvolle Kirche, die ebenfalls aus Felsgestein erbaut wurde. Der Boden der Kirche ist mit Marmorfliesen ausgelegt, die mit Reliefs versehen sind. In dieser Kirche sah ich eine eiserne Gittertür, die zu einer Kuppel führte, unter der die Christen ihre Gebete verrichten. Nirgendwo sonst habe ich bisher etwas ähnliches gesehen.

Von Amid aus führen zwei Wege nach Harran. Der eine geht durch völlig unbewohntes Gebiet und beträgt 40 Farsange, während auf dem anderen Weg viele Ansiedlungen und Dörfer liegen, deren Bewohner meist Christen sind. Dieser mißt 60 Farsange. Wir schlossen uns einer Karawane an, die durch das besiedelte Gebiet zog. Es handelte sich um eine ganz flache Ebene, die nur so voller Steine war, daß die Lasttiere kaum einen Schritt zu gehen vermochten, ohne auf einen von ihnen zu treten.

Am Freitag, dem 25. Djumada-l-Akhira – entsprechend dem 22. Tag des alten Monats Dey – des Jahres 438 (27. Dezember 1046) erreichten wir Harran. Zu dieser Zeit war das Wetter dort so wie in Khorasan zu Nouruz[21]. Wir zogen bald weiter und kamen zu einer Stadt namens Qarul, wo uns ein edler Mann in sein Haus einlud. Nachdem wir sein Haus betreten hatten, gesellte sich ein arabischer Beduine hinzu.

Er trat auf mich zu – er war 60 Jahre alt – und sagte: »Lehre mich den Qoran.«

21 Das alte iranische Neujahrsfest, das auf indogermanischen Brauch zurückgeht und am 21. März, dem Tag der Frühjahrs-Tagundnachtgleiche, gefeiert wird.

Ich begann daraufhin mit: »›Sag: Ich suche Zuflucht beim Herrn der Menschen...‹«

Dies sprach er mit mir dann gemeinsam. Als ich das Ende der Sura aufgesagt hatte: »›...sei es ein Dschinn oder ein Mensch.‹« , sagte er: »›Hast du die Menschen gesehen?‹ Das mußt du auch noch sagen!«

Ich entgegnete ihm, daß diese Sura nicht mehr weitergehe, woraufhin er fragte: »Welches ist denn die Sura mit der Brennholzbringerin?« Er wußte nicht, daß in der Sura ›Der Palmfasernstrick‹ von der Brennholzträgerin die Rede ist und nicht von der Brennholzbringerin, und sooft ich ihm auch noch an jenem Abend die Sura mit den Worten ›Sag: Ich suche Zuflucht beim Herrn...‹ wiederholte, er war nicht imstande, sie im Gedächtnis zu behalten. Ein sechzigjähriger Araber![22]

22 Für den Verfasser ist es erstaunlich und Ursache seiner unverhohlenen Freude, daß ein Araber den Qoran nicht korrekt wiedergeben kann. Die hier in der deutschen Übersetzung nur unzulänglich wiederzugebende Textstelle lautet im Qoran (Sura 111 al-Masad) ›hammalatu l-hatab‹; der Araber fragt den Autor aber nach der ›naqqalatu l-hatab‹ (beides Brennholzträgerin).
Das erste Zitat ist aus Sura 114/Vers 1; das zweite ist der letzte Vers von Sura 111.

در قلمرو خلافت فاطمیان

Durch das Reich der Fatimiden

Samstags, den 2. Radjab des Jahres 438 (2. Januar 1047), kamen wir in Sarudj an. Zwei Tage später überquerten wir den Furat und erreichten Manbidj – die erste Stadt in Sham. Es war der erste Tag des alten Monats Bahman (5. Januar 1047), und das Wetter war wunderschön. Außerhalb des Stadtgebietes stand kein weiteres Gebäude.

Danach zogen wir weiter nach Halab. Die Entfernung zwischen Mayyafariqin und Halab beläuft sich auf 100 Farsange. Mir gefiel die Stadt Halab sehr. Sie besaß eine gewaltige Festungsmauer, deren Höhe ich auf 25 Arash schätzte. Eine große Burg war gänzlich auf Felsgestein erbaut worden. Halab ist schätzungsweise so groß wie Balkh und voller Leben; die Gebäude sind terrassenartig angeordnet.

Diese Stadt stellt den Umschlagplatz für all die Waren dar, die zwischen den Ländern Sham, Rum, Diyarbakr, al-Misr und ʿIraq gehandelt werden. Von all diesen Ländern kommen die Händler und Kaufleute dorthin. Sie verfügt über vier Zugänge: das Bab ul-Yahud, das Bab Allah, das Bab ul-Djanan sowie das Bab Antakiya. Die Gewichtseinheit des dortigen Bazars ist das Ratl uz-Zahiri, das 480 Dirham entspricht.[1]

Wendet man sich von dort aus nach Süden, so trifft man nach 20 Farsangen auf die Stadt Hama und danach auf Hims. Die Strecke von Halab bis Dimashq beträgt 50 Farsange, und von Halab bis Antakiya sind es 12 Farsange. Ebensoweit ist es bis nach Trablus. Angeblich liegt Qustantaniya 200 Farsange entfernt.

Am 11. Radjab (11. Januar 1047) verließen wir Halab und stießen nach drei Farsangen auf ein Dorf mit Namen Djund Qinnasrin. Am darauffol-

1 Judentor, Gottestor, Paradiestor, Antakiya-Tor.
Ratl uz-Zahiri: bezieht sich auf den Fatimiden az-Zahir li ʿIzaz Dinillah (reg. 1020–1035).

genden Tag kamen wir, nachdem wir sechs Farsange zurückgelegt hatten, zu der unbefestigten Stadt Sarmin.

Wir brachten noch einmal sechs Farsange hinter uns bis nach Maʿarrat un-Nuʿman. Diese Stadt verfügte über eine steinerne Festungsmauer und war reich bevölkert. Am Stadttor sah ich eine Steinstele, worauf etwas in einer Schrift, die nicht Arabisch war, geschrieben stand. Ich erkundigte mich danach und erhielt als Antwort: »Das ist ein Zauberspruch gegen Skorpione. Niemals soll es Skorpione in dieser Stadt geben, noch sollen welche sie betreten. Falls doch jemand einen in die Stadt hereinbringt und diesen freiläßt, so möge er aus ihr verschwinden und nicht darin verweilen!« Ich schätzte die Höhe dieser Stele auf zehn Arash.

Die Bazare der Stadt zeugten von Wohlstand. Die Freitagsmoschee ist mitten in der Stadt auf einer Anhöhe errichtet worden, und zwar derart, daß sie von allen Seiten ganz nach Belieben zugänglich ist. Dazu muß man nur 13 Stufen ersteigen. Das ausschließliche Erzeugnis des Ackerbaus ist der Weizen, gleichsam in großen Mengen. Hinzu kommen noch zahlreiche Feigen-, Oliven-, Pistazien- und Mandelbäume sowie Weintrauben. Ihr Wasser gewinnt die Stadt vom Regen und aus Brunnen.

In jener Stadt lebte ein Mann mit Namen Abu-l-ʿAla' al-Maʿarri[2]. Er war blind, fungierte aber als Stadtoberhaupt. Er verfügte über ein großes Vermögen sowie über zahlreiche Sklaven und Bedienstete; ja, die ganze Stadt war ihm untertan. Für sich selbst hatte er den Weg der Entsagung gewählt, und er kleidete sich in groben Stoff. Er verweilte stets im Haus und bestimmte für sich täglich lediglich ein halbes Man Gerstenbrot. Darüber hinaus aß er sonst nichts. Mir kam zu Ohren, daß er angeblich immer die Haustür offenläßt. Seine Vertreter und Vertrauten kümmern sich um die Belange der Stadt, während man sich an ihn nur wendet, wenn es um Dinge geht, die die Allgemeinheit betreffen. Er enthält niemandem sein Vermögen vor, und er fastet die ganze Zeit und wacht die ganze Nacht. Ansonsten beschäftigt er sich mit keiner weltlichen Angelegenheit. Diesem Mann geht ein solch hoher Ruf hinsichtlich seines poetischen und literarischen Schaffens voraus, daß die Literaten von Sham, al-Maghrib und ʿIraq eingestehen, daß es in dieser Epoche keinen gab und auch keinen gibt, der ihm gleichkommt. Er hat ein Buch verfaßt, das er ›al-Fusul wa al-Ghayat‹ genannt hat. Darin bringt er geheimnisvolle Sätze und Sprichwörter in gewandten und wunderbaren Worten, die die Leute nicht

2 Abu-l-ʿAla' Ahmad Ibn ʿAbdullah at-Tanukhi al-Maʿarri, an den Pocken erblindeter Dichter (973-1057). In seinem bekanntesten Werk ›al-Fusul wa al-Ghayat‹ (Die Kapitel und die Absichten) untersucht er kritisch den Qoran.

verstehen – bis auf wenige und diejenigen, die es bei ihm studieren –, so daß man ihn schon bezichtigt hat, mit diesem Buch den Qoran herausfordern zu wollen. Andauernd kamen von überall her mehr als 200 Personen, um bei ihm Literatur und Poesie zu studieren. Ich habe gehört, er habe bereits über 100000 Bayt[3] geschrieben.

Als er einst gefragt wurde: »Gott – Er ist voller Segen und Er ist erhaben – hat dich mit soviel Reichtum und Seiner Gnade gesegnet. Warum teilst du mit den anderen Menschen, und du selbst ißt nichts?« entgegnete er: »Ich besitze nicht mehr als das, was ich esse.« Zur Zeit meines Aufenthaltes dort war dieser Mann noch am Leben. Am 15. Radjab des Jahres 438 (15. Januar 1047) zogen wir weiter nach Kuwaymat und anschließend nach Hama. Dies ist eine reich bevölkerte Stadt, am Ufer des Flusses al-ʿAsi gelegen. Man nennt den Fluß übrigens darum al-ʿAsi – d.h. der Rebell –, weil er nach Rum fließt. Das bedeutet: Da er aus den islamischen Ländern hinausfließt, in die Länder der Ungläubigen hinein, wird er al-ʿAsi genannt. An diesem Fluß hat man viele Wasserräder aufgestellt.

Danach teilt sich der Weg: Einer führt zur Küste, in den Westen von Sham, und einer verläuft in südlicher Richtung nach Dimashq. Wir schlugen den Weg zur Küste hin ein.

In den Bergen sah ich eine Quelle, von der behauptet wurde, daß ihr Wasser nur drei Tage – jedes Jahr, wenn die Hälfte des Monats Shaʿban verstrichen ist – sprudelt. Nach diesen drei Tagen tritt bis zum nächsten Jahr kein weiterer Tropfen mehr hervor. Viele Leute pilgern dorthin und suchen die Nähe Gottes – Ihm sei Lob und Er ist erhaben. Viele Gebäude und Wasserauffangbecken wurden an dieser Stelle errichtet. Wir machten uns wieder auf den Weg und kamen zu einer Ebene, die vollstand mit blühenden Narzissen, deren unzählige Menge die ganze Ebene in Weiß erstrahlen ließ. Danach gingen wir an einer Stadt vorbei mit Namen ʿIrqa. Als wir von ʿIrqa aus zwei Farsange zurückgelegt hatten, gelangten wir schließlich an die Meeresküste.

An der Küste entlang in Richtung Süden erreichten wir nach fünf Farsangen Trablus. Von Halab bis Trablus sind es auf dem Weg, den wir genommen hatten, 40 Farsange.

Wir kamen dort am Samstag, dem 5. Shaʿban (4. Februar 1047), an. In der näheren Umgebung der Stadt wurde intensiv Ackerbau betrieben; es fanden sich Gärten, Bäume, viel Zuckerrohr sowie Orangen-, Zitronen-, Bananen-, Limonen- und Dattelbäume. Zu jener Zeit wurde gerade der Zuckerrohrsaft ausgepreßt.

3 Vers, Zweizeiler.

Die Stadt Trablus ist so angelegt, daß drei ihrer Seiten dem Meer zugewandt sind. Infolgedessen schwappt das Wasser manchmal, wenn das Meer sehr unruhig ist, über die Festungsmauer hinweg. Auf der einen, dem Land zugewandten Seite hat man eine mächtige, eiserne Tür eingesetzt und davor einen tiefen Graben ausgehoben. Die östliche Seite der Festungsmauer ist aus Fels gehauen, ebenso die Zinnen und die Schießscharten. Auf der Mauer stehen Kampfmaschinen. Die Furcht der Bewohner richtet sich gegen Rum, das sie mit Schiffen angreifen könnte. Meine Vermessung der Stadt ergab 1 000 auf 1 000 Arash. Die Häuser hatten vier, fünf, ja sogar sechs Stockwerke. Die Gassen und die Bazare sind schön und sauber und erinnerten mich an ein aufgeputztes Schloß. Sämtliche Speisen, Früchte und alles Eßbare, das ich in Persien gesehen hatte, ist auch hier vorhanden, sogar hundertmal mehr.

Mitten in der Stadt befindet sich eine sehr saubere, schön hergerichtete und solide gebaute Freitagsmoschee. Auf dem Hof der Moschee steht eine große Kuppel, und unter dieser Kuppel befindet sich ein marmornes Wasserbecken. In die Mitte dieses Beckens wurde eine Fontäne aus Messing eingesetzt. Im Bazar hat man eine Tränke mit fünf Rohren gebaut, woraus eine Menge Wasser strömt, dessen sich die Leute bedienen; was überfließt, ergießt sich auf die Erde und anschließend ins Meer. Mir wurde berichtet, daß 20.000 Menschen in dieser Stadt leben; mehrere Vororte und Dörfer fallen noch unter ihre Verwaltung. Es wird dort Papier von hoher Qualität hergestellt, ähnlich dem Papier aus Samarqand, nur noch besser[4].

Die Stadt ist dem Sultan von al-Misr botmäßig, und man erzählte mir, was den Anlaß dafür gab: Einmal war ein Heer der Ungläubigen aus Rum erschienen, gegen das jene Moslems kämpften und das von ihnen besiegt wurde. Daraufhin erließ der Sultan von al-Misr der Stadt die Kharadj[5]. Seitdem liegt, geführt von einem eigenen Befehlshaber, ein Heer des Sultans dort, um fortan die Stadt vor Feinden zu schützen. Eine Zollstelle ist hier eingerichtet, wo die Schiffe, die aus Rum, Farang, al-Andalus und al-Maghrib kommen, dem Sultan den Zehnten entrichten. Davon wird der Unterhalt des Heeres bestritten. Der Sultan verfügt über Schiffe, die von hier nach Rum, Siqiliya und al-Maghrib auslaufen und an jenen Orten Handel treiben.

4 Der Überlieferung zufolge haben die Araber die Papierherstellung von chinesischen Gefangenen erlernt, die bei der Schlacht am Talas (751) in ihre Hände fielen. Samarqand war berühmt für die Kunst der Papierherstellung und lange Zeit einziger Herstellungsort.

5 Grundsteuer.

Die Bewohner der Stadt sind ausnahmslos Schiiten, und die Schiiten haben ja in allen Ländern schöne Moscheen gebaut. Es gibt hier Häuser, die wie ein Ribat aussehen, nur wohnt niemand darin. Sie werden Mashhad genannt. Außerhalb der Stadt steht kein weiteres Haus mehr, abgesehen von zwei oder drei dieser bereits angesprochenen Mashhads.

Ich verließ diese Stadt und wandte mich in Richtung Süden. Einen Farsang entfernt sah ich eine Festung, die den Namen Qalmun trug. Eine Quelle entspringt in ihrem Innern. Ich zog weiter bis zur Stadt Trabarzan. Von Trablus bis dorthin waren es fünf Farsange.

Nun gelangten wir nach Djubayl, eine in Form eines Dreiecks angelegte Stadt, deren eine Ecke zum Meer hin liegt. Um sie herum wurde eine sehr hohe und starke Mauer gezogen, und rund um die Stadt stehen Palmen und andere Tropenbäume.

Ich sah ein Kind, das eine weiße und eine rote Rose in der Hand hielt – beide frisch! Jener Tag war der fünfte Tag des alten Monats Esfandarmaz des Jahres 415 nach der persischen Zeitrechnung (7. Februar 1047).

Schließlich machten wir uns auf nach Bayrut. Unterwegs erblickte ich einen steinernen Bogen, durch den der Weg hindurchführte. Seine Höhe betrug schätzungsweise 50 Gaz. An seinen Seiten türmten sich weiße Steinblöcke, von denen jeder einzelne mehr als 1.000 Man wog. Dieses Bauwerk war aus Steinquadern von 20 Gaz auf 20 Gaz erbaut worden, über welchen Marmorpfeiler aufragten. Jeder von ihnen war acht Gaz hoch und besaß einen solchen Umfang, daß er kaum von zwei Männern umfaßt werden konnte. Über diese Säulen spannten sich auf beiden Seiten Bögen, die aus zurechtgehauenen Steinen bestanden, ohne Lehm und Gips dazwischen. Ein vollkommen konstruierter größerer Bogen in der Mitte, mit einer Höhe von 50 Arash, überragt diese Bögen. Jeder Steinquader, der zum Bau dieses Bogens Verwendung fand, war etwa acht Arash lang, vier Arash breit und wog ungefähr 7.000 Man. Alle diese Steine waren sehr schön behauen und verziert, in einer Art, daß man es mit Holz kaum besser machen könnte. Außer diesem Bogen ist an dieser Stelle kein weiteres Bauwerk erhalten geblieben.

Ich erkundigte mich nach diesem Ort und erhielt als Antwort: »Wir haben gehört, daß dies einst das Tor zum Garten des Pharao gewesen war, und es ist ziemlich alt.«

Überall dort in der Ebene liegen Marmorpfeiler sowie Kapitelle und Pfeilerfüße herum, ebenfalls aus Marmor; sie sind verziert, rund, vier-, sechs- oder achteckig, und das Material ist von einer solchen Härte, daß man ihm mit Eisen nicht beizukommen vermag. In jener Gegend gibt es keine Berge, die zu der Vermutung Anlaß geben könnten, die Steine seien von dort geholt worden. Einem weiteren Stein, der wie ein künstliches Gemisch aussieht, kann, wie dem anderen Stein, auch selbst Eisen nichts anhaben. In den Provinzen von Sham findet man mehr als 500 000 solcher Pfeiler, Kapitelle und Pfeilerfüße, ohne daß jemand zu sagen wüßte, wozu sie einst gehört hatten oder von woher sie geholt worden waren.[6]

Danach lenkten wir unsere Schritte nach Sayda, einer Stadt an der Meeresküste, wo viel Zuckerrohr angebaut wurde. Die Stadt verfügt über eine mächtige Steinmauer, drei Zugänge sowie über eine schöne und vielbesuchte Freitagsmoschee, die vollständig mit gemusterten Bastmatten ausgelegt ist. Der Bazar ist so gut ausgestattet, daß ich bei seinem Anblick dachte, die ganze Stadt bereitet sich gerade für den Besuch des Sultans vor oder sie erwarte das Eintreffen einer frohen Kunde. Ich fragte nach dem Sachverhalt und erhielt als Antwort: »Es ist stets so Sitte in dieser Stadt gewesen.«

Die Gärten der Stadt vermittelten den Eindruck, als hätte ein König sie aus einer Laune heraus angelegt. Es gab auch einen Pavillon dort, und die Mehrzahl der Bäume trug Früchte.

Nach einem Marsch von fünf Farsangen erreichten wir die Stadt Sur, die an der Küste liegt und die einst ein Shaykh[7] an dieser Stelle gegründet hatte. Ihre Stadtmauer lag nicht mehr als 100 Gaz auf dem Festland, während der Rest ins Meer hineingebaut war. Die Mauer ist aus Fels gehauen, und ihre Fugen sind mit Teer zugeschmiert, damit kein Wasser eindringt. Die Stadt nimmt etwa eine Fläche von 1.000 auf 1.000 Arash ein, und die Häuser haben fünf oder sechs Stockwerke. Sie verfügt ferner über viele Wasserfontänen, sowie schöne Bazare und reichlich Güter. Die Stadt Sur ist bekannt für ihren Wohlstand und Reichtum.

Die meisten Bewohner der Küstenstädte von Sham sind zwar Schiiten, doch war der hiesige Qadi[8] ein Sunnit mit Namen Abu ʿAqil, ein gutherziger und reicher Mann.

Ein Mashad steht am Stadttor, das mit vielen Teppichen, Matten sowie goldenen und silbernen Lampen ausgestattet ist. Die Stadt liegt auf einer Anhöhe und erhält ihr Wasser vom Gebirge. Am Stadttor wurden dazu steinerne Bögen errichtet, auf deren Rücken es in die Stadt geleitet wird. In den Bergen öffnet sich direkt gegenüber der Stadt ein Tal, durch das man nach einem Marsch von 18 Farsangen nach Dimashq gelangt.

6 Bei den Ruinen handelt es sich um die antiken römischen Überreste der Stadt Bayrut.

7 Shaykh: Patriarch, ›der die Merkmale des Alters trägt‹; urspr. arab. für einen Stammesführer, später ehrerbietige Anrede bzw. Titel bei den islamischen Mystikerorden.

8 Richter, der nach islamischen Recht (Shariʿa) urteilt.

Nachdem wir uns von diesem Ort sieben Farsange entfernt hatten, betraten wir die Stadt ʿAkka, die die Leute hier ʿAkkā schreiben. Sie liegt auf einer Anhöhe, wovon ein Teil schräg und der Rest ebenerdig ist. Man vermeidet es, an der Küste zu bauen, da sich dort keine Anhöhen finden und die Menschen sich vor dem Ansturm des Meeres und dessen anbrandenden Wellen fürchten. Die Freitagsmoschee steht in der Mitte der Stadt und stellt deren höchstes Gebäude dar. Ihre Säulen bestehen ausnahmslos aus Marmor. Außerhalb, rechts zur Gebetsrichtung, befindet sich das Grabmal des Propheten Salih[9] - Friede sei mit ihm. Der Hof der Moschee ist zum Teil mit Steinfliesen ausgelegt und zum Teil mit Gras bepflanzt. Angeblich hat Adam[10] - Friede sei mit ihm – diese Stelle als Ackerfläche bestellt.

Meine Vermessung der Stadt ergab eine Länge von 2.000 Arash und eine Breite von 500 Arash. Die westliche und die südliche Seite ihrer äußerst solide gebauten Mauer liegt im Meer. Im Süden wurde ein Hafen angelegt. Die meisten Küstenstädte verfügen über einen Hafen, der dem Schutz der Schiffe dient, sowie über einen Stall zum Schutz der Pferde. Seine Mauerrückseite ist der Stadt zugewandt, und die Mauern stehen im Meerwasser. Sein Durchgang, ohne die Mauer, mißt 50 Gaz, und eine Kette ist von einer Mauer zur anderen gespannt. Will man nun ein Schiff in den Hafen hineinlassen, so lockert man einfach die Kette, bis sie unter der Wasseroberfläche hängt und das Schiff über sie hinweggleiten kann. Danach wird die Kette wieder angezogen, damit kein Fremder etwas gegen die Schiffe zu unternehmen vermag.

Am östlichen Tor entspringt linker Hand eine Quelle. Um zu ihrem Wasser vordringen zu können, muß man erst 26 Stufen hinabsteigen. Man erzählt, diese Quelle habe Adam – Friede sei mit ihm – einst entdeckt und er habe seine Kuh dort getränkt. Daher nennt man sie ʿAyn ul-Baqar[11].

Lenkt man seine Schritte von der Stadt ʿAkka aus in Richtung Osten, dann trifft man auf einen Berg, wo sich die Gräber der Propheten – Friede sei mit ihnen – befinden. Dieser Ort liegt für denjenigen, der direkt nach ar-Ramla will, etwas abseits vom Wege.

Ich hatte nun die Absicht, diese geheiligten Grabmäler zu besichtigen, um den Segen Gottes des Herrn – Er ist voller Segen und Er ist erhaben – zu erlangen. Die Bewohner von ʿAkka warnten mich indes vor dem üblen

9 Prophet, der den arabischen Thamud geschickt worden sein soll (s. Qoran Sura 7/Vers 73ff., 11/61ff., 26/141ff., u. 27/Vers 45ff.).

10 Adam, der Vater der Menschen (Abu-l-Bashar).

11 Kuhquelle.

Volk, das auf dem Weg dorthin lebt und das beim Anblick eines Fremden diesen sofort angreift und ihm, sofern er etwas bei sich trägt, alles wegnimmt. Daraufhin hinterlegte ich meine Habseligkeiten in der Moschee von ʿAkka und verließ die Stadt durch das östliche Tor.

Am Samstag, dem 23. Shaʿban des Jahres 438 (22. Februar 1047), pilgerte ich zum Grabmal von ʿAkk, dem Gründer der Stadt. Er war ein gerechter und angesehener Mann. Da kein Führer mich begleitete, der mit dem Weg vertraut war, wurde ich doch etwas unsicher. Unerwartet schloß sich mir da noch am selben Tag, geführt von der Gnade Gottes – Er ist voller Segen und Er ist erhaben – ein Perser an, der aus Azarba'idjan stammte und der zuvor bereits einmal diese gesegneten Grabmäler besucht hatte. Es war jetzt das zweite Mal, daß er dieses Unterfangen ausführen wollte. Zum Dank für dieses Geschenk Gottes – Er ist voller Segen und Er ist erhaben – verrichtete ich zwei Rakʿa zum Gebet und warf mich auf die Erde – dafür, daß mir ein Wegfreund zuteil geworden und es mir somit möglich war, mein Gelübde zu erfüllen.

Ich kam zuerst in ein Dorf mit Namen Barwa. Dort pilgerte ich zu den Grabmälern von ʿIsh und Shamʿun[12] – Friede sei mit ihnen. Anschließend begab ich mich nach Magharik, das man auch Damun nannte. Dort tat ich ebenfalls meiner Pilgerpflicht Genüge, denn man sagt, dort läge das Grab von Dhu-l-Kifl[13] – Friede sei mit ihm.

Schließlich betrat ich ein Dorf namens Aʿbalin, wo Hud[14] – Friede sei mit ihm – begraben liegt, wohin ich auch pilgerte. In dessen Umzäunung erhebt sich ein Johannisbrotbaum. Danach unternahm ich noch einen Pilgerbesuch zum Grab des Propheten ʿUzayr[15] – Friede sei mit ihm.

Als ich mich in Richtung Süden weiterbewegte, kam ich in das Dorf Hazira. Westlich dieses Dorfes öffnete sich ein Tal, in dem eine Quelle entsprang, die reines Wasser führte und die direkt aus dem Felsen trat. Gegenüber der Quelle stand auf einem Felsen eine Moschee, die sich aus zwei Räumen zusammensetzte und deren Dach aus Stein war. Sie verfügte über einen kleinen Zugang, durch welchen ein Mensch nur mühsam ins Innere vorzudringen vermochte. Zwei Gräber liegen darin nahe beieinander. Bei dem einen handelt es sich um das des Shuʿayb – Friede sei mit ihm

12 Esau und Simeon.

13 Mysteriöse Gestalt, die gelegentlich mit dem Sohn des Ayyub (Hiob), Bishr, identifiziert wird (s. Qoran Sura 38/Vers 48 u. 21/85).

14 Der biblische Patriarch Eber, eine Gestalt der Vorzeit; gilt als Stammvater der Hebräer.

15 Esdras oder Esra, pers. Priester und Gelehrter

– und bei dem anderen um das seiner Tochter, der Frau von Musa[16] – Friede sei mit ihm. Die Dorfbewohner pflegen die Moschee und die Gruft sorgsam, indem sie sie reinigen, die Lampen anzünden und so weiter.

Nun näherten wir uns dem Dorf Arbil. Von diesem Dorf aus gesehen erhebt sich in der Richtung, wo Mekka liegt, ein Berg, auf halber Höhe befindet sich eine umzäunte Stelle. Hier sind die vier Gräber der Söhne Yaʿqubs zu sehen – Friede sei mit ihm –, die Brüder Yusufs[17] – Friede sei mit ihm.

Dann erblickte ich noch einen Hügel, unterhalb dessen eine Höhle zu erkennen war, die das Grab der Mutter Musas – Friede sei mit ihm – beherbergte. Ich pilgerte auch dorthin und setzte danach meinen Weg fort.

Bald tauchte ein Tal auf, an dessen Ende sich ein See zeigte. Die Stadt Tabariya liegt am Ufer dieses Sees, dessen Länge etwa sechs und dessen Breite drei Farsange betrug und dessen Wasser köstlich süß ist. Die Stadt befindet sich an der Westseite des Sees, und sämtliche Abwässer der Bäder der Stadt und alle Abflüsse ergießen sich in diesen See. Die Bewohner dieser Stadt und des Bezirks, der sich am Seeufer entlang erstreckt, trinken alle das Seewasser. Ich hörte, daß einst ein Amir in diese Stadt gezogen war und befohlen hatte, diesen Abwasserweg und das verschmutzte Wasser von dem See abzuzweigen. Daraufhin wurde das Seewasser so faulig, daß es nicht mehr trinkbar war. Schließlich ordnete er die Öffnung aller Abwasserwege an, und das Wasser wurde wieder wohlschmeckend.

Die Stadt ist umgeben von einer soliden Mauer und liegt direkt am Seeufer. Die dem See zugewandte Seite hat keine Mauer, und mehrere Gebäude stehen mitten im Wasser, dessen Boden aus Felsgestein besteht. Einige Pavillons wurden auf Marmorpfeilern gebaut, die aus dem Wasser ragen. In dem See leben viele Fische. In der Stadtmitte befindet sich die Freitagsmoschee, an deren Tor eine Quelle hervortritt. Bei dieser Quelle, deren Wasser so warm ist, daß man es nur über sich gießen kann, wenn man kaltes Wasser hinzugibt, wurde ein Bad gebaut. Angeblich soll Sulayman, der Sohn des Dawud[18] – Friede sei mit ihm – dieses Bad erbaut haben, welches ich dann auch aufsuchte.

In Tabariya gibt es eine Moschee, die Yasmin-Moschee genannt wird. Sie liegt im Westteil und wird sehr gepflegt. In der Mitte der Moschee

16 Shuʿayb: Priester Jitro, Schwiegervater Moses'.
Musa: Moses.

17 Yaʿqub: Jakob.
Yusuf (auch Yusif, Yusaf): Josef.

18 Sulayman: Salomo.
Dawud: David.

steht eine große Terrasse, worauf man mehrere Gebetsnischen[19] errichtet hat. Um diese Terrasse herum wachsen Yasminbäume, nach denen die Moschee auch ihren Namen erhalten hat. An der östlichen Seite ist ein Gewölbe, worin sich das Grab von Yushaʿ Ibn Nun[20] befindet. Unter der Terrasse liegen die Gebeine von siebzig Propheten – Friede sei mit ihnen –, die einst von den Banu Isra'il getötet worden waren.

Südlich von Tabariya ertreckt sich der Lut-See, dessen Wasser ungenießbar ist; ihm fließt das Wasser des Tabariya-Sees zu. Die Stadt Luts[21] lag einst am Ufer des Lut-Sees, doch jetzt findet sich keine Spur mehr von ihr. Ich erfuhr hingegen folgendes: In diesem salzigen See gibt es etwas, das irgendwie einer Kuh ähnelt, das jedoch aus dem Schaum des Sees entstanden ist. Es ist schwarz, sieht aus wie eine Kuh und ist eine Art Stein, jedoch nicht von solcher Härte. Die Menschen sammeln es, zerkleinern es und bringen es in die Städte und Provinzen. Ein Stück davon legen sie unter einen Baum, damit dieser nicht von Würmern befallen wird und an dieser Stelle die Wurzel des Baumes keinen Schaden nimmt und damit ferner dem Garten von Würmern und unterirdischem Ungeziefer kein Unheil zugefügt wird.

Die Verantwortung für die Richtigkeit dessen liegt allerdings bei dem, der mir dies erzählt hat!

Dieser fügte noch hinzu, daß die Drogisten es ebenso kaufen. Angeblich soll es die Würmer, die Naqra genannt werden und die einige Medikamente befallen, vertreiben.

In Tabariya werden Bastmatten hergestellt, die als Gebetsteppiche dienen und die ebendort zu fünf maghribinischen Dinaren verkauft werden.

In westlicher Richtung erhebt sich ein Berg, auf dem ein Steinblock liegt, worauf in hebräischer Schrift geschrieben steht, daß zur Zeit der Anfertigung der Inschrift die Pleiaden in das Haus des Widders eintraten.

Das Grabmal Abu Hurayras[22] liegt außerhalb der Stadt in Richtung Mekka. Doch kann niemand dorthin pilgern, da die Bewohner dieser Gegend Schiiten sind. Sollte dennoch jemand eine Pilgerfahrt dorthin

19 Zusammen mit der Kanzel (Minbar) ist die Gebetsnische (Mihrab) fester Bestandteil der Inneneinrichtung jeder Moschee. Sie zeigt dem Gläubigen die Gebetsrichtung (Qibla) an und kann auch bildlich dargestellt werden.

20 Josua, der Sohn des Nun.

21 Mit der Stadt Luts (Lot) ist Sodom gemeint.

22 Abu Hurayrat ad-Dausi al-Yamani (gest. zwischen 658 und 676), treuer Anhänger Muhammads, gilt bei den Moslems als vertrauenswürdiger Überlieferer von Prophetengeschichten (Hadith).

wagen, so würde er von den Kindern beschimpft, bedrängt und mit Steinen beworfen. Aus diesem Grund war für mich eine Pilgerfahrt an diesen Ort nicht möglich.

Als ich von meinen Pilgerbesuchen aus jener Gegend zurückkehrte, kam ich an dem Dorf Kafar Kanna vorbei. Im Süden des Dorfes erstreckt sich ein Hügel, auf dem ein Kloster errichtet ist. Es ist sehr schön und mit einer sehr soliden Tür versehen. Der Prophet Yunis[23] – Friede sei mit ihm – liegt dort begraben. Neben der Tür des Klosters befindet sich ein Brunnen mit schmackhaftem Wasser.

Nachdem es mir nunmehr gelungen war, meine Pilgerfahrt durchzuführen, schlug ich den Weg zurück nach ʿAkka ein. Von dort aus betrug die Strecke bis ʿAkka vier Farsange. Wir verbrachten noch einen Tag in ʿAkka und brachen danach zu dem Dorf Hayfa auf. Auf dem Weg dorthin muß man jedoch erst einige Treibsandflächen hinter sich lassen. Deren Sand verwenden die Goldschmiede in Persien, die ihn Mekkasand nennen. Hayfa liegt am Meeresufer, und es gibt dort viele Dattelpalmenhaine und andere Bäume. Hier lebten Schiffszimmerleute, die große Schiffe bauten, und jene seetüchtigen Schiffe nannten sie al-Djudi[24].

Wir zogen zum nächsten Dorf, das einen Farsang entfernt war und al-Kanisa hieß. Von hier an führt der Weg vom Meer weg, in die Berge Richtung Osten, wo es Ebenen und Steinwüsten gibt. Das Gebiet trug den Namen Wadi-t-Tamasih[25].

Nach zwei Farsangen stieß der Weg wieder auf die Küste, und da entdeckten wir – eingebettet in den Sand und den Lehm – viele Knochen von Meerestieren, die aufgrund der unzähligen Wellen, die über sie hinweggespült waren, versteinert waren. Wir bewegten uns nun auf Qaysariya zu, das von ʿAkka sieben Farsange entfernt ist. Es war eine schöne Stadt, mit fließendem Wasser ausgestattet, mit Orangen- und Zitronenbäumen, sowie einer solide gebauten Festungsmauer mit einem eisernen Tor, Quellen sowie einer schönen Freitagsmoschee. Von dieser aus läßt sich, im Moscheehof sitzend, der Ausblick aufs Meer genießen. Dort befand sich auch ein Marmorgefäß, das an eine chinesische Keramik erinnerte. Es war ebenso schlank und hatte ein Fassungsvermögen von etwa 100 Man Wasser.

Am Samstag, dem letzten Tag des Monats Shaʿban (28. Februar 1047), brachen wir wieder auf. Die ganze Strecke – mehr als einen Farsang –

23 Jonas.
24 Der Berg al-Djudi war nach der Überlieferung der Landeplatz der Arche Noah.
25 Tal der Krokodile.

Terebinthe oder Terpentinbaum.

Aus: »Nozhat ol-Qolub« von Hamdollah Mostoufi Qazvini, 17. Jh.
British Library, The Oriental and India Office, Add. 7706

gingen wir über Mekkasand, und wiederum sahen wir pausenlos, von den Bergen bis in die Ebene hinab, zahllose Feigen- und Olivenbäume.

Nach einer Weile trafen wir auf eine Stadt mit Namen Kafar Saba oder Kafar Sallam. Von hier aus waren es bis ar-Ramla noch drei Farsange, und der Weg war durchweg von Bäumen umsäumt, wie bereits erwähnt.

Sonntags, am ersten Tag des Monats Ramadan (1. März 1047), betraten wir ar-Ramla. Die Entfernung von Qaysariya bis zu diesem Ort betrug acht Farsange. Es ist eine große Stadt, die eine hohe, starke und solide gebaute Mauer aus Stein und Gips besitzt, in die zudem eiserne Tore eingesetzt sind. Von der Stadt bis zur Küste sind es drei Farsange. Ihr Wasser erhält die Stadt vom Regen. Dazu gibt es in jedem Haus eine Zisterne, die das Regenwasser aufnimmt und die stets einen gewissen Vorrat an Wasser beinhaltet. Inmitten der Freitagsmoschee stehen große Wasserzisternen, die, wenn sie mit Wasser gefüllt sind, für jedermann zugänglich sind. Der Umfang der Moschee beträgt 300 auf 200 Schritte. In ihrer Suffa[26] ist eine Inschrift angebracht, die besagt, daß am 15. Muharram des Jahres 425 (10. Dezember 1033) ein starkes Erdbeben stattgefunden hatte, das zwar mehrere Gebäude zerstört, aber niemandem Schaden zugefügt hatte.

In dieser Stadt wurde viel mit Marmor gearbeitet. Die meisten Häuser der Einwohner sind aus Marmor, der mit Einlegearbeiten und Reliefs verziert ist. Man schneidet den Marmor mittels einer zahnlosen Säge. Unter diese wird Mekkasand gestreut, und dann sägt man damit. Man sägt den Marmor der Länge nach – in der Art also, wie man verfährt, um Holzbretter zu bekommen – und nicht der Breite nach. Aus dem Stein werden so Platten gefertigt. Ich sah dort Marmor unterschiedlichster Art und Farbe: bunt gemusterten, grünen, roten, schwarzen, weißen – in allen Farben.

Hier gedeiht eine besondere Sorte Feigen – nirgendwo gibt es eine bessere –, und sie wird überallhin geliefert. ar-Ramla ist in Sham und in al-Maghrib unter dem Namen al-Filastin geläufig.

Wir kehrten ar-Ramla am 3. Ramadan (3. März 1047) den Rücken und kamen zu dem Dorf Khatun. Wir setzten unsere Reise bis ins nächste Dorf fort, das den Namen Qariyat ul-ʿInab trug. Unterwegs sah ich viele Terebinthen[27], die wild im Gebirge und in der Ebene wuchsen. In diesem

26 Die o. g. Moschee ist die Weiße Moschee (al-Djamiʿ ul-abyad), eine Gründung der Umayyaden.
Suffa (oder Zulla): Moscheebauteil, die sogenannte Moscheelaube.

27 Terpentinbaum, Mittelmeerpistazie; Sumachgewächs, aus dem u.a. Terpentin (Chiosterpentin) gewonnen wird.

Tal fanden wir auch eine Quelle mit sehr wohlschmeckendem Wasser, das direkt aus dem Fels sprudelte. Man hatte dort Unterstände aufgestellt, die instand gehalten wurden. Nun stiegen wir immer weiter in die Höhe, so daß man hätte meinen können, wir würden einen Berg besteigen und beim Abstieg auf der anderen Seite müßten wir unweigerlich auf eine Stadt stoßen. Als wir jedoch ein gutes Stück hochgestiegen waren, trafen wir auf eine Ebene von gewaltigen Ausmaßen, die teils mit Steinen und teils mit Sand bedeckt war.

در بیت المقدس

In Jerusalem

Die Stadt Bayt ul-Maqdis liegt auf dem Gipfel eines Berges, in einer Entfernung von 56 Farsangen von Trablus, was gleichbedeutend mit ihrer Entfernung von der Küste ist, und 876 Farsangen von Balkh.

Wir betraten Bayt ul-Maqdis am 5. Ramadan des Jahres 438 (5. März 1047). Es war nun ein Sonnenjahr vergangen, seitdem wir unser Zuhause verlassen und uns auf unsere Reise begeben hatten. Bislang waren wir jedoch weder an einem Ort längere Zeit geblieben, noch hatten wir uns irgendwo Ruhe gegönnt.

Die Bewohner von Sham und der Umgegend nennen diese Stadt auch al-Quds. Wenn es jemandem aus der Bevölkerung dieser Provinzen nicht möglich ist, die Hadjdj zu unternehmen, dann kann er zur gleichen Zeit in al-Quds an den heiligen Stätten weilen und dort die Opferzeremonie[1] feiern, ganz wie es dem Brauch entspricht. Es gibt Jahre, in denen mehr als 20.000 Menschen zu Beginn des Monats Dhu-l-Hidjdja zu diesem Anlaß anwesend sind und zudem ihre Söhne mitbringen, um sie beschneiden zu lassen. Aus den Ländern von Rum und aus anderen Regionen strömen viele Christen und Juden in die Kirchen und Synagogen dieses Ortes. Die Beschreibung der großen Kirche folgt an späterer Stelle.

Die Vorstädte und Dörfer von Bayt ul-Maqdis liegen auf bergigem Gelände. Überall wird Landwirtschaft betrieben, und es wachsen Oliven-, Feigen- und andere Bäume, die alle nur mit Regenwasser bewässert werden. Eine große Auswahl an erschwinglichen Gütern ist vorhanden. Es leben hier Grundbesitzer, von denen ein jeder 50.000 Man Olivenöl in Bottichen und Becken sammelt, um es dann in alle Welt zu verschicken. Man sagt, daß es in Sham bisher zu keiner Hungersnot gekommen ist. Ich

1 Das ʿId ul-Adha (ʿEyd-e-Qorban, Bayram) bildet einen zentralen Teil der Zeremonien am letzten Tag der Hadjdj, dem 10. Dhu-l-Hidjdja (Yaum ul-Adha). Wer es sich leisten kann, kauft ein Lamm oder Schaf und schlachtet es; ein Teil geht an die Armen.

Der Tempelberg in Jerusalem mit Felsendom (Mitte) und al-Aqsa Moschee (oben zweites Gebäude von rechts).

Aus: »Fotuh ul-Haramayn« von Lari, 17. Jh.
British Library, The Oriental and India Office, Or. 11533

hörte aus zuverlässiger Quelle, daß einer der einflußreichen Männer einst im Schlaf den Propheten – Friede und die Gnade Gottes seien mit ihm – erblickte, woraufhin er zu ihm sprach: »O Gesandter Gottes! Hilf uns bei dem Erwerb unseres Lebensunterhaltes!«

Der Prophet – Friede sei mit ihm – entgegnete: »Ich bürge dafür, daß Sham für alle Zeit mit Brot und Oliven versorgt ist.«

Ich fahre jetzt mit der Beschreibung der Stadt Bayt ul-Maqdis fort. Die Stadt liegt auf einem Berg und hat außer Regenwasser sonst keinerlei Wasserversorgung. Die umliegenden Dörfer verfügen über Quellen, jedoch nicht die Stadt. Um die Stadt herum steht eine solide gebaute Mauer aus Stein und Gips, in welche eiserne Tore eingesetzt wurden. In ihrer näheren Umgebung findet sich kein einziger Baum. Die Stadt ist auf Felsgestein gebaut und recht groß. Zur Zeit, da ich sie sah, belief sich die Einwohnerzahl auf 20 000 Menschen. Sie besitzt schöne Bazare und hübsche Gebäude, und überall wurde der nackte Boden der Stadt mit Steinfliesen bedeckt. Dort, wo es Erhebungen und Unregelmäßigkeiten des Bodens gegeben hatte, hatte man diese abgetragen und planiert, so daß bei Regen nun der Boden saubergewaschen wird.

In der Stadt leben viele Handwerker. Jede Gruppe besitzt ihre eigene Zunft. Der heilige Bezirk liegt im Osten, und der östliche Teil der Stadtmauer bildet gleichzeitig die östliche Mauer des heiligen Bezirkes.

Gehst du am Tempelberg vorbei, dann erstreckt sich dahinter eine große, völlig flache Ebene, die man as-Sahira nennt.[2] Man sagt, dies werde die Wüste des Jüngsten Gerichts und der Auferstehung von den Toten sein. Aus diesem Grund kommen die Menschen von überall her und bleiben hier, um in dieser Stadt zu sterben, damit sie, wenn das Versprechen Gottes – Ihm sei Lob und Er ist erhaben – eintritt, am Ort der Begegnung anwesend sind.

›O Gott! Beschütze Deine Diener an jenem Tag und sei ihnen gnädig. Amen! O Herr der Welten!‹ Am Rande dieser Ebene steht ein großes Grabmal, und hier befinden sich auch viele ehrwürdige Orte, wo die Menschen ihre Gebete verrichten und sich mit ihren Bitten an Gott – Ihm sei Lob und Er ist erhaben – wenden, und er erhört wohlwollend ihre Bitten.

›O Gott – Ihm sei Lob und Er ist erhaben – erhöre unser Flehen und vergib uns unsere Sünden und Verfehlungen. Erbarme Dich unser durch Deine Gnade, o Allerbarmherzigster!‹

Der heilige Bezirk wird von der as-Sahira-Ebene durch ein tiefes und breites Tal getrennt, das wie ein Graben aussieht. Ich sah darin mehrere

2 Vermutlich der flache nördliche Teil des Ölberges.

große Bauten im Stil der Vorfahren, und eine steinerne Kuppel, die aus einem Fels herausgeschnitten war und auf einem Haus stand. Nichts scheint mir erstaunlicher zu sein. Denn wie hat man sie dort hinaufgebracht? Es war die Rede davon, daß dies einst das Haus des Pharao gewesen war und dieses Tal das Wadi Djahannum[3] sei.

Ich fragte jemanden: »Wer hat diesen Ort denn so genannt?«

Mir wurde geantwortet: »Als ʿUmar Ibn ul-Khattab das Kalifat innehatte[4] – möge Gott Wohlgefallen an ihm haben –, richtete er einst auf der as-Sahira-Ebene sein Heerlager auf. Als er dann dieses Tal erblickte, sprach er: ›Dies ist das Tal der Hölle!‹«

Das einfache Volk glaubt, daß ein jeder, der oben am Talhang steht, die Stimmen der Bewohner der Hölle, die von dort hochdringen sollen, hören kann. Ich begab mich dorthin, aber ich hörte nichts dergleichen.

Entfernt man sich von der Stadt einen halben Farsang in südlicher Richtung und steigt einen Abhang hinab, so trifft man auf eine Quelle, die aus dem Felsen hervortritt. Man nennt sie ʿAyn Salwan[5]. Um diese Quelle herum hat man viele Gebäude errichtet. Ihr Wasser durchfließt ein Dorf, wo ebenfalls viele Gebäude stehen und zudem Gärten angelegt worden sind. Angeblich verschwinden chronische Schmerzen und Krankheiten, wenn man sich hier Kopf und Körper wäscht. Viele fromme Stiftungen[6] haben den Erhalt dieses Ortes bislang gewährleistet.

Bayt ul-Maqdis besitzt ein sehr gutes Krankenhaus, das durch viele fromme Stiftungen in Betrieb gehalten wird. Viele Menschen erhalten hier Medikamente und Sirupe. Die Ärzte in dem Krankenhaus beziehen ihr Gehalt auch aus frommen Stiftungen. Der heilige Bezirk liegt im Osten, am Rande der Stadt.

Eine Mauer des Tempelberges grenzt an das Wadi Djahannum, und betrachtet man sich einmal von außen diese Mauer, die zum Tal hin zeigt, so sieht man, daß sie 100 Arash lang und aus großen Steinblöcken zusammengesetzt ist, ohne daß Lehm und Gips dabei Verwendung

3 Es ist zu vermuten, daß der Autor nicht das Hinnom-Tal meint, was dem Namen nach zu vermuten wäre, sondern das Kidrontal, auch Joschafat-Tal genannt, wo das endzeitliche Gericht dereinst abgehalten werden soll (vgl. hebr./lat. Gehenna). Haus des Pharao: Grabmal des Absalom, Tantura Farʿun (Mütze des Pharao) genannt.

4 Der zweite der sogenannten vier Rechtgeleiteten Kalifen, die unmittelbar nach Muhammads Tod die islamische Gemeinde (Umma) führten. Unter seiner Herrschaft (634–644) wurden Palästina, Syrien, Mesopotamien, Persien und Ägypten erobert.

5 Gihonquelle, mündet in den Shiloahteich.

6 arab. Waqf, dauerhafte Stiftung bzw. Schenkung von Land, das entweder Privatpersonen oder einer religiösen Institution (Moschee u.ä.) überschrieben wird.

gefunden haben. Von innen betrachtet erscheint die Mauerkrone indes völlig ebenmäßig.

Was den dort liegenden Felsen betrifft, so wurde gleichsam eine Moschee über ihm errichtet. Dieser Felsen ist derselbe, in dessen Richtung Musa – Friede sei mit ihm, gemäß dem Befehl Gottes – Er ist erhaben und mächtig – sich zum Gebet verneigt hatte. Als dieser Befehl Musa geoffenbart wurde und er diesen Felsen zur Gebetsrichtung bestimmte, hatte er nicht mehr lange Zeit zu leben; er starb bald darauf. Zur Zeit Sulaymans[7] – Friede sei mit ihm –, als man sich zum Gebet noch in diese Richtung verneigte, baute man um ihn herum eine Moschee, so daß der Felsen in deren Mitte lag und die Gebetsnische der Menschen darstellte. Bis zur Zeit unseres Propheten Muhammad al-Mustafa[8] – die Gnade Gottes und Friede seien mit ihm – sah man diesen Felsen als die Gebetsrichtung an, bis Gott – Er ist voller Segen und Er ist erhaben – befahl, daß die Gebetsrichtung das Gebäude der Kaʿba sein soll. Deren Beschreibung folgt an der dazu vorgesehenen Stelle.

Ich hegte nun die Absicht, die Kultstätte zu vermessen, und dazu sagte ich zu mir: »Zuerst muß ich über ihre Form und ihre Lage genau Bescheid wissen und sie mir genau ansehen. Danach erst vermesse ich sie.«

Lange ging ich auf dem Tempelberg umher und schaute mich um. Dabei entdeckte ich an der nördlichen Seite, in der Nähe der Qubba Yaʿqub – Friede sei mit ihm –, eine in den Stein geschlagene Inschrift, gemäß welcher die Länge des Bezirkes 704 Arash beträgt und seine Breite 455 Arash, gemessen nach dem Gaz-e-Malek. Das Gaz-e-Malek entspricht dem in Khorasan gebräuchlichen Gaz-e-Shayegan und ist etwas weniger als eineinhalb Arash[9].

Der Boden des Bezirkes ist mit Steinfliesen ausgelegt, und die Fugen sind mit Blei ausgefüllt. Der heilige Bezirk ist im Osten der Stadt gelegen, und geht man vom Bazar aus, dann muß man sich ebenfalls in östlicher Richtung bewegen. Ein sehr schönes Portal, das ungefähr 30 Gaz hoch und 20 Gaz breit ist, wurde dort errichtet. Beim Bau wurde völlig exakt gearbeitet, und seine beiden Flügel aus einem Stück gefertigt. Das Portal, die Oberfläche der Flügel und der Eyvan[10] sind bemalt und mit in Gips eingesetzten Einlegearbeiten verziert, ganz nach dem Muster, wie man es sich vorgenommen hatte, so daß das Auge bei dessen Anblick in Erstaunen gerät. Eine Mosaikinschrift wurde dort angebracht, die den Beinamen des

7 Salomon.

8 al-Mustafa: der Auserwählte, Beiname Muhammads.
Zur Gebetsrichtung: s. Qoran Sura 2/Vers 142ff.

9 Qubba Yaʿqub: Jakobskuppel. Gaz-e-Malek: Königselle, 95 cm.

Der Tempelberg mit der Wiege Jesu (Mahd ʿIsa; oben rechts).

Aus: »Modjmal ot-Tawarikh«, Verfasser unbekannt, 14. Jh. (?)
Handschriftenabteilung der Universität Heidelberg, Cod. Heid. Or. 118

Sultans von al-Misr angibt. Fällt die Sonne darauf, dann leuchtet sie so sehr, daß es einem vor Staunen die Sprache verschlägt. Eine vollkommen konstruierte, mächtige Steinkuppel krönt dieses Portal. Man hat zwei prachtvolle Türen eingesetzt, deren Oberfläche aus Damaszener-Bronze besteht. Dies erweckt den Anschein, als seien sie mit Gold überzogen. Viele Malereien wurden dort angebracht; jede der Türen ist 15 Gaz hoch und acht Gaz breit. Dieses Portal nennt man Bab Dawud[11] – Friede sei mit ihm.

Geht man durch dieses Portal, so erstrecken sich rechter Hand zwei große Arkadenreihen. Jede wird von 29 Marmorpfeilern getragen, deren Füße und Kapitelle aus buntem Marmor bestehen. Die Fugen sind mit Blei ausgefüllt. Auf den Pfeilern erheben sich steinerne Bögen. Sie wurden ohne Lehm und Gips aufgestellt, und jeder Bogen setzt sich aus nicht mehr als vier bis fünf Steinen zusammen. Diese Arkaden ziehen sich bis zur Maqsura[12] hin.

Linker Hand, nachdem man das Portal durchschritten hat, was in Richtung Norden geschieht, erstreckt sich eine lange Arkadenreihe, aus 64 Bögen bestehend, alle auf Marmorpfeilern. Ein weiteres Tor befindet sich hier in derselben Mauer, das den Namen Bab us-Saqar trägt. Die Längsseiten des Tempelbergs liegen auf der Nord-Süd-Achse, und läßt man die Maqsura außer acht, dann ergibt sich eine quadratische Fläche, worin die Gebetsrichtung nach Süden fällt. Im Norden stehen noch zwei weitere Tore nebeneinander. Jedes mißt in der Breite sieben Gaz und in der Höhe 12 Gaz. Dieses Tor heißt Bab ul-Asbat[13].

Gehst du durch dieses Tor und du bewegst dich weiter entlang der Querseite des heiligen Bezirkes nach Osten zu, dann triffst du erneut auf ein gewaltiges Portal. Drei Tore stehen hier nebeneinander, wie beim Bab

10 arab. Iwan, bei uns als Liwan bekannt; in vorislamischer Zeit symbolisierte dieses Bauteil im Iran die königliche Macht und stellt neben dem Chahar Taq (Stützbogen auf vier Pfeilern) in der persisch-islamischen Architektur das markanteste bauliche Merkmal dar. Es ähnelt einer nach vorne offenen Halbkuppel, die sowohl innerhalb als auch außerhalb eines Bauwerks in den unterschiedlichsten Größen und Kombinationen vorkommen kann.

11 Davidstor, heute Bab us-Silsila (Kettentor); die Mosaikeinlegearbeiten wurden auf Befehl des Fatimidenkalifen az-Zahir angebracht.

12 Eigentlich für den Herrscher reserviertes Geviert oder separater Moscheeteil, worin das Gebet verrichtet wird, oft mit Heiligengrab. Im vorliegenden Falle meint der Verfasser jedoch die al-Aqsa-Moschee.

13 Höllentor, heute Bab un-Nazir (Aufsehertor) oder Bab ul-Habs (Gefängnistor) genannt.
Tor der Stämme Israels, vermutl. das heutige Bab ul-Hitta.

ul-Asbat. Alle diese Tore wurden mit Bronze und Eisen beschlagen – es gibt kaum etwas Schöneres. Dieses Portal wird Bab ul-Abwab[14] genannt, da bei den anderen Stellen die Tore paarweise vorhanden sind, hier hingegen aber sind es drei.

Zwischen den beiden Portalen, die an der nördlichen Seite liegen – in jener Arkade, deren Bögen von Pfeilern getragen werden –, erhebt sich auf Säulen eine Kuppel, die mit Leuchtern und Lampenhaltern versehen ist. Sie trägt den Namen Qubba Yaʿqub – Friede sei mit ihm. Dort war der Ort, an dem er sein Gebet zu verrichten pflegte. An der Querseite des Tempelbergs zieht sich ein Säulengang entlang, und in der Mauer dort ist eine Tür eingelassen. Hinter dieser Tür liegen zwei Räume, die für die Sufis[15] bestimmt sind. Dort wurden mehrere Orte für das Gebet sowie sechs schöne Gebetsnischen errichtet. Sie haben sich hier auf immer niedergelassen, und am selben Ort beten sie auch ständig, außer am Freitag, damit sie den Ruf des Takbir[16] nicht überhören, woraufhin sie sich dann in die Moschee begeben.

An der nördlichen Ecke des Tempelbergs stehen eine schöne Säulenhalle und eine große, ebenfalls schöne Kuppel, auf der geschrieben steht: ›Dies ist die Gebetsnische Zakariyas[17] des Propheten – Friede sei mit ihm.‹ Man sagt, er habe hier ununterbrochen seine Gebete aufgesagt.

An der östlichen Mauer, in der Mitte des Bezirkes, befindet sich ein großes, prachtvolles Portal, das aus zurechtgehauenen Steinblöcken derart zusammengesetzt wurde, daß man meinen könnte, es sei aus einem Stück gefertigt. Es ist 50 Gaz hoch und 30 Gaz breit und mit Malereien und Reliefs verziert. Zehn schöne Tore wurden eingesetzt, zwischen denen nicht mehr als ein Fußbreit Abstand ist. Die Tore wurden mit vielen Verzierungen aus Eisen und Damaszener-Bronze versehen sowie mit Ringen und eingeschlagenen Nägeln. Sulayman Ibn Dawud – Friede sei mit ihm – soll dieses Portal für seinen Vater erbaut haben.

Tritt man in das Portal nach Osten hin ein, so wird das eine der beiden Tore – das zur Rechten – Bab ur-Rahma genannt und das andere Bab ut-Tauba[18]. Angeblich ist es das Portal, an dem Gott – Ihm sei Lob und Er ist

14 Tor der Tore, vermutlich das heutige Bab ul-Asbat.

15 Islamische Mystiker; Sufis waren in Orden (Tariqa) hierarchisch organisiert und verfolgten auf die unterschiedlichsten Arten ihr Ziel der Annäherung an Gott. Bei dem Tor könnte es sich um das heutige Bab ul-ʿAtm handeln.

16 ›Allahu Akbar‹.

17 Zacharias.

18 Tor der Barmherzigkeit, Tor der Reue; nördlicher und südlicher Eingang des heute vermauerten Goldenen Tores, die Schöne Pforte des Neuen Testaments.

erhaben – die Reue des Dawud – Friede sei mit ihm – einst angenommen hatte. An diesem Portal steht eine sehr schöne Moschee. Ursprünglich war hier eine Säulenhalle, an deren Stelle man eine Moschee baute, die mit allen Arten von Teppichen geschmückt ist und deren Bedienstete eine besondere Gruppe bilden. Viele Leute besuchen diesen Ort, verrichten ihre Gebete und suchen dabei die Nähe Gottes – Er ist voller Segen und Er ist erhaben. Sie tun dies, da hier Dawuds Reue – Friede sei mit ihm – angenommen wurde und weil sie die Hoffnung hegen, daß sie danach von der Sünde ablassen mögen. Es wird überliefert, daß Dawud gerade seinen Fuß auf die Schwelle gesetzt hatte, als die Offenbarung mit der frohen Botschaft eintraf, daß Gott – Ihm sei Lob und Er ist erhaben – seine Reue angenommen hatte. Er blieb für immer hier und widmete sich fortan nur noch Seiner Verehrung.

Ich, Naser, verrichtete an diesem Ort mein Gebet und bat Gott – Ihm sei Lob und Er ist erhaben – um Beistand zum Gehorsam und um das Fernbleiben der Sünde. Gott – Ihm sei Lob und Er ist erhaben – möge allen seinen Dienern, mit denen Er Zufriedenheit empfindet, Beistand gewähren und sie ihre Sünden bereuen lassen. Bei der Heiligkeit Muhammads und seinem unbefleckten Geschlecht!

An der östlichen Mauer, wo diese auf die südliche Mauer stößt – man muß sich übrigens zum Gebet nach Süden hin verneigen –, befindet sich vor der nördlichen Mauer eine unterirdisch angelegte Moschee, in die man über mehrere Stufen hinabsteigen kann. Sie mißt 20 auf 15 Gaz. Ihre Decke ist aus Stein und ruht auf Marmorpfeilern. Hier steht die Wiege von ʿIsa[19]. Jene Wiege ist aus Stein und groß genug, daß die Leute an ihr beten können. Ich betete auch an ihr. Man hat sie am Boden festgemacht, damit sie nicht wackelt. Dies war die Wiege, worin ʿIsa in seiner Kindheit gelegen und zu den Menschen gesprochen hatte. Anstelle einer Gebetsnische steht in dieser Moschee die Wiege. Die Gebetsnische von Maryam – Friede sei mit ihr – befindet sich an der Ostseite dieser Moschee wie auch eine weitere Gebetsnische, die des Zakariya – Friede sei mit ihm[20]. Die Qoranverse, in denen von Zakariya und Maryam die Rede ist, sind alle auf diesen Gebetsnischen festgehalten. Man sagt, ʿIsa – Friede sei mit ihm – sei in dieser Moschee zur Welt gekommen. Einer der Steine, aus denen die Säulen bestehen, trägt die Spuren zweier Finger, als hätte sich jemand mit zwei Fingern daran geklammert. Man sagt, Maryam habe sich bei der

19 Jesus, nach islamischem Glauben ein Prophet.
20 Maria.
Die Gebetsnische des Zacharias wird heute in der al-Aqsa-Moschee verehrt.

Die Himmelfahrt des Propheten Mohammed auf seinem legendären Reittier, dem Buraq.

Aus: »Khavaranname« von Moulana Muhammad Ibn Hosam, 18. Jh.
British Library, The Oriental and India Office, Add. 197766

Niederkunft mit zwei Fingern an der Säule festgehalten. Die Moschee ist bekannt unter dem Namen Mahd ʿIsa[21] – Friede sei mit ihm. Viele Leuchter aus Bronze und Silber hängen darin, und sie brennen die ganze Nacht hindurch.

Gehst du nun an der Tür dieser Moschee vorbei, auf die westliche Mauer zu, dann trifft man, wenn man an der Ecke des heiligen Bezirkes angelangt ist, auf eine andere sehr schöne Moschee. Diese ist zweimal größer als die Mahd-ʿIsa-Moschee. Man nennt sie al-Aqsa-Moschee. Dies ist der Ort, an den Gott – Er ist erhaben und mächtig – al-Mustafa – Gott segne ihn und schenke ihm Erlösung – in der Nacht der Himmelfahrt von Mekka aus gebracht hatte. Von hier aus fuhr er in den Himmel hoch, so wie es im Qoran beschrieben ist: ›Gepriesen sei der, der mit seinem Diener bei Nacht von der heiligen Kultstätte nach der fernen Kultstätte reiste.‹[22]

Hier hat man ein prachtvolles Gebäude gebaut, dessen Boden von schönen Teppichen bedeckt ist. Diener, die eine besondere Gruppe bilden, sind darin stets anwesend.

Wenn du von dieser Ecke wieder zur südlichen Mauer zurückgehst, ungefähr 200 Gaz, so endet der überdachte Teil, und es schließt sich ein offener Platz an.

Das Dach der großen Moschee mißt in der Länge 420 Arash – es liegt auf der Maqsura, der rechten Seite und auf den Kronen der südlichen und westlichen Mauer. Die Breite jenes Daches beträgt 150 Arash, und es sitzt auf 280 Marmorpfeilern. Auf den Pfeilern steht jeweils ein steinerner Bogen. Alle Kapitelle und die Schäfte der Pfeiler sind verziert, und die Fugen sind mit Blei ausgefüllt worden – es kann kaum etwas Solideres geben. Der Abstand zwischen zwei Pfeilern beträgt sechs Gaz. Überall liegen Fliesen aus buntem Marmor, deren Zwischenräume mit Blei versiegelt wurden.

Die Maqsura liegt in der Mitte der südlichen Mauer. Sie ist sehr groß, und 16 Pfeiler befinden sich in ihrem Innern. Sie wird überragt von einer immensen, mit Keramikkacheln verkleideten Kuppel; auf diese ist oben bereits hingewiesen worden. Man hat maghribinische Bastmatten ausgelegt, und Leuchter und Lampenhalter hängen an getrennten Ketten. Eine

21 ›Wiege Jesu‹, von den Kreuzrittern ›Salomos Ställe‹ genannt; diese unterirdischen Gewölbe in der Südostecke des Tempelberges ließ Herodes im 1. Jh. v. Chr. anlegen.

22 Qoran Sura 17/Vers 1 (der Diener ist Muhammad, die heilige Kultstätte die Kaʿba und die ferne Kultstätte der Felsendom).
Die al-Aqsa-Moschee geht auf einen ersten Moscheebau im Jahre 638 auf Anordnung des Kalifen ʿUmar zurück. Der Name spielt auf o.g. Sura an, die von Muhammads nächtlicher Himmelsreise berichtet.

große Gebetsnische, die ganz mit bemalten Kacheln ausgekleidet ist, steht darin. Die Gebetsnische wird von beiden Seiten von zwei scharlachroten Marmorpilastern eingerahmt.

Der ganze Sockel der Maqsura besteht aus buntem Marmor. Rechts liegt die Gebetsnische von Muʿawiya[23] und links die von ʿUmar Ibn ul-Khattab – möge Gott Wohlgefallen an ihm haben. Das Dach der Moschee ist aus verziertem Holz.

Bei der Tür und an der Wand der Moschee, die zum Hof hin zeigt, gibt es 15 Portale, in die man prachtvolle Türen eingesetzt hat. Jede ist zehn Gaz hoch und sechs Gaz breit. Zehn von ihnen befinden sich an der Mauer, die 420 Arash lang ist, und fünf an der Mauer, die 150 Arash[24] lang ist. Von diesen Türen besteht eine aus Bronze und ist über alle Maßen prachtvoll; sie sieht aus, als wäre sie aus Gold, ist aber mit eingebranntem Silber verziert. Der Name al-Ma'muns[25], des Kalifen, steht dort. Die Überlieferung sagt, daß er diese Tür aus Baghdad hierherbringen ließ. Stehen alle Türen offen, dann wird der Innenraum so erhellt, als wäre es ein Hof ohne Dach. Aber wenn es regnerisch ist und Wind weht, öffnet man die Türen nicht, und Licht dringt nur durch die Fenster ins Innere.

An den vier Seiten des überdachten Bereichs stehen Truhen, von denen jede eine der Städte von Sham und ʿIraq darstellen soll. Dort haben sich, wie in der heiligen Stätte von Mekka – Gott – Er ist erhaben – möge sie heiligen –, die Mudjawir[26] niedergelassen.

Außerhalb des Daches an der großen Mauer, die bereits Erwähnung fand, erstreckt sich eine Arkadenreihe, bestehend aus 42 Bögen. Alle ihre Pfeiler sind aus buntem Marmor. Diese Arkadenreihe ist mit der westlichen Arkadenreihe verbunden.

Innerhalb des überdachten Teils wurde ein Becken in den Boden eingelassen. Sein Rand schließt mit dem Boden ab, und es dient zum Sammeln des Regenwassers. Die südliche Mauer wird von einer Tür durchbrochen, und dort befindet sich der Ort für die rituelle Reinigung. Wenn jemand einem Bedürfnis nachkommen muß und sich danach reinigen möchte, dann geht er dorthin und wiederholt die rituelle Reinigung, denn falls er den heiligen Bezirk dazu verläßt, dann gerät er,

23 Erster Umayyadenkalif, reg. 661-680.

24 Im Widerspruch zur obigen Maßangabe steht nun bei allen Ausgaben Gaz statt Arash.

25 Siebter ʿAbbasidenkalif (reg. 813-833), Sohn Harun ur-Rashids.

26 Gläubiger, der zeitweise in einem Heiligtum lebt und sich nur dem Gebet und der Verehrung hingibt; heute Bezeichnung eines Studenten einer islamischen Universität (bes. al-Azhar).

aufgrund der Größe des Geländes, leicht in Gefahr, nicht rechtzeitig zum Gebet zu erscheinen oder es gar zu versäumen.

Alle Dächer sind mit Blei verkleidet. In den Boden des heiligen Bezirkes wurden mehrere Zisternen und Becken eingelassen, denn die heilige Stätte liegt gänzlich auf Felsgestein, und das Regenwasser soll nicht abfließen, sondern sich in den Becken sammeln, damit die Leute es auch verwenden können. Die Dachrinnen, durch die das Wasser in die darunter plazierten Steinzisternen rinnt, sind aus Blei gefertigt. Durch ein Loch tropft das Wasser dann in einen Kanal, und dieser befördert es anschließend in die Zisterne, ohne daß es verunreinigt wird.

Drei Farsange von der Stadt entfernt sah ich ein enorm großes Becken, worin das von den Bergen herunterfließende Wasser gesammelt wurde. Von dort hat man einen Wasserweg gebaut, der zum heiligen Bezirk der Stadt führt. Der größte Teil des Wassers der Stadt wird dort gespeichert[27]. Jedes Haus ist indes mit einer Zisterne für das Regenwasser ausgestattet, denn außer diesem gibt es sonst kein anderes; jeder nimmt nur das Wasser, das von seinem Dach rinnt. Die Bäder und alles, was es sonst noch gibt, werden mit Regenwasser betrieben.

Die Zisternen des heiligen Bezirkes bedürfen keiner Reparatur, denn sie sind aus Granit. Sollte zuvor irgendwann einmal ein Riß oder ein Loch aufgetreten sein, so wurden sie derart versiegelt, daß sie niemals mehr kaputtgehen. Man schreibt ihren Bau Sulayman – Friede sei mit ihm – zu. Der obere Teil der Zisternen ist wie ein Erdofen gefertigt oder wie ein Steinbrunnen, damit in keine Zisterne etwas hineinfallen kann. Das Wasser der Stadt ist das schmackhafteste und reinste von allen, und wenn es auch nur ein wenig regnet, so läuft das Wasser noch zwei, drei Tage lang durch die Kanäle. Selbst wenn das Wetter aufklart und keine Wolke mehr zu sehen ist, tröpfelt es immer noch weiter.

Ich sagte bereits, daß die Stadt Bayt ul-Maqdis auf einem Berg steht und das Gelände nicht eben ist. Der Boden des Tempelberges hingegen ist eben und begradigt. Von außen erkennt man, daß an den Stellen, wo das Gelände abfällt, die Mauer höher ist, da das Fundament auf abschüssigem Boden steht, und dort, wo das Gelände ansteigt, ist die Mauer niedriger.

Also, an jener Stelle, wo die Stadt und die Stadtviertel niedriger, auf abschüssigem Gelände stehen, liegen die Zugänge zum heiligen Bezirk. Sie wurden unterirdisch angelegt und in den Fels gehauen und enden im Tempelberg.

27 Salomonische Teiche, drei große Wasserbecken aus römischer Zeit bei Bethlehem, von denen aus das Wasser über Aquädukte nach Jerusalem geleitet wurde.

Einer dieser Zugänge trägt den Namen Bab un-Nabi[28] – Gottes Segen und Friede seien mit ihm. Dieser Zugang liegt in Richtung Mekka, also im Süden. Seine Breite beträgt zehn Gaz, und seine Höhe variiert zwischen fünf bis zwanzig Gaz. Über ihm verläuft das Dach des heiligen Bezirkes. Der Durchgang ist derart solide, daß ein solch gewaltiges Bauwerk über ihm erbaut werden konnte und dies dennoch keinerlei Auswirkung auf den Durchgang hat. Dabei fanden Steine Verwendung, daß es der Verstand nicht zu fassen vermag, wie allein Menschenkraft zu deren Transport ausreichen konnte. Sulayman Ibn Dawud – Friede sei mit ihm – soll dies erbaut haben. Unser Prophet – Friede und die Gnade Gottes seien mit ihm – ist in der Nacht der Himmelfahrt durch diesen Durchgang, der Richtung Mekka liegt, gekommen.

Nahe dem Zugang findet man ein Mal an der Mauer, von der Größe eines Schildes. Man sagt, hier habe einst Hamza Ibn ʿAbd ul-Muttalib, der Onkel des Propheten[29] – Friede sei mit ihm – gesessen. Seinen Schild hatte er dabei auf seinen Rücken geschnallt und sich an die Wand gelehnt. Bei diesem Mal handelt es sich um den Abdruck seines Schildes.

Die Tür, die diesen Zugang verschließt, hat zwei Flügel. Von außen ist die Mauer des heiligen Bezirkes ungefähr 50 Gaz hoch, und der Zweck dieses Zugangs bestand darin, daß die Bewohner des Viertels, denen eine Seite des Bezirkes zugewandt war, nicht durch ein anderes Viertel gehen mußten, wenn sie es betreten wollten.

In der Nähe des Zugangs sitzt rechter Hand ein Stein in der Mauer, der 15 Arash hoch und vier Arash breit ist. Es findet sich auf dem ganzen Tempelberg kein größerer Stein. Hingegen finden sich in 30 bis 40 Gaz Höhe der Mauer viele Steine mit den Maßen vier auf fünf Gaz.

An der Querseite des heiligen Bezirkes, im Osten, befindet sich ein Tor mit Namen Bab ul-ʿAyn.[30] Durchschreitet man es und folgt dem abfallenden Gelände, so gelangt man zu der ʿAyn Salwan. Ein weiterer Zugang, der ebenfalls unterhalb der Erde verläuft, trägt den Namen Bab ul-Hitta. Gott – Er ist erhaben und mächtig – soll den Banu Isra'il befohlen haben, durch ihn das heilige Gebiet zu betreten. Er – Er ist erhaben – sprach: ›. . .und tretet zum Tor ein, indem ihr euch niederwerft, und sagt: »hitta!«.

28 Tor des Propheten, das antike Doppelte Tor.

29 Vom Onkel des Propheten ist überliefert, daß er anfangs die Offenbarung nicht anerkannt hatte, seine Tapferkeit ist indes legendär; er fiel am Berg Uhud im Jahre 625.

30 Bab ul-ʿAyn: Quellentor, das antike Dreifache Tor.
Hitta: etwa Linderung, Beistand (vgl. Qoran Sura 2/Vers 58); vermutlich das nach seinem Entdecker genannte Barcley-Tor.

Dann werden wir euch eure Sünden vergeben, und wir werden denen, die rechtschaffen sind, noch mehr Gnade erweisen.‹

Es ist noch ein Tor vorhanden, das Bab us-Sakina genannt wird. In der sich anschließenden Säulenhalle ist eine Moschee mit mehreren Gebetsnischen, von denen die erste stets verschlossen bleibt, damit niemand sie betreten kann. Der Schrein der Sakina, wie sie Gott – Er ist voller Segen und Er ist erhaben – im Qoran erwähnt, soll sich darin befinden. Engel sollen ihn hierhergebracht haben.[31]

Insgesamt verfügt der heilige Bezirk von Bayt ul-Maqdis, unten und oben, über neun Zugänge, so wie wir es oben beschrieben haben.

Beschreibung des erhöhten Freiplatzes, der sich in der Mitte des heiligen Bezirkes befindet, sowie des Felsens, der vor dem Erscheinen des Islam die Gebetsrichtung anzeigte.

Der Felsen liegt in der Mitte dieses Freiplatzes. Diese wurde gebaut, damit der Felsen erhabener erscheint. Da man ihn nicht mit einem Dach abdecken wollte, hatte man ihm den Freiplatz als Fundament angelegt. Seine Grundfläche mißt 330 auf 300 Arash und seine Höhe 12 Gaz. Der Hof ist eben und schön und besteht, wie auch seine Mauern, aus Marmorsteinen. Die Ritzen sind mit Blei versiegelt. Auf allen vier Seiten wird er von Marmorplatten, ähnlich einer Einfriedung, eingerahmt. Der Freiplatz wurde so angelegt, daß – von den Wegen einmal abgesehen, die zu diesem Zweck geplant waren – kein anderer Weg hinaufführt. Betritt man diesen Freiplatz, so kann man auf das Dach der al-Aqsa-Moschee blicken.

In der Mitte des Freiplatzes wurde eine unterirdische Zisterne eingebaut, die dafür gedacht ist, das ganze dort herunterfallende Regenwasser aufzunehmen. Das Wasser dieser Zisterne ist schmackhafter und reiner als jedes andere, das es in dieser Moschee gibt.

Über dem Freiplatz erheben sich vier Kuppeln, deren größte die des Qubbat us-Sakhra[32] ist, der ursprünglich als Gebetsrichtung diente.

31 Sakina: hebr. Lehnwort für die innere, Gott entstammende Ruhe (vgl. Qoran Sura 2/Vers 248 u. 48/18); der Autor irrt hier also, wenn er mit diesem Wort eine Person anspricht; vermutlich das heutige Bab us-Salam.

32 Felsendom, auf Befehl des Kalifen ʿAbd ul-Malik (reg. 685-705) erbaut.

Der heilige Bezirk wurde so angelegt, daß der Freiplatz sich in dessen Mitte befindet, der Qubbat us-Sakhra wiederum in der Mitte des Freiplatzes und schließlich der Felsen im Zentrum der Kuppel. Das Gebäude bildet ein regelmäßiges Achteck, und jede Seite dieses Oktogons ist 33 Arash lang. Es verfügt über vier Zugänge an vier Seiten – an der östlichen, westlichen, nördlichen und der südlichen Seite –, zwischen denen es jeweils eine Seite ohne Zugang gibt. Die ganze Mauer besteht aus behauenen Steinen von etwa 20 Arash Größe.

Der Felsen selbst hat einen Umfang von 100 Gaz. Seine Form ist unregelmäßig, d. h. er ist weder viereckig noch rund, sondern so unsymmetrisch wie irgendein Felsen eines Berges.

Auf vier Seiten ist er von quadratischen Pfeilern umgeben, die der Höhe des erwähnten Gebäudes entsprechen. Zwischen je zwei dieser vier Pfeiler erhebt sich ein Paar Marmorsäulen in derselben Größe. Auf diesen 12 Pfeilern und Säulen ruht nun die Basis der Kuppel, unter der der Felsen liegt. Ihr Umfang beträgt 120 Arash.

Zwischen der Mauer dieses Gebäudes und den Pfeilern und Säulen – übrigens benenne ich mit Pfeiler die, die viereckig und mit einem Fuß versehen sind, und mit Säulen die, die behauen und rund sind und aus einem Stück Stein bestehen – also, zwischen diesen Pfeilern und der Mauer wurden sechs weitere Pfeiler, bestehend aus bearbeiteten Steinen, aufgestellt. Zwischen jeweils zwei Pfeilern stehen drei einander entsprechende Säulen aus buntem Marmor. Zuvor, in der ersten Reihe, war die Anordnung derart, daß zwischen zwei Pfeilern zwei Säulen standen, und hier sind es nun zwischen zwei Pfeilern drei Säulen[33].

Die Kapitelle der Pfeiler laufen in vier Abzweigungen aus, von denen jede die Basis eines Bogens bildet. Jede Säule teilt sich oben zweifach und formt so die Basis zweier Bögen. Auf jeden Pfeiler stützen sich vier Bögen.

Nun sieht diese immense Kuppel, die auf diesen zwölf Pfeilern ruht, welche nahe dem Felsen stehen, aus einem Farsang Entfernung wie der Gipfel eines Berges aus. Denn von der Kuppelbasis bis zu ihrer Spitze sind es 30 Arash, und diese erhebt sich in 20 Gaz Höhe auf der Mauer des Gebäudes und den Pfeilern. Das Gebäude wiederum steht auf dem Freiplatz, der 12 Gaz hoch liegt. Demnach also sind es vom Boden des Hofes des heiligen Bezirkes bis zur Spitze der Kuppel 62 Gaz.

33 nicht korrekt: vier Pfeiler und zwölf Säulen tragen das Kuppelrund, außen im Wandelgang stehen weitere acht Pfeiler und 16 Säulen.

Die Decke und das Dach des Gebäudes sind mit Holzschnitzereien verziert, und die Kapitelle der Pfeiler und Säulen sowie die Mauer sind von solcher Handwerkskunst, daß es kaum ihresgleichen geben dürfte.

Der Felsen ist etwa so groß wie ein Mann. Er liegt etwas über dem Niveau des Bodens, und man hat ihn mit einer Brüstung aus Marmor umgeben, damit keiner ihn berührt. Der Stein ist von bläulicher Farbe, und keiner hat jemals einen Fuß darauf gesetzt. Auf der Seite, die in Richtung Mekka zeigt, fällt er ab, und es sieht so aus, als sei jemand über ihn gegangen und sein Fuß sei dabei eingesunken, so als ob es einst weicher Lehm gewesen wäre, und der Abdruck der Zehen wäre darauf zurückgeblieben. Sieben Fußabdrücke sind darauf zu erkennen.

Ich habe dazu dies gehört: Ibrahim – Friede sei mit ihm – hatte einst hier geweilt, als Ishaq[34] – Friede sei mit ihm – noch ein Kind gewesen war, und er war über den Felsen geschritten. Hierbei handelt es sich nun um die Abdrücke seines Fußes.

Der Qubbat us-Sakhra ist ununterbrochen von Menschen bevölkert – von Mudjawir und Gläubigen. Das Gebäude ist mit herrlichen Teppichen ausgelegt, die aus Seide und anderen Fasern hergestellt sind. In seiner Mitte hängt ein silberner Kandelaber an einer Kette aus dem gleichen Material. Es hängen noch mehrere solcher silberner Kandelaber in dem Gebäude, und auf jedem wurde sein jeweiliges Gewicht eingraviert. Den ersteren hat der Sultan von al-Misr anfertigen lassen. Meiner Schätzung nach belief sich das Gesamtgewicht all dieser Silberobjekte auf 1000 Man.

Ich sah dort auch eine enorm große Kerze, die sieben Arash lang und drei Spannen dick war; sie schien mit Zabadji-Kampfer[35] sowie Ambra vermischt zu sein. Man berichtete mir, daß der Sultan von al-Misr jedes Jahr mehrere Kerzen hierherschicke; bei dieser dicken Kerze soll es sich um eine solche handeln. Der Name des Sultans steht auch in Goldlettern darauf geschrieben. Dieser Ort stellt das dritte Haus Gottes – Ihm sei Lob und Er ist erhaben – dar. Denn für die ʿUlama' ist es eine bekannte Tatsache, daß jedes Gebet, das in Bayt ul-Maqdis verrichtet wird, 25 000 Gebete aufwiegt; ein Gebet, das dagegen in Madinat ur-Rasul[36] – die Gnade Gottes und Friede seien mit ihm – gesprochen wird, entspricht 50 000 Gebeten und eines in Mekka – Gott – Er ist erhaben – möge es heiligen – ist gar 100 000 Gebete wert. Möge Gott – Er ist erhaben und mächtig – allen Seinen Dienern Seine Gunst erweisen.

34 Isaak.
35 Zabadj (auch Zabidj): Insel im Indischen Ozean (Java oder Sumatra).
36 Stadt des Gesandten, gemeint ist Medina.
ʿUlama': Gelehrte (Pl. v. ʿalim).

Zuvor hatte ich schon erwähnt, daß die Dächer sowie die Rückseiten der Kuppeln mit Blei verkleidet sind. An vier Seiten des Gebäudes befinden sich große zweiflügelige Türen aus Teakholz. Diese Türen stehen jedoch niemals offen.

Nach diesem Gebäude stößt man auf eine Kuppel, die Qubbat us-Silsila[37]. In ihr hängt die Kette Dawuds – Friede sei mit ihm –, die nur derjenige zu ergreifen vermag, der Gott wohlgefällig handelt. Die Hände des Tyrannen und des Sünders hingegen reichen nicht an sie heran. Dies gilt unter den ʿUlama' als eine hinlänglich bekannte Tatsache. Die Kuppel ruht auf acht Marmorsäulen und sechs Steinpfeilern. Alle Kuppelseiten sind offen, von der Seite abgesehen, die in die Gebetsrichtung zeigt. Diese ist bis ganz oben hin verkleidet, und man hat eine sehr schöne Gebetsnische an ihr errichtet.

Auf diesem Freiplatz gibt es noch eine weitere Kuppel, die von vier Marmorsäulen getragen wird. Sie ist ebenfalls an der Seite zugemauert, die die Richtung nach Mekka angibt, und mit einer schönen Gebetsnische versehen. Es ist die sogenannte Qubba Djibril – Friede sei mit ihm. In ihr liegen keine Teppiche. Dafür hat man den Steinboden glattgeschliffen.

Es ist überliefert, daß in der Nacht der Himmelfahrt der Buraq, auf dem der Prophet – die Gnade Gottes und Friede seien mit ihm – reiten sollte, zu dieser Stelle gebracht worden war. Außerdem gibt es noch eine Kuppel, die Qubbat ur-Rasul – die Gnade Gottes und Friede seien mit ihm – genannt wird. Die Entfernung zwischen dieser Kuppel und der Qubba Djibril beträgt 20 Arash. Sie ruht gleichfalls auf vier Marmorpfeilern.[38]

Die Überlieferung sagt, der Gesandte – Friede und die Gnade Gottes seien mit ihm – habe in der Nacht der Himmelfahrt zunächst im Qubbat us-Sakhra gebetet und dabei seine Hand auf den Felsen gelegt. Als er nach draußen gegangen war, erhob sich der Felsen vor seiner Herrlichkeit. Daraufhin berührte der Gesandte – die Gnade Gottes und Friede seien mit ihm – erneut den Felsen, woraufhin dieser sich wieder in seine ursprüngliche Lage zurücksenkte und schließlich verharrte.

Noch heute hängt jene Hälfte etwas herab. Von dort aus war der Gesandte – Gott segne ihn und schenke ihm Erlösung – zu jener Kuppel gegangen, die nach ihm benannt worden ist, und war auf den Buraq

37 Kettenkuppel, das frühere Bayt ul-Mal (Schatzhaus) des Kalifen ʿAbd ul-Malik (685–705).

38 Buraq: das legendäre geflügelte Reittier des Propheten.
Qubba Djibril: Gabrielskuppel.
Qubba Rasul: Kuppel des Gesandten, heute Qubba Miʿradj (Himmelfahrtskuppel).

gestiegen. Daraus erklärt sich die Ehrerbietung, die dieser Kuppel entgegengebracht wird.

Unter dem Felsen befindet sich eine große Höhle, die stets von einer Kerze erleuchtet ist. Man sagt, als der Fels sich aufrichtete, wurde der Teil darunter hohl, und selbst als der Felsen wieder zur Ruhe kam, sei dies so geblieben.[39]

Beschreibung der Treppen, die zum Freiplatz hochführen, welcher sich auf dem Hof des Tempelberges befindet.

An sechs Stellen führen Aufgänge zum Freiplatz hoch, und jeder von ihnen trägt einen bestimmten Namen.

In Richtung Mekka liegen zwei Aufgänge, die über Treppen begehbar sind. Wenn man in der Mitte der Seite des Freiplatzes steht, dann ist die eine Treppe rechts und die andere links. Die rechte heißt Maqam un-Nabi – Friede sei mit ihm – und die linke Maqam Ghuri.[40] Erstere wird so genannt, weil der Prophet – die Gnade Gottes und Friede seien mit ihm – in der Nacht der Himmelfahrt über diese Treppe zum Freiplatz hochgestiegen war und anschließend den Qubbat us-Sakhra betreten hatte. Übrigens liegt auf dieser Seite auch der Weg, der zum Hidjaz führt. Jetzt beträgt die Breite dieser Treppe 20 Arash. Alle Stufen bestehen aus zurechtgehauenen regelmäßigen Steinen, und eine Stufe setzt sich aus einem oder zwei Steinblöcken zusammen. Diese sind viereckig und so verlegt, daß man die Treppe auf Reittieren erklimmen kann – sofern man dies beabsichtigt.

Am Ende der Treppe ragen Pfeiler auf, bestehend aus grünem Marmor, der Smaragd ähnelt, nur mit dem Unterschied, daß dieser Marmor mit vielen bunten Punkten durchsetzt ist. Jeder von diesen Pfeilern ist zehn Arash hoch und so dick, daß ihn zwei Mann umfassen können. Auf diesen vier Pfeilern erheben sich drei Bögen, einer gegenüber der Tür und zwei an seinen Seiten. Auf der Rückseite sind die Bögen begradigt, und man hat ein Gesims und Giebelverzierungen angebracht, so daß das gesamte Bauwerk wie ein Quadrat wirkt. Die Pfeiler und die Bögen wurden vollständig mit Gold und Kacheln verziert – es läßt sich kaum etwas Schöneres finden. Die Brüstung des Freiplatzes besteht ganz aus grünem, gepunktetem Marmor und sieht aus wie eine Wiese voller blühender Blumen.

39 In dieser Höhle verehren die Moslems Abraham, David, Salomo und Elias.
40 Platz des Propheten, Platz des Ghuri (Abu Mansur Anushtagin, gest. 1041).

Der Maqam Ghuri setzt sich aus drei Treppen zusammen. Eine liegt gegenüber dem Freiplatz und zwei an ihren Seiten, so daß die Menschen ihn also an drei Stellen erklimmen können. Nach drei Stufen hat man Säulen aufgestellt, die von einem Bogen und einem Gesims überragt werden. Die Treppe ist, wie bereits beschrieben, aus behauenem Stein erbaut, wobei jede Stufe sich aus zwei oder drei länglichen Blöcken zusammensetzt. Auf den Eyvan wurde in feiner Goldschrift geschrieben: ›Der Amir Layth ud-Daula Nushtagin Ghuri befahl dies zu bauen.‹ Dieser Layth ud-Daula soll der Sklave des Sultans von al-Misr gewesen sein, und er war es gewesen, der alle diese Wege und Treppen hat anlegen lassen.

Die Westseite des Freiplatzes ist an zwei Stellen mit Treppen verbunden, auf denen man zu ihm hochgehen kann. Sie sind so prachtvoll wie die schon an anderer Stelle erwähnten. Auch die Ostseite verfügt über einen Aufgang, gleichermaßen prachtvoll hergerichtet, mit Säulen, Bögen und Zinnen. Dieser wird al-Maqam ush-Sharqi genannt. An der nördlichen Seite führt ein weiterer Aufgang hoch, der noch prächtiger und größer ist als all die anderen, und auch hier erheben sich Säulen und Bögen. Er trägt den Namen al-Maqam ush-Shami.[41]

Ich schätze, daß zum Bau dieser sechs Aufgänge etwa 100 000 Dinar ausgegeben wurden.

Auf dem Hof des Tempelberges – nicht auf dem Freiplatz – befindet sich zur Nordseite hin eine Stelle, die wie eine kleine Moschee mit einer Einfriedung, bestehend aus behauenen Steinen, errichtet wurde. Ihre Mauer ist mehr als mannshoch, und man nennt sie Mihrab Dawud[42].

Nahe der Einfriedung findet man einen Stein von der Größe eines Mannes. Seine Oberseite ist gerade so groß, daß ein kleinerer Teppich darauf Platz findet. Dies soll der Thron Sulaymans gewesen sein, und man sagt, Sulayman – Friede sei mit ihm – habe zu der Zeit darauf gesessen, als die Arbeiten am Tempelberg im Gange waren.

All dies sah ich im heiligen Bezirk von Bayt ul-Maqdis. Ich zeichnete es auf und hielt es noch dort in meinem Tagebuch, das ich bei mir trug, fest. Eines der vielen Wunderdinge des Tempelberges von Bayt ul-Maqdis, die ich erblickte, war ein Walnußbaum.

Im Anschluß an meinen Besuch der heiligen Stadt beschloß ich zum Grab von Ibrahim Khalil ur-Rahman[43] – Friede und die Gnade Gottes seien

41 Platz des Ostens, Platz Syriens.

42 Gebetsnische Davids.

43 Abraham, mit den Beinamen Khalil ur-Rahman (Freund des Barmherzigen) und Khalil Allah (Freund Gottes); nach islamischem Glauben der Erbauer der Kaʿba.

mit ihm – zu pilgern. Am Mittwoch, dem ersten Tag des Monats Dhu-l-Qaʿda im Jahre 438 (29. April 1047), brach ich dazu auf. Von Bayt ul-Maqdis bis zu jenem Heiligenort sind es sechs Farsange.

Der Weg führt nach Süden, und mehrere Dörfer liegen auf dieser Strecke sowie große Flächen kultivierten Landes und viele Gärten. Die Pflanzen – Weintrauben, Feigen, Oliven und Sumach – bedürfen keiner Bewässerung; sie wachsen wild und in großer Anzahl.

In einer Entfernung von zwei Farsangen von der Stadt stößt man auf vier Dörfer. Dort entspringt eine Quelle, und man hat viele Gärten und Felder angelegt. Diesen Ort nennt man Faradis, da es sich um eine besonders malerische Stelle handelt.

Einen Farsang von Bayt ul-Maqdis entfernt liegt ein Ort, den die Christen in sehr hohem Ansehen halten. Stets sind dort Leute, und viele Pilger suchen ihn auf. Sie nennen ihn Bayt ul-Lahm. Hier bringen die Christen ihre Opfer dar, wozu sie in großer Zahl aus Rum kommen.

Ich verbrachte die Nacht, die auf meine Abreise von Bayt ul-Maqdis folgte, in Bayt ul-Lahm.

Beschreibung des Ortes al-Khalil – die Gnade Gottes sei mit ihm

Die Bevölkerung von Sham und Bayt ul-Maqdis nennt diesen heiligen Ort nur al-Khalil und erwähnt dabei nicht den Namen des dazugehörigen Dorfes, das Matlun heißt. Dieser heilige Ort kam durch eine fromme Stiftung zustande, die auch einige weitere Dörfer mit einschließt.

In dem Dorf tritt eine Quelle direkt aus dem Felsgestein hervor. Sie führt nur wenig Wasser. Über eine lange Strecke hin hat man einen Kanal ausgehoben und ihn nahe an das Dorf herangeführt. Außerhalb des Dorfes wurde eine abgedeckte Zisterne gebaut. Das Wasser wird in dieser Zisterne gesammelt, damit es nicht versickert und somit genügend für die Bewohner des Dorfes wie für die Wallfahrer vorhanden ist.

Das Grabmal liegt am Dorfrand, in südlicher Richtung – südöstlich von Bayt ul-Maqdis. Es ist ein viereckiges Gebäude, aus behauenen Steinen errichtet und 80 Arash lang, 40 Arash breit und 20 Arash hoch. Die Dicke der Mauer beläuft sich auf zwei Arash. An der Querseite befinden sich die Gebetsnische und die Maqsura. Die Maqsura wiederum hat man mit mehreren schönen Gebetsnischen ausgestattet. Im Innern wurden zwei Gräber so angelegt, daß ihre Kopfteile nach Mekka zeigen. Beide Gräber wurden aus behauenen Steinen gefertigt und sind etwa mannshoch. Das rechte ist das Grab Ishaqs, des Sohnes Ibrahims, und das andere ist das seiner Frau – Friede sei mit ihm. Der Abstand zwischen beiden Gräbern beträgt zehn Arash. Der Boden und die Wände des Grabmals sind mit wertvollen Teppichen und mit magribinischen Bastmatten bedeckt, die viel schöner als Brokat sind.

Ich sah eine Bastmatte, die als Gebetsteppich diente. Der Amir ul-Djuyush[44], der ein Sklave des Sultans von al-Misr ist, hatte sie geschickt. Man sagt, dieser Gebetsteppich sei in al-Misr für 30 maghribinische Golddinare gekauft worden. Eine entsprechende Menge Brokat aus Rum hätte nicht soviel gekostet. Etwas Ähnliches sah ich bisher an keinem anderen Ort.

Tritt man aus der Maqsura heraus, so liegen auf dem Hof des Grabmals zwei Gebäude, beide entgegen der Gebetsrichtung. Das rechte enthält das Grab von Ibrahim al-Khalil – die Gnade Gottes sei mit ihm. Es handelt sich um ein großes Bauwerk, das ein weiteres Gebäude umschließt, das man nicht umgehen kann. Es verfügt über vier Fenster, durch die die Pilger, wenn sie das Gebäude umschreiten, das Grab sehen können. Der Boden und die Wände des Gebäudes sind mit Brokatteppichen verkleidet. Ein Grab aus Stein wurde aufgebaut, dessen Höhe drei Gaz beträgt. Viele Leuchter und Lampen aus Silber hängen dort.

Das zweite Gebäude, das links zur Gebetsrichtung hin liegt, ist das Grabmal von Sara, der Frau Ibrahims – Friede sei mit ihm. Zwischen beiden Gebäuden erstreckt sich ein Durchgang, wo sich auch die Zugänge zu beiden Gebäuden befinden. Er erinnert an einen Korridor. Dort hängen ebenfalls viele Leuchter und Lampen.

Geht man an diesen beiden Gebäuden vorbei, so folgen nahe aufeinander zwei weitere Grabstätten. Rechts ist das Grabmal von Yaʿqub, dem Propheten – Friede sei mit ihm – und links die Grabstätte von Yaʿqubs Frau.

Dahinter findet man mehrere Häuser, in denen Ibrahim – die Gnade Gottes sei mit ihm – seine Gäste zu bewirten pflegte. In diesem Grabmal befinden sich sechs Gräber. Nach diesen Gebäuden fällt das Gelände steil ab, und von dort aus erreicht man die Grabstätte von Yusuf, dem Sohn des Yaʿqub – Friede sei mit ihm –, bestehend aus einer schönen Kuppel und einem Steingrab.

An der Seite, die zur Wüste hin liegt, wurde zwischen der Kuppel des Yusuf – Friede sei mit ihm – und seinem Heiligengrab ein gewaltiges Mausoleum errichtet. Aus allen Orten werden die Toten hierhergebracht und beigesetzt. Auf dem Dach der Maqsura, die in dem Heiligengrab

44 General, Oberbefehlshaber des Heeres.

steht, hat man Kammern gebaut, die den Besuchern dieses Ortes dienen. Hierfür erfolgten viele Stiftungen in Form von Dörfern und Ländereien bei Bayt ul-Maqdis.

Hier gedeiht zumeist Gerste und nur wenig Weizen. Oliven wachsen in großen Mengen. Gästen, Reisenden und Wallfahrern werden Brot und Oliven gereicht. Es stehen hier viele Mühlen, die, von Maultieren und Kühen angetrieben, den ganzen Tag über Mehl liefern. Junge Mädchen backen den ganzen Tag lang Brot; jeder Laib wiegt ein Man. Jeder, der diesen Ort besucht, erhält pro Tag eine Scheibe Brot, eine Schale in Öl gekochte Linsen und dazu noch Korinthen. Diese Sitte existiert seit der Zeit von Khalil ur-Rahman – Friede sei mit ihm –, und sie ist bis zu dieser Stunde beibehalten worden. An manchen Tagen kommen 500 Leute an diesen Ort und finden stets dieses vorbereitete Mahl vor.

Ursprünglich, so wird behauptet, gab es keinen Zugang zu diesem Heiligengrab. Keiner vermochte es zu betreten, und die Pilgerfahrt mußte davor, unter dem Eyvan, enden. Als al-Mahdi[45] der Herrscher von al-Misr wurde, befahl er, dort einen Eingang durchzubrechen, und stattete das Heiligtum mit allen Notwendigkeiten wie Teppichen und Matten aus. Außerdem ließ er vieles reparieren. Der Zugang zum Grab befindet sich in der Mitte der nördlichen Mauer und ist vom Boden aus gemessen vier Gaz hoch. Von beiden Seiten führen Steintreppen hoch. Geht man die eine empor, so kann man auf der anderen Seite wieder hinabgehen. Als Durchgang dient eine kleine Eisentür.

Anschließend kehrte ich wieder nach Bayt ul-Maqdis zurück, wo ich mich einer Gruppe anschloß, die in den Hidjaz zu reisen beabsichtigte. Unser Führer war ein agiler, leichtfüßiger und gutaussehender Mann mit Namen Abu Bakr Hamadani. So kehrte ich Bayt ul-Maqdis in der Mitte des Monats Dhu-l-Qaʿda im Jahre 438 (13. Mai 1047) den Rücken.

Nach drei Tagen trafen wir auf einen Ort, der ʿArʿar hieß. Hier gab es auch fließendes Wasser und Bäume. Unser nächste Station, an der wir anlangten, war Wadi-l-Qura, wo wir noch einmal Halt machten. Von hier aus trafen wir zehn Tage später in Mekka ein.

In jenem Jahr zog von nirgendwoher eine Karawane durch diese Gegend, da die Leute sich vor den Arabern fürchteten, und so war auch nichts zu essen aufzutreiben.

Ich stieg in der Straße der Drogisten, gegenüber dem Bab un-Nabi – Friede sei mit ihm –, ab. Montags bestiegen wir den Berg ʿArafat. Als ich vom Berg ʿArafat zurückkehrte, verbrachte ich noch zwei Tage in Mekka.

45 al-Mahdi ʿUbaydullah, der Begründer der Fatimidendynastie (gest. 934).

Danach machte ich mich wieder auf den Weg, zurück nach Sham nach Bayt ul-Maqdis.

Am 5. Muharram des Jahres 439 (2. Juli 1047) betrat ich al-Quds während der Neumondphase. Eine Beschreibung von Mekka und der Hadjdj gebe ich an dieser Stelle noch nicht. Sie folgt, wenn ich auf meine letzte Hadjdj zu sprechen komme.

Die Christen haben in Bayt ul-Maqdis eine Kirche stehen, die sie Biʿat ul-Qumama[46] nennen und die sie sehr verehren. Jedes Jahr pilgern viele Menschen aus Rum zu ihr, und selbst der König von Rum unternimmt die Reise, allerdings verkleidet, damit ihn niemand erkennt.

Während al-Hakim bi Amrillahs[47] Herrschaft erschien der Kaiser von Rum einst auch, doch hatte al-Hakim Kenntnis davon erhalten. Er schickte daraufhin seinen Pferdeknecht los und wies ihn an, auf einen Mann in einem bestimmten Aufputz und von einer bestimmten Gestalt zu achten, der in dem Heiligtum von Bayt ul-Maqdis sitze. Er solle vor ihn treten und zu ihm sagen: »al-Hakim hat mich zu dir geschickt, und er läßt dir sagen: ›Nicht, daß du dir einbildest, ich hätte keine Kenntnis von deiner Anwesenheit! Aber sei dir dessen gewiß, daß ich dir nichts tun werde!‹« Doch derselbe al-Hakim befahl später, diese Kirche zu plündern, niederzureißen und zu zerstören. Daraufhin schickte der Kaiser Gesandte und Geschenke, erwies ihm viele Gefälligkeiten und bat um Frieden. Er legte so lange Fürbitte ein, bis er die Erlaubnis zum Wiederaufbau der Kirche erhalten hatte, und so wurde sie wieder aufgebaut.

Diese Kirche ist ein sehr geräumiges Bauwerk, worin 8000 Menschen Platz finden. Sie ist sehr prachtvoll mit buntem Marmor, Skulpturen und Bildern ausgestattet und im Innern mit Brokat aus Rum sowie Malereien geschmückt. Man hat viel reines Gold verarbeitet, und an einigen Stellen wurde ʿIsa – Friede sei mit ihm – auf einem Esel sitzend abgebildet. Weitere Abbildungen stellen Propheten wie Ibrahim, Ismaʿil[48], Ishaq und Yaʿqub und dessen Söhne – Friede sei mit ihnen – dar. Die Bilder sind mit Sandarusöl[49] überstrichen, und es wurden in den entsprechenden Formen dünne Glasscheiben angefertigt, die die Bilder abdecken. Sie sind völlig

46 Die Grabeskirche, in der sich die letzten fünf Stationen der Via Dolorosa befinden. Sie heißt korrekt Biʿat ul-Qiyama. Qumama bedeutet Unrat; eine vermutlich absichtliche Verballhornung.

47 Fatimidenkalif (reg. 996-1021); unter seiner Herrschaft wurden wiederholt Christen verfolgt.

48 Ismael, der Sohn Abrahams.

49 Das aus der Gliederzypresse gewonnene Sandarakharz; es fand u.a. Verwendung in der mittelalterlichen Medizin.

durchsichtig, und kein Schleier findet sich auf ihrer Oberfläche. Dies geschieht aus dem Grund, damit sich kein Staub auf den Bildern ablagert. Jeden Tag reinigen Diener dieses Glas.

Es gibt darüber hinaus noch einige andere prachtvolle Dinge, deren Beschreibung indes viel Raum in Anspruch nehmen würde.

So befindet sich in dieser Kirche eine Stelle, die sich aus zwei Teilen zusammensetzt und das Paradies und die Hölle abbildet. Eine Hälfte stellt die Bewohner des Paradieses und das Paradies selbst dar, die andere Hälfte dieses Bildes die Bewohner der Hölle und die Hölle selbst oder vielmehr, wie sie zu sein scheint. Diese Stelle ist gewiß einmalig auf der Welt.

Viele Priester und Mönche sitzen in der Kirche, lesen die Heilige Schrift und beten. Tag und Nacht geben sie sich der Anbetung hin.

در مصر

In Ägypten

Nach dem Aufenthalt in Bayt ul-Maqdis entschloß ich mich zur Weiterreise mit dem Schiff, zuerst nach al-Misr und von al-Misr aus nach Mekka. Der Wind wehte jedoch aus der falschen Richtung und durchkreuzte so mein Vorhaben. Also setzte ich meine Reise zu Land fort.

Ich zog durch ar-Ramla und danach zu der Stadt ʿAsqalan. Hier besichtigte ich den Bazar, die schöne Freitagsmoschee und einen antiken Bogen. Man erzählte mir, hier habe ursprünglich eine Moschee mit einem gewaltigen Steinbogen gestanden. Sollte jemand diesen abreißen wollen, dann müßte er ein Vermögen dafür ausgeben, bis er vollends zerstört wäre.

Ich machte voran und sah mir unterwegs einige Dörfer und Städte an, deren Beschreibung sich indes hinziehen würde. Ich kürze also etwas ab.

Ich gelangte zu der Ortschaft at-Tina, die über einen Hafen verfügte, in dem Schiffe anlegen konnten. Von hier aus nahm ich ein Schiff bis nach Tinnis.

Dieses Tinnis ist eine Insel, auf der eine schöne Stadt liegt, und sie ist dabei so weit vom Festland entfernt, daß man selbst von den Dächern der Stadt aus die Küste nicht mehr ausfindig machen kann. Die Stadt ist sehr reich und besitzt malerische Bazare, zwei Freitagsmoscheen und schätzungsweise 10 000 Geschäfte; 100 davon sind Drogistenläden. Im Sommer wird in den Bazaren Kashkab[1] angeboten, denn die Stadt liegt in tropischen Breiten, und darum kursieren hier viele Krankheiten.

Hier wird auch der farbige Qasab[2] gewoben, der dann zu Turbanen, Schleiern und zu allem, was die Frauen tragen, verarbeitet wird. Diesen farbigen Qasab, wie er hier gewoben wird, gibt es an keinem anderen Ort, nur in Tinnis. Der weiße hingegen wird in Damiyat gewoben. Der Qasab, der in der Manufaktur des Sultans hergestellt wird, ist nicht käuflich. So

1 Getränk aus Sauermilch, die zuerst dehydriert (kashk) und dann mit Wasser (ab) vermischt wird.

2 Feiner Leinenstoff, der in der islamischen Welt berühmt und begehrt war.

wie ich hörte, hatte einst der König von Fars 20 000 Dinar nach Tinnis geschickt, um damit von diesem besonderen Tuch zu kaufen. Seine Gesandten verbrachten mehrere Jahre an diesem Ort, vermochten aber keinen Kauf zu tätigen. Es leben hier berühmte Weber, die diesen besonderen Stoff herstellen.

Ich hörte auch, daß jemand hier den Turban des Sultans von al-Misr angefertigt und dafür 500 maghribinische Golddinare gefordert hatte. Ich sah mir daraufhin diesen Turban an und erfuhr, daß er 4 000 maghribinische Dinare wert sei.

In Tinnis wird auch der Buqalamun gewoben, den es sonst an keinem anderen Ort auf der Welt gibt. Dieser Stoff ist goldfarben und schimmert zu jeder Tageszeit in einer anderen Farbe. Er wird sowohl in den Westen als auch in den Osten verschickt. Berichten zufolge soll der Sultan von Rum jemanden geschickt haben, der dem Sultan von al-Misr den Vorschlag unterbreitete, er würde 100 Städte aus seinem Herrschaftsbereich erhalten, wenn er ihm dafür nur Tinnis überließe. Der Sultan ging darauf nicht ein, da der andere nur auf den Qasab und den Buqalamun aus war.

Wenn das Wasser des Nil steigt, so treibt es das salzige Meerwasser um Tinnis herum weg, und bis zu einem Umkreis von zehn Farsangen um die Stadt herum ist das Meerwasser dann süß.

Zu jener Zeit wurden große Zisternen auf der Insel und in der Stadt in die Erde eingelassen. Sie sind solide gebaut und heißen Masaniʿ. Läuft nun das Nilwasser über und vertreibt das salzige ungenießbare Meerwasser, so laufen diese Zisternen voll. Dazu werden Kanäle geöffnet, und das Meerwasser fließt in die Zisternen und Masaniʿ. Die Stadt wird mit dem Wasser dieser Masaniʿ versorgt, die während der Hochwasserzeit des Nils randvoll laufen. Bis zum nächsten Jahr wird dieses Wasser entnommen und verwendet. Jeder, der etwas mehr Wasser hat, verkauft es an andere. Viele Masaniʿ sind fromme Stiftungen, deren Wasser allein den Armen zugute kommt.

In der Stadt leben 50 000 Menschen, und ständig liegen 1 000 Schiffe in der Umgebung der Stadt vor Anker. Einige davon gehören Händlern und einige auch dem Sultan, denn alles, was für die Stadt lebenswichtig ist, muß in sie gebracht werden, da es dort ja nichts gibt. Da es sich um eine Insel handelt, werden alle Geschäfte mit Schiffen abgewickelt. Es wurde sicherheitshalber ein ganzes, vollständig gerüstetes Heer stationiert, damit ein Angriff aus Farang und Rum jederzeit abgewehrt werden kann.

Zuverlässigen Quellen zufolge fließen jeden Tag 1000 maghribinische Dinare in die Kasse des Sultans von al-Misr. Der Betrag wird an einem bestimmten Tag fällig, und einem einzigen Steuereintreiber wird dann das

Vermögen von den Leuten der Stadt an diesem ganz bestimmten Tag übergeben. Dieser wiederum händigt es dem Schatzamt aus. Dabei wird nichts unterschlagen, und niemandem wird mit Gewalt etwas weggenommen.

Der Qasab und der Buqalamun, die allein für den Sultan hergestellt werden, werden ihrem Wert gemäß vergolten, so daß die Menschen gerne für ihn arbeiten – nicht wie in anderen Ländern, wo von seiten der Verwaltung und des Sultans die Handwerker schlecht entlohnt werden. Der Buqalamun findet Verwendung als Bezug für die Kamelsänften und Pferdedecken, die zu besonderen Anlässen vom Sultan benutzt werden.

Die Stadt bezieht ihr Obst und ihre Lebensmittel aus den Ortschaften von al-Misr. Man stellt hier auch Eisenwerkzeuge her, wie Scheren, Messer und anderes mehr. Ich sah hier eine Schere zu fünf maghribinischen Dinaren, die in die Stadt Misr[3] geliefert werden sollte. Sie war so konstruiert, daß die Schneiden auseinanderfielen, wenn man einen Stift herauszog, und man konnte damit schneiden, wenn man den Stift wieder hineindrückte.

Bei den Frauen kommt zeitweise eine Krankheit zum Ausbruch, wobei sie ein paar Mal schreien wie ein Epileptiker, und dann finden sie wieder zu sich. In Khorasan hatte ich bereits gehört, daß es eine Insel gibt, wo die Frauen wie Katzen schreien; es verhält sich genauso, wie ich es beschrieben habe.

Von Tinnis bis Qustantaniya ist ein Schiff 20 Tage lang unterwegs. Wir legten ab in Richtung Misr.

Nachdem wir die Meeresküste hinter uns gelassen hatten, befuhr das Schiff den Nil flußaufwärts. Der Fluß teilt sich in Meeresnähe in mehrere Arme und ergießt sich so auf getrennten Wegen ins Meer. Der Flußarm, den wir befuhren, wird Rumish genannt. So bewegte sich das Schiff auf dem Wasser fort und legte schließlich in der Stadt as-Salihiya an.

Diese Ansiedlung ist mit Waren aller Art sowie Lebensmitteln reichlich versorgt. Viele Schiffe werden hier gebaut, von denen jedes eine Last von 200 Kharvar[4] befördert. Diese wird nach al-Qahira gebracht, wo sie dann direkt an den Türen der Lebensmittelläden ausgeladen wird. Würde dies nicht so gehandhabt werden, wäre die Versorgung, bei all der Geschäftigkeit, die dort herrscht, allein mittels Lasttieren, nicht ohne weiteres gewährleistet.

3 Der Autor verwendet den Begriff unterschiedslos sowohl für die Stadt als auch für das Land. In der Übersetzung wurde das Land mit al-Misr wiedergegeben, die Stadt mit Misr.

4 ›Eselslast‹, damals um 100 kg; heute 300 kg.

Wir gingen in as-Salihiya von Bord und gelangten noch in dieser Nacht in die Nähe von al-Qahira, die wir schließlich am Sonntag, dem 7. Safar des Jahres 439, entsprechend dem Tag Ohrmazd des alten Monats Shahrivar (3. August 1047), betraten.

Beschreibung der Stadt Misr und des Landes

Das Wasser des Nil kommt aus Südwesten, fließt durch al-Misr hindurch und ergießt sich ins Meer von Rum. Steigt das Wasser des Nil, so wird der Fluß doppelt so breit wie der Djayhun bei Termez. Er durchquert erst das Land Nuba und erreicht dann al-Misr.

Nuba ist ein bergiges Land, und dort, wo es in Wüste übergeht, beginnt al-Misr. Der Grenzort, zu dem man an dieser Stelle zuallererst gelangt, heißt Aswan. Von Misr bis dorthin sind es 300 Farsange. Überall am Ufer des Flusses liegen Städte und Provinzen. Jene Provinz wird Saʿid ul-Aʿla genannt. Läuft ein Schiff in die Stadt Aswan ein, so gibt es keine Möglichkeit mehr, die Fahrt fortzusetzen, da das Wasser durch ein sehr enges Tal strömt und zudem sehr schnell fließt. Weiter oben im Süden schließt sich das Land Nuba an. Dieses Land wird von einem anderen König regiert. Die Menschen dort sind von schwarzer Hautfarbe, und ihre Religion ist das Christentum. Die Kaufleute, die dorthin ziehen, nehmen kleine Muscheln, Kämme und Korallen mit und bringen dafür Sklaven zurück. Die Sklaven in al-Misr stammen entweder aus Nuba oder aus Rum. Ich sah Weizen und Hirse, die aus Nuba geliefert worden waren, und beide waren sie schwarz.

Man sagte mir, die Quelle des Nils sei nicht mit Sicherheit bekannt. Ich hörte außerdem, daß der Sultan von al-Misr Leute beauftragt hatte, ein ganzes Jahr lang am Ufer des Nil entlangzugehen und nach ihr zu forschen. Keiner von ihnen entdeckte indes, was es nun damit auf sich hat; es wurde lediglich bekannt, daß er im Süden aus einem Gebirge austritt, das man als Djabal ul-Qamar bezeichnet.

Wenn die Sonne in das Zeichen des Krebses eintritt, steigt das Nilwasser an, und der Fluß erreicht einen Stand, der noch 20 Arash über dem Stand im Winter liegt. In dieser Zeit nimmt er Tag für Tag zu. In der Stadt Misr stehen Meßstäbe und Marken[5], und es gibt einen eigens zu dem Zweck

5 Die berühmten Nilometer; nach dem jeweiligen Stand des Nil, den sie anzeigten, wurden die Steuern bemessen.

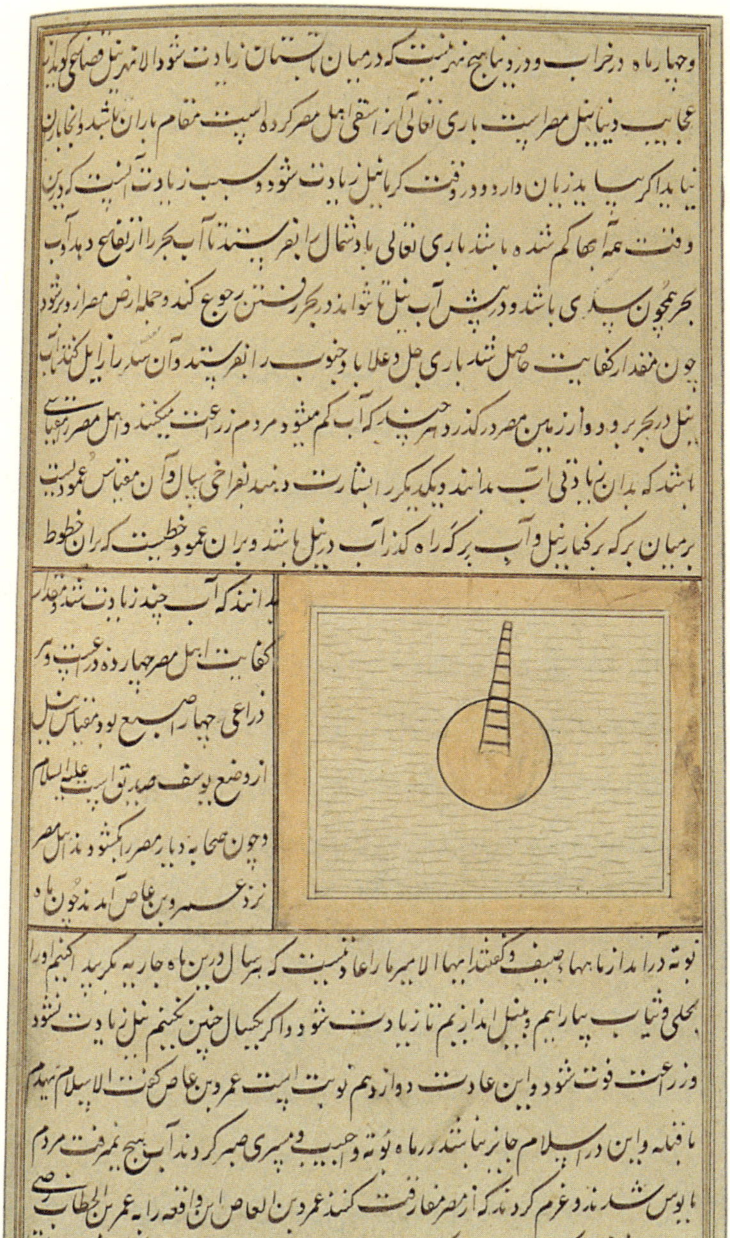

Abbildung eines Nilometers.

Aus: »Nozhat ol-Qolub« von Hamdollah Mostoufi Quazvini, 17. Jh.
British Library, The Oriental and India Office, Add. 7706

eingesetzten Beamten, daß er achtgibt, wieviel die Zunahme beträgt; dafür erhält er im Jahr 1000 Dinar. An dem Tag, an dem das Wasser steigt, schickt er Ausrufer in die Stadt, die folgende Nachricht verkünden: ›Gott – Ihm sei Lob und Er ist erhaben – hat heute das Wasser um soundsoviel ansteigen lassen!‹ So melden sie jeden Tag, um wie viele Finger es gestiegen ist. Sobald die Marke von einem Gaz überschritten ist, freuen sich die Menschen, und beim Erreichen der 18-Arash-Marke brechen sie in Jubel aus. Diese 18 Arash sind normal, das heißt, man spricht von Wassermangel, sollte es weniger sein, und man gibt dann Almosen und legt Gelübde ab, und Traurigkeit und Kummer halten Einzug. Sobald es aber mehr wird, wird man fröhlich, und Freude kommt auf. Solange der Wasserstand nicht die 18-Gaz-Marke erreicht hat, werden vom Sultan auch keine Steuern erhoben.

Man hat vom Nil viele Kanäle abgeleitet, in alle Richtungen gelenkt und von ihnen aus wiederum kleinere Gräben abgezweigt. An diesen Gräben liegen die Dörfer und Städte. Man hat so viele Schöpfräder gebaut, daß es unmöglich ist, sie zu zählen oder auch nur zu schätzen. Alle Dörfer und Städte wurden auf Anhöhen und Hügeln angelegt, denn in der Zeit des Nilhochwassers werden sämtliche angrenzenden Provinzen vom Wasser überflutet. Man hat die Dörfer darum auf Anhöhen erbaut, damit sie nicht auch unter Wasser stehen. Von Dorf zu Dorf gelangt man dann nur mit dem Boot.

Vom einen Ende des Landes bis zum anderen wurde ein Damm aus Erde aufgeschüttet, damit die Leute sich auf ihm fortbewegen können, das heißt parallel zum Nil. Jedes Jahr erhält ein vertrauenswürdiger Beamter 10 000 maghribinische Dinare aus dem Staatsschatz des Sultans, um damit den Damm instand zu halten.

All die Bewohner dieses Landes sind angesichts jener vier Monate, in denen das Land unter Wasser steht, angehalten, all ihre notwendigen Angelegenheiten beizeiten zu arrangieren. In der ganzen Umgegend und in den Dörfern bäckt jeder soviel Brot, daß es für vier Monate ausreicht. Man läßt es dazu trocknen, damit es nicht verdirbt.

Gewöhnlich steigt das Wasser vom ersten bis zum vierzigsten Tag kontinuierlich an, bis es schließlich 18 Arash hoch steht. Anschließend bleibt es 40 Tage lang konstant und nimmt weder zu noch ab. Danach geht es allmählich wieder zurück, und zwar geschieht dies ebenfalls innerhalb von 40 weiteren Tagen, bis es den Stand erreicht hat, den es im Winter innehatte. Ist das Wasser abgelaufen, so machen sich die Menschen sogleich zu den trocken gewordenen Stellen auf und pflanzen ein, was ihnen beliebt. All ihre Anpflanzungen, sei es die Sommersaat oder die

Wintersaat, sind nach diesem Ereignis ausgerichtet, und es bedarf keiner zusätzlichen Bewässerung.

Das Land al-Misr liegt zwischen dem Nil und dem Meer. Der Nil fließt von Süden nach Norden und ergießt sich ins Meer. Die Entfernung zwischen der Stadt Misr und der Stadt Iskandariya beträgt 30 Farsange. Iskandariya liegt am Ufer des Meeres von Rum. Von dort aus werden viele Früchte mit Schiffen nach Misr transportiert.

In Iskandariya steht ein Leuchtturm, der noch gut erhalten war, als ich ihn sah. Dort, das heißt auf diesem Leuchtturm, hatte man früher einen Brennspiegel aufgestellt, um damit jedes von Istanbul kommende Schiff der Rumi, wenn es in seine Reichweite gelangt war, mit einem von dem Spiegel aus geschleuderten Feuer in Brand zu setzen. Die Rumi unternahmen große Anstrengungen, versuchten sich in allerlei Listen und schickten schließlich einige Männer, denen es gelang, den Spiegel zu zerstören. Zur Zeit von al-Hakims Sultanat über al-Misr war ein Mann vor diesen hingetreten und bot ihm an, den Spiegel wieder so herzurichten wie er anfangs war. al-Hakim hatte ihm entgegnet: »Es ist nicht vonnöten. Denn bis zur Stunde senden die Rumi jedes Jahr Gold und andere Waren, und sie sind schon froh, daß unser Heer nicht gegen sie marschiert. Somit ist allen gedient.«

Iskandariya erhält sein Trinkwasser allein vom Regen. Die Wüste um Iskandariya ist voll von Steinsäulen, deren Beschreibung wir zuvor bereits gegeben haben.

Das Meer reicht bis nach Qayrawan. Von Misr bis dorthin sind es 150 Farsange. Qayrawan ist eine Provinz. Ihre wichtigste Stadt ist Sidjilmasa, und sie liegt vier Farsange vom Meer entfernt. Es ist eine große Stadt, und sie wurde auf einer Ebene errichtet. Sie verfügt über starke Befestigungswerke und liegt neben jenem al-Mahdiya, das al-Mahdi, einer der Söhne des Amir ul-Mu'minin Husayn, dem Sohn von ʿAli – möge Gott – Er ist erhaben – Wohlgefallen an ihnen beiden haben – erbauen ließ, nachdem er ganz al-Maghrib sowie al-Andalus erobert hatte.[6]

Diese Gebiete unterstehen seitdem der Herrschaft des Sultans von al-Misr. Dort fällt Schnee, doch er bleibt nicht liegen. Das Meer dehnt sich rechts um al-Andalus herum nach Norden hin noch weiter aus. Die Entfernung zwischen al-Misr und al-Andalus beträgt 1000 Farsange, und hier wie dort leben nur Moslems.

6 Oben irrt der Verfasser: Sidjilmasa liegt in Marokko, also mehr als 1.000 km entfernt. Husayn: Enkel Muhammads, hochverehrter Märtyrer der Schiiten.
ʿAli Ibn Abi Talib: Schwiegersohn Muhammads, der vierte der Rechtgeleiteten Kalifen (reg. 656–661).

al-Andalus ist ein großes, bergiges Land. Dort fällt Schnee, und es herrscht frostiges Klima. Die Bevölkerung ist weißhäutig und rothaarig, und ihr überwiegender Teil hat Augen wie die von Katzen, ganz wie die Slaven[7]. Das Land liegt am Ende des Meeres von Rum – das Meer erstreckt sich also östlich davon. Wendet man sich von al-Andalus aus nach rechts in Richtung Norden, immer entlang der Meeresküste, so trifft man wieder auf Rum. Von Andalus aus werden viele Ghazw[8], die auf Rum abzielen, unternommen.

Wenn einer will, so kann er auch mit dem Schiff über das Meer nach Qustantaniya fahren. Aber unterwegs gibt es viele Buchten, jede 200 bis 300 Farsange breit, die sich nur mit dem Schiff überwinden lassen.

Ich habe glaubwürdige Aussagen vernommen, wonach der Umfang des Meeres 4000 Farsange beträgt. Ein Arm dieses Meeres führt in das Gebiet der ewigen Nacht, und Berichten zufolge ist das Ende dieses Meeresarms ständig vereist, da die Sonne nicht bis dorthin vordringt.

Eine der Inseln dieses Meeres heißt Siqiliya; sie ist von al-Misr aus mit dem Schiff innerhalb von zwanzig Tagen zu erreichen. Es gibt darüber hinaus noch viele andere Inseln. Berichten zufolge nimmt Siqiliya eine Fläche von 80 auf 80 Farsange ein und gehört dem Sultan von al-Misr. Jahr für Jahr läuft in Misr ein Schiff ein, das die dort gefertigten Waren mit sich führt, wie feine Baumwolle und gemusterte Stoffe, für die in al-Misr zehn maghribinische Dinare gezahlt werden.

Wendet man sich von Misr nach Osten, so gelangt man zum Meer von al-Qulzum. al-Qulzum ist eine Stadt an der Meeresküste. Von Misr bis zu diesem Ort sind es 30 Farsange. Das Meer ist ein Arm des Weltmeers, das bei ʿAdan einen Ausläufer gebildet hat, welcher nach Norden hin sich ausdehnt und bei al-Qulzum endet. Die Breite dieses Meeresarmes beläuft sich angeblich auf 200 Farsange.

Zwischen dem Meeresarm und Misr erstrecken sich Berge und Wüsten, wo man weder Wasser noch Pflanzen findet.

Jeder, der von Misr nach Mekka möchte, muß sich nach Osten wenden. Hat er al-Qulzum erreicht, kann er zwischen zwei Wegen wählen: Der eine führt über Land und der andere übers Meer. Für den Landweg – eine Wüste über eine Strecke von 300 Farsangen – benötigt man 15 Tage bis Mekka. Hier ziehen die meisten Karawanen, die aus al-Misr kommen, entlang. Nimmt man aber den Seeweg bis al-Djar, so ist man 20 Tage lang

7 Die Begriffe Slave und Sklave sind verwandt (von arab. saqlaba).

8 Überfälle der Ghazi, der fanatischen Glaubenskämpfer, bei den Beduinen der Beutezug (vgl. dtsch. Razzia).

Der Leuchtturm von Iskandariya (Alexandria), eines der sieben Weltwunder der Antike.

Aus: »Modjmal ot-Tawarikh«, Verfasser unbekannt, 14. Jh. (?)
Handschriftenabteilung der Universität Heidelberg, Cod. Heid. Or. 118

unterwegs. al-Djar ist eine kleine Stadt, auf dem Boden des Hidjaz gelegen, direkt an der Meeresküste. Von al-Djar bis Madinat ur-Rasul – Gott segne ihn und schenke ihm Erlösung – ist es dann noch eine Strecke von drei Tagen.

Die Entfernung zwischen Medina und Mekka beträgt 100 Farsange. Wenn jemand al-Djar liegenläßt und über das Meer fährt, dann gelangt er an die Küste von al-Yaman und von dort aus dann an die Küsten von ʿAdan. Geht er noch weiter, so erreicht er Hindustan und später Chin. Wendet er sich von ʿAdan aus indes nach Süden und anschließend nach Westen, dann kommt er nach Zangibar und Habasha. Die Beschreibung dieser Gegenden folgt an der dafür vorgesehenen Stelle. Wenn man von al-Misr aus nach Süden aufbricht und das Land Nuba durchquert, so trifft man auf das Land der Masamida[9]. In dieser Gegend leben viele gewaltig große pflanzenfressende Tiere und andere Vierfüßer. Die Hautfarbe der Menschen ist schwarz, sie verfügen über einen groben, festen Knochenbau und sind von kräftiger Statur. Viele dieses Menschenschlages sind Soldaten in al-Misr. Es sind häßliche und große Gestalten, die man Masamida nennt. Sie kämpfen zu Fuß, mit dem Schwert und dem Speer. Mit anderen Waffen können sie nicht umgehen.

Beschreibung der Stadt al-Qahira

Wenn man von Sham aus al-Misr betritt, dann gelangt man zunächst nach al-Qahira, denn Misr liegt weiter südlich. Die Stadt wird al-Qahirat ul-Muʿizziya genannt, und mit al-Fustat bezeichnet man das Heerlager.

Folgendes hat sich zugetragen: Einer der Nachkommen des Amir ul-Mu'minin Husayn, der Sohn des ʿAli – Gottes Gnade sei mit ihnen allen –, der al-Muʿizz li Dinillah[10] hieß, hatte al-Maghrib einschließlich al-Andalus erobert. Von al-Maghrib aus hatte er das Heer nach al-Misr aufbrechen lassen, wozu es erst den Nil überqueren mußte. Es ist aber nicht möglich, den Nil ohne weiteres zu überqueren. Denn zum einen handelt es sich um ein sehr breites Gewässer, und zum anderen leben darin viele Krokodile, die jedes Lebewesen, das ins Wasser fällt, sofort verschlingen. Man erzählte mir, daß, um in der näheren Umgebung der Stadt Misr über den

9 Wohl eine Verwechslung, ein Land dieses Namens ist unbekannt, die Masmuda (auch Masamida) sind ein Berberstamm; sie nahmen im 7. Jh. den Islam an und bildeten einen Teil der Streitmacht, mit der at-Tariq zu Beginn des 8. Jh. Spanien eroberte.

10 Fatimidenkalif, reg. 969–975.

Fluß zu setzen, ein Talisman existiert, der die Menschen und Reittiere vor Unheil bewahrt. Es gibt keine andere Stelle, an der einer den Mut aufbringen würde, das Gewässer zu betreten, es sei denn, sie liegt innerhalb einer Pfeilschußentfernung von der Stadt. Bis dahin entfaltet nämlich der Talisman seine Wirkung.

Mir wurde berichtet, daß al-Muʿizz li Dinillah sein Heer losgeschickt hatte; es sollte dorthin ziehen, wo heute die Stadt al-Qahira steht. Er befahl ihnen: »Sobald ihr dort angekommen seid, geht euch ein schwarzer Hund voran ins Wasser und überquert den Fluß. Ihr könnt bedenkenlos der Fährte des Hundes folgen und so den Fluß überwinden.«

Es waren angeblich 30 000 Berittene, die dort anlangten, und alle waren seine Sklaven. Der schwarze Hund ging dem Heer, wie es ihnen prophezeit worden war, voran, und sie folgten seiner Fährte. So überquerten sie den Fluß, ohne daß einem Geschöpf ein Schaden widerfuhr. Niemand wußte bisher von einem zu berichten, der den Nil beritten überwunden hatte.

Dieses Ereignis hatte im Jahre 363 (973) stattgefunden, und der Sultan selbst war über das Meer mit dem Schiff angereist. Sobald die Schiffe, mit denen der Sultan nach al-Misr gekommen war, in der Nähe von al-Qahira angelangt waren, wurden sie entladen und aus dem Wasser gezogen. Man ließ sie auf dem Trockenen liegen, so als hätte man sie aufgegeben. Der Erzähler dieser Geschichte hat selbst jene Schiffe gesehen – es sind sieben Stück. Jedes ist 150 Arash lang und 70 Arash breit. Sie lagen bereits seit 80 Jahren an dieser Stelle, und sie waren noch vollständig erhalten. Es wurde das Jahr 441 (1049) geschrieben, als der Erzähler dieses Berichtes an ebendiesen Ort kam.

Zur selben Zeit, als al-Muʿizz li Dinillah in al-Misr gelandet war, trat der Oberbefehlshaber des Heeres, der vom Kalifen von Baghdad eingesetzt worden war, vor al-Muʿizz und huldigte ihm. al-Muʿizz war an der Stelle gelandet, wo heute al-Qahira steht. Diesem Heereslagerplatz gab man den Namen al-Qahira, denn jenes Heer hatte über diesen Ort gesiegt. Er gab den Befehl aus, daß niemand aus seinem Heer die Stadt betreten und in ein Haus eindringen sollte. Er ließ vielmehr in der Wüste einen Lagerplatz errichten, und seinem Gefolge trug er auf, jeder solle ein Haus oder sonst ein Gebäude bauen. Das wurde dann zu einer Stadt, die keiner anderen gleicht.

Ich schätze, daß es in dieser Stadt al-Qahira nicht weniger als 20 000 Geschäfte gibt, die alle im Besitz des Sultans sind. Für viele dieser Geschäfte wird ein monatlicher Pachtzins von zehn maghribinischen Dinaren erhoben, jedenfalls nicht weniger als zwei Dinare. Außerdem stehen hier noch unzählige Karawansereien, Bäder und sonstige Gebäude, deren Zahl unmöglich zu schätzen ist, und alles gehört dem Sultan. Kein anderes Geschöpf nennt irgendwelchen Grundbesitz oder Vermögen sein eigen, außer den Häusern und das, was man sich selbst aufgebaut hat.

Ich hörte, daß in al-Qahira und Misr 8000 Häuser stehen, die im Besitz des Sultan sind. Er vermietet sie und verlangt für jedes einen monatlichen Mietzins. Sie alle werden nach Bedarf vergeben und wieder zurückgegeben, ohne daß dabei irgendeine Art von Zwang ausgeübt wird.

Der Palast des Sultans ist im Zentrum der Stadt al-Qahira gelegen.[11] Die ganze nähere Umgegend ist offenes Gelände, und kein Gebäude schließt sich direkt an. Die Stadt, die etwa so groß ist wie Mayyafariqin, wurde von Architekten konzipiert. Auf dem unbebauten Umfeld halten sich Nacht für Nacht 1000 Mann auf, die den Palast bewachen – 500 Berittene und 500 zu Fuß, die vom Abendgebet an Hörner, Trommeln und Becken erklingen lassen. Dabei umkreisen sie den Palast bis zum Morgen.

Betrachtet man den Palast des Sultans von außerhalb der Stadt, dann sieht er aufgrund der Vielzahl seiner Anbauten und seiner Höhe wie ein Berg aus. Von der Stadt selbst aus läßt sich nichts erkennen, da seine Mauern zu hoch sind. Angeblich gibt es in diesem Palast 12 000 bezahlte Diener und wer weiß wie viele Frauen und Mädchen. Ich erfuhr lediglich, daß insgesamt 30 000 Menschen im Palast zugegen sind.

Zum Palast gehören 12 Pavillons, und zu seinem Haram gewähren zehn Türen Zugang. Die Namen derer, die über der Erde liegen – die, die unterhalb der Erdoberfläche liegt, einmal ausgenommen – seien vollständig aufgelistet: Bab udh-Dhahab, Bab ul-Bahr, Bab us-Saridj, Bab uz-Zuhuma, Bab us-Salam, Bab uz-Zabardjad, Bab ul-ʿId, Bab ul-Futuh, Bab uz-Zalaqa und Bab us-Sariya[12].

Es ist ein unterirdischer Zugang vorhanden, durch den der Sultan zu Pferde hinausgelangt, und außerhalb der Stadt wurde ein Schloß errichtet, das über einen unterirdischen Gang vom Palast aus zu erreichen ist[13]. Dieser Gang ist gänzlich, vom Haram bis zum Schloß, mit einem soliden

11 Der Bau des Qasr ul-kabir ush-sharqi (auch Qasr ul-Muʿizzi) wurde 969 von Djauhar veranlaßt. Von keinem der fatimidischen Profanbauten sind heute noch Spuren erhalten.

12 Haram: privater, nicht frei zugänglicher Teil eines Hauses (vgl. pers. andaruni-biruni). Tore: Goldtor, Meerestor, Öltor, Tor des Fettgeruchs, Friedenstor, Smaragdtor, Festtor, Tor der Eroberungen, Rampentor, Tor der Nachtreise.

13 Qasr us-saghir ul-gharbi, unter al-ʿAziz erbaut. Die diversen Bauten der fatimidischen Kalifen waren untereinander mit einem ganzen Netzwerk unterirdischer Gänge verbunden.

Dach versehen. Die Mauern des Schlosses bestehen aus behauenen Steinen; sie sehen so aus, als wären sie nur aus einem Block gehauen; auf sie hat man Aussichtstürme und Eyvane gebaut. Im Innern der Vorhalle wurden Sockel gemauert.

Alle hohen Beamten und Bediensteten sind Schwarze oder Rumi; der Wazir ist ein Mann, der sich durch seine Mäßigkeit, Frömmigkeit, Vertrauenswürdigkeit, Aufrichtigkeit, sein Wissen und seinen Verstand auszeichnet.[14]

Niemals war hier die Sitte des Weintrinkens verbreitet gewesen. Zur Zeit von al-Hakims Herrschaft durfte keine Frau ihr Haus verlassen, und niemand durfte sich einen Vorrat an Rosinen anlegen, damit auch keiner berauschende Getränke herzustellen vermochte. Keiner wagte es, Wein zu trinken oder Fuqqaʿ[15], denn sie waren der Ansicht, diese machten betrunken und veränderten die Persönlichkeit.

Es gibt fünf Tore: Bab un-Nasr, Bab ul-Futuh, Bab ul-Qantara, Bab uz-Zuwayla und Bab ul-Khalidj[16]. Die Stadt verfügt über keinerlei Befestigungen, aber die Gebäude sind solider und höher als eine Befestigungsmauer, und jedes Haus und jeder Palast ist eigentlich eine Festung. Die meisten Häuser haben fünf oder sechs Stockwerke.

Das Trinkwasser, das von Wasserträgern auf Kamelen transportiert wird, liefert der Nil. Das Brunnenwasser ist um so besser, je näher die Brunnen am Nil liegen, mit zunehmender Entfernung wird es immer ungenießbarer. Es soll in Misr und al-Qahira 50 000 Kamele geben, die das Wasser befördern, und hinzu kommen noch Wasserträger, die das Wasser schöpfen, und solche, die es auf ihrem Rücken in Messingkrügen und Schläuchen durch die engen Gassen, die einem Kamel den Durchgang verweigern, tragen.

Im Stadtinnern wurden kleine Gärten zwischen den einzelnen Häusern angelegt und Bäume gepflanzt, die mit dem Brunnenwasser gegossen werden. Im Haram des Sultans findet man Gärten, wie man sie sich schöner nicht vorstellen kann. Man hat auch Schöpfräder gebaut, die die

14 hohe Beamte: im Text arkan-e-doulat (Stützen des Staates), bereits bei den Ghaznaviden Bezeichnung für den vertrauten Beraterkreis.
Wazir: iran. Lehnwort, hoher Würdenträger, erst später Minister, Berater.

15 Eine Art Bier, zumeist aus Gerste hergestellt, auch als Honigbier geläufig.

16 Siegestor, Tor der Eroberungen, Brückentor, Zuwaylator (Berberstamm; Lesung Zawila auch möglich: Vorstadt der Stadt Kairuan, heute auch Bab ul-Mutawalli), Khalidj-Tor. Bei den ersten beiden sowie dem Bab uz-Zuwayla handelt es sich um die alten Stadttore, die mit den heute noch vorhandenen gleichen Namens nicht identisch sind; diese wurden nachweislich erst zwischen 1087–1092 erbaut.

Bewässerung dieser Gärten sicherstellen. Sogar auf den Dächern wachsen Bäume, und außerdem wurden Parkanlagen angelegt.

Zu der Zeit, in der ich dort weilte, wurde ein Haus, dessen Grundfläche 20 auf 12 Gaz maß, zu 20 maghribinischen Dinaren im Monat vermietet. Es besaß vier Stockwerke, und drei davon waren vermietet. Jemand bat den Hausherrn, ihm den obersten Stock für fünf maghribinische Dinare monatlich zu vermieten. Der Hausherr ließ sich jedoch nicht darauf ein und erwiderte: »Es kann sein, daß ich gelegentlich selbst dort drinnen wohne.« Im Zeitraum eines Jahres, solange wir uns an diesem Ort aufhielten, war er keine zwei Mal hier.

Die Wohnungen waren so sauber und elegant, als wären sie aus Juwelen gebaut worden und nicht aus Gips und Steinen.

Alle Häuser der Stadt al-Qahira sind mit großen Zwischenräumen voneinander gebaut, so daß selbst die Bäume und Mauern nicht die Mauer des nächsten berühren. Jeder, der dies möchte, kann so sein Haus abreißen oder ausbessern, ohne daß ein anderer darunter zu leiden hat.

Verläßt du die Stadt in westlicher Richtung, so triffst du auf einen großen Graben, der Khalidj genannt wird. Diesen Khalidj hat der Vater des jetzigen Sultans ausheben lassen. Im Besitz des Sultans befinden sich entlang dieses Gewässers 300 Khalisa-Dörfer[17]. Der Graben nimmt seinen Anfang in Misr, geht weiter bis al-Qahira, wo er umgeleitet wird und am Palast des Sultans vorbeiführt. Am Anfang des Khalidj stehen zwei Pavillons. Der eine heißt al-Lu'lu' und der andere al-Djauhara[18].

In al-Qahira gibt es vier große Moscheen, in denen am Freitag der Gottesdienst abgehalten wird. Sie heißen: al-Azhar, Djamiʿ un-Nur, Djamiʿ ul-Hakim und Djamiʿ ul-Muʿizz[19]. Die zuletzt genannte liegt außerhalb der Stadt am Ufer des Nil. Will man sich nach Mekka hin verneigen, so muß man sich nach dem Aufgangspunkt des Widders richten.

Die Entfernung zwischen dem Stadtkern von Misr und dem von al-Qahira beträgt weniger als ein Mil[20]. Misr liegt im Norden und al-Qahira im Süden. Der Nil fließt zunächst durch Misr und dann durch al-Qahira. Die Gärten und die Ausläufer beider Städte gehen ineinander über. Im

17 Staatliche Ländereien, oft als Lehen vergeben.

18 Perle und Juwel.

19 Die Strahlende (die berühmte al-Azhar, seit langem ein Zentrum der sunnitischen Gelehrsamkeit; ihr Bau wurde 972 vollendet, die Universität existiert seit 988; es ist also eine Gründung von Schiiten), Licht-Moschee, al-Hakim-Moschee, al-Muʿizz-Moschee.

20 Dritter Teil eines Farsang, etwa 2 km.

Sommer sehen Steppe und Wüste wie ein Meer aus. Vom Garten des Sultans abgesehen, der auf einer Erhebung angelegt wurde, so daß er nicht volläuft, wird ansonsten alles überschwemmt.

Schilderung der Öffnung des Khalidj

Während der Zeit, in der der Nil sein Versprechen erfüllt – vom 10. Shahrivar bis zum 20. Aban (August – Oktober) nach dem alten Kalender, nämlich zur Zeit des Hochwassers –, steigt das Wasser auf 18 Gaz, was mehr ist als der Stand im Winter. Die Abschlüsse der Gräben und Kanäle in allen Provinzen bleiben aber versiegelt.

Also, dieser Kanal, den man Khalidj nennt und der seinen Anfang vor der Stadt Misr nimmt und dann bis nach al-Qahira reicht, ist Eigentum des Sultans. Der Sultan ist auch bei dessen Öffnung, auf einem Pferd sitzend, zugegen. Danach werden in all den anderen Provinzen die übrigen Wasserarme, Kanäle und Gräben geöffnet. Jener Tag ist der höchste Festtag und wird als Rukub Fath ul-Khalidj[21] bezeichnet.

Wenn die Jahreszeit dafür naht, wird am Zugang zu diesem Graben ein riesengroßes prachtvolles Festzelt für den Sultan aufgestellt, das vollständig aus Rumi-Brokat, durchwirkt mit Gold und mit Juwelen besetzt, besteht. Selbst mit allen Einrichtungsgegenständen, die darinnen stehen, ist es immer noch groß genug, daß hundert Reiter sich in seinem Schatten aufhalten können. Vor diesem bunten zeltartigen Baldachin hat man ein großes Zelt aufgestellt.

Bereit drei Tage vor dem Rukub Fath ul-Khalidj werden im Stall Trommeln und Pauken geschlagen und Hörner geblasen, damit die Pferde sich beizeiten an den Lärm gewöhnen.

Wenn der Sultan aufsitzt, stehen schon 10 000 Reittiere mit goldenen Sätteln, Zaumzeug und mit Juwelen besetzten Zügeln bereit. Sein Filzsattel ist ganz mit Brokat aus Rum und Buqalamun überzogen, die speziell für diesen Anlaß gewoben wurden und weder zurechtgeschnitten noch zusammengenäht zu werden brauchten. Eine Inschrift am Sattelrand trägt den Namen des Sultans von al-Misr.

Über jedem Pferd liegt ein Kettenpanzer oder ein Harnisch, und am Sattelknauf sind ein Helm und alle Arten von Waffen befestigt.

Es folgen viele Kamele und Maultiere mit geschmückten und verzierten Sänften, die alle mit Gold und Juwelen besetzt sind und auf deren

21 Parade anläßlich der Öffnung des Khalidj.

Überzügen Perlen aufgenäht wurden. Es würde sehr lange dauern, alles zu beschreiben, was sonst noch an diesem Festtag zu bestaunen ist.

An jenem Tag paradiert das ganze Heer des Sultans, Abteilung für Abteilung und Truppe für Truppe, vorbei. Jedes Volk hat seinen besonderen Namen und seine Bezeichnung. Eine Gruppe, die sogenannten Kutami, kommt aus Qayrawan und war einst in die Dienste von al-Muʿizz li Dinillah getreten. Es sollen 20 000 Berittene sein. Die Gruppe der Batili – die, die bereits vor dem Eintreffen des Sultans nach al-Misr gekommen waren – stammt aus al-Maghrib und zählt 15 000 Reiter. Die Masamida, etwa 20 000 Mann, sind Schwarze aus dem Land der Masmudi. Die Gruppe der Mashariqa bilden Türken und ʿAdjami, so genannt, weil sie nichtarabischer Herkunft sind. Obgleich zumeist in al-Misr geboren, verraten ihre Namen doch ihre ursprüngliche Herkunft; ihre Zahl beläuft sich auf 10 000 Mann, und alle sind von stattlicher Gestalt. Die ʿAbid ush-Shira', angeblich 30 000 Mann, setzen sich aus erworbenen Sklaven zusammen. Die Mitglieder der 50 000 Mann starken Gruppe der Badawi stammen aus dem Hidjaz und sind alle Lanzenträger. Eine andere Gruppe ist die der Ustad; diese besteht aus weißen und schwarzen Sklaven, die für die verschiedensten Dienste gekauft wurden. Es sind ungefähr 30 000 Mann. Zu Fuß gehen die Sara'i, die aus allen möglichen Ländern kommen. Ihnen steht ein eigener Feldherr vor, der allein für sie zuständig ist; sie handhaben die jeweiligen Waffen ihres Volkes. Ihre Zahl beträgt 10 000 Mann. Die Zunudj – man sagt, es seien 30 000 Mann – kämpfen ausschließlich mit dem Schwert[22].

Das Heer wird ausnahmslos vom Sultan unterhalten, und jeder erhält, seinem Rang entsprechend, ein monatliches Auskommen. Dabei wird nicht einmal eine Zahlungsanweisung von einem Dinar für einen Beamten oder Untertan festgesetzt. Es wird vielmehr so verfahren, daß die

22 Kutami: Berbergruppe der Ketama, urspr. im nördlichen Algerien beheimatet; heute existieren noch in der Kleinen Kabylei die Zuwawa.
Batili: (von arab. ›batil‹ = umsonst) Der Überlieferung nach sollten Berbersoldaten hier siedeln dürfen, das Land war indessen bei ihrem Eintreffen bereits verteilt, und sie waren umsonst gekommen.
Masamida/Masmudi: vgl. Anm. 9 oben.
Mashariqa: ›die aus dem Osten stammen‹.
ʿAdjami: bedeutet, wie es der Text belegt, urspr. Nichtaraber, Barbar; im engeren Sinne Bezeichnung für die Perser.
ʿAbid ush-Shira': ›durch Kauf erworbene Sklaven‹.
Badawi: arab. für Beduine.
Zunudj: Plural von Zandj oder Zindj (pers. Zangi), Negersklaven (vgl. Zangibar = Sansibar).

Steuerbeamten das Steueraufkommen der Provinzen Jahr für Jahr der Staatskasse aushändigen, und die Staatskasse zahlt zu einem festgesetzten Zeitpunkt aus dem Staatsschatz den Unterhalt des Heeres, so daß kein Beamter und Untertan von dem Heer belästigt wird.

Eine weitere Gruppe stellten die Königs- und Fürstensöhne dar, die aus aller Herren Welt hierher gekommen sind. Sie wurden nicht zum Heer und zu den Soldaten gerechnet. Sie waren aus al-Maghrib, al-Yaman, Rum, Saqlab, Nuba und Habasha hier eingetroffen, hinzu kamen noch die Söhne des Herrschers von Delhi mit ihrer Mutter, sowie die Söhne der Könige von Gordji, der Fürsten von Deylam und der Khane von Turkistan.

Noch andere Klassen und Schichten, wie die Gelehrten, die Literaten, die Dichter und die Rechtsgelehrten lebten hier, und es wurde durchweg allen ein angemessener Lebensunterhalt bestimmt. Keiner der Adligen bekam weniger als 500 Dinare, einige sogar 2000 maghribinische Dinare. Sie hatten keinerlei Verpflichtungen, außer wie ein Wazir zur Audienz zu sitzen, herumzugehen, zu grüßen und sich anschließend wieder an ihren Platz zurückzubegeben.

Nun komme ich zum Anfang meiner Schilderung der Öffnung des Khalidj. An jenem Tag, an dem der Sultan am Morgen zur Öffnung des Khalidj hinausritt, gaben ihm 10 000 Mann, die in seinem Lohn standen und von denen jeder ein Saumtier, wie bereits beschrieben, an der Hand führte, das Geleit.

Sie zogen in Gruppen von je hundert vorbei und ließen dabei Hörner, Trommeln und Schalmeien erklingen; auf sie folgte ein Trupp Soldaten. So paradierten sie vom Haram des Sultans bis zur Sperre des Khalidj und wieder zurück. Dafür erhielt jeder Tagelöhner, der ein Saumtier geführt hatte, drei Dirham.

Auf die Pferde folgten die Kamele mit den Sänften und Tragen. An diese schlossen sich die Maultiere mit den Sänften an. In einer gewissen Entfernung von den Soldaten und den Pferden erschien dann der Sultan.

Er war ein junger Mann mit einer vollkommenen Gestalt und einem makellosen Gesicht. Er ist der Nachkomme des Amir ul-Mu'minin Husayn, der Sohn des ʿAli Ibn Abi Talib – die Gnade Gottes sei über ihnen beiden. Seine Haare waren zurechtgestutzt, und er saß auf einem Maultier, dessen Sattel und Zaumzeug schmucklos waren, also ohne Gold und Silberzierat.

Er selbst war in ein weißes Hemd mit einer weiten und langen Tunika darüber, so wie sie in den arabischen Ländern üblich ist und die man in Persien Dorraʿa nennt, gehüllt; hier bezeichnet man sie mit Dabiqi[23]. Die seine hatte 10 000 Dinare gekostet. Um den Kopf geschlungen trug er einen Turban von der gleichen Farbe. Eine sehr wertvolle Peitsche hielt er in der Hand. Vor ihm schritten 300 Männer aus Deylam zu Fuß einher. Sie alle hatten mit Gold durchwobene Kleider aus Rum angezogen, darüber trugen sie Gürtel; die Ärmel waren nach der Sitte der Bewohner von al-Misr weitausgeschnitten. Sie waren mit Äxten bewaffnet, und ihre Beine waren mit Gamaschen umwickelt.

Ein Schirmträger begleitete auf einem Pferd sitzend den Sultan, auf seinem Kopf ein goldfarbener, mit Juwelen besetzter Turban. Er trug ein Kleid, das 10 000 maghribinische Dinare gekostet hatte. Der Sonnenschirm, den er in der Hand hielt, war sehr prachtvoll und ganz mit Juwelen besetzt. Kein anderer Berittener begleitete den Sultan, und ihm direkt voraus gingen lediglich die Deylamiten.

Rechts und links wurde er von Dienern flankiert, die Ambra und Aloe abbrannten. Gemäß ihrem Brauch mußten die Menschen, wo immer sie dem Sultan begegneten, sich zu Boden werfen und Gottes Segen über ihn erbitten. Nach ihm kam der Wazir mit dem Qadi al-Qudat[24] sowie einer großen dichtgedrängten Anzahl von Gelehrten und hohen Beamten.

Der Sultan begab sich zu dem Ort, wo das Zelt aufgeschlagen worden war, also an die Sperre des Khalidj, das heißt die Mündung des Kanals. Eine Stunde lang blieb er unter dem Zelt auf dem Pferd sitzen. Dann reichte man dem Sultan einen Wurfspieß, den er auf diese Sperre zu schleudern hatte. Anschließend zerstörten die Leute in aller Eile mit Hacken, Spaten und Schaufeln die Sperre. Das hoch angestaute Wasser drückte zudem selbst dagegen, brach durch und schoß in den Khalidj.

An diesem Tag hatten sich alle Bewohner von Misr und al-Qahira versammelt, um der Öffnung des Khalidj beizuwohnen. Dabei führten sie allerlei merkwürdige Spiele auf. Die Besatzung des ersten Schiffes, das sie in den Khalidj hineinschoben, bestand aus stummen Insassen – in Persisch nennen wir solche ›gong o lal‹ [25] –, was sie allem Anschein nach für ein gutes Omen hielten. Schließlich verteilte der Sultan Almosen unter ihnen.

Im Besitz des Sultans waren 21 Schiffe. Diese waren in einem Becken, das zwei, drei Meydan[26] maß, in der Nähe des Schlosses des Sultans gebaut

23 Dabiqi: in der Stadt Dabiq (bei Damiette) produzierte, hochwertige Stoffe. Dorraʿa: Art Wollhemd, lange Zeit eines der üblichen Kleidungsstücke im Iran.

24 ›Richter der Richter‹, Oberrichter, höchste rechtliche Instanz im Staat; bei den Fatimiden war der Qadi al-Qudat meist mit dem Leiter der Mission, dem Daʿi ad-Duʿat identisch.

25 Beides pers. für stumm, wortlos.

26 Dritter Teil eines Mil.

worden. Jedes dieser Schiffe war 50 Gaz lang und 20 Gaz breit, und alle waren sie verschwenderisch mit Gold, Silber, Juwelen und Brokat verziert. Wollte man sie ausführlich beschreiben, so würde man allein damit viele Seiten füllen können. Die meiste Zeit über liegen diese Schiffe indes im Hafenbecken, wie Maultiere in ihrem Stall.

Zwei Farsange von der Stadt entfernt gab es eine Gartenanlage mit Namen ʿAyn ush-Shams, die dem Sultan gehörte. Darin entspringt eine Quelle mit süßem Wasser. Der Garten ist nach der Quelle benannt, und man hält ihn für den ehemaligen Garten des Pharao. In seiner Nähe besichtigte ich ein altes Bauwerk, bestehend aus vier mächtigen aufrecht stehenden Steinblöcken, die jeder an ein Minarett erinnerten und 30 Gaz hoch waren. Von deren Spitze tröpfelte Wasser, und niemand wußte zu sagen, was dies darstellen sollte. Im Garten wuchsen Balsambäume[27]. Die Vorväter des jetzigen Sultans sollen seine Samen aus al-Maghrib mitgebracht und hier eingepflanzt haben. In der ganzen Welt gibt es ihn sonst nirgendwo, auch in al-Maghrib nicht mehr. Obgleich dieser Baum auch hier Samen trägt, gedeiht er nicht überall, und auch wenn er gedeiht, liefert er nicht unbedingt Öl. Der Baum sieht aus wie eine Myrte, und ist er ausgewachsen, ritzt man seine Äste ein und befestigt an jeder dieser Stellen eine Flasche, so daß das gummiähnliche Öl hineinfließen kann. Sobald das Öl vollständig ausgelaufen ist, verdorrt der Baum. Die Gärtner bringen dann sein Holz in die Stadt und verkaufen es. Die Rinde ist dick, und schält man sie ab und ißt sie, so erinnert ihr Geschmack an den von Mandeln. Die Wurzeln des Baumes schlagen im nächsten Jahr wieder aus, und man verfährt mit ihnen wieder genauso.

Die Stadt al-Qahira setzt sich aus zehn Vierteln zusammen – das arabische Wort für Viertel ist al-Hara. Sie heißen wie folgt: Hara Bardjawan, Hara Zuwayla, Harat ul-Djaudariya, Harat ul-Umara', Harat ud-Diyalima, Harat ur-Rum, Harat ul-Batiliya, Qasr ush-Shauk, ʿAbid ush-Shira', Harat ul-Masamida[28].

27 Saft des Myrrhenstrauches (Mekka- oder Gileadbalsam); in Ägypten als Rohstoff zur Parfüm- und Arzneimittelherstellung sowie als Konservierungsstoff zur Einbalsamierung verwendet.

28 Ustad Abu-l-Futuh Bardjawan: Eunuche slawischer Herkunft unter al-ʿAziz, führte kurzzeitig die Staatsgeschäfte; al-Hakim ließ ihn im Jahre 1000 umbringen.
Djaudari: Offizier unter al-Mahdi; das jüdische Viertel ließ al-Hakim zerstören.
Harat ul-Umara': Offiziersviertel.
Harat ud-Diyalima: Deylamitenviertel.
Harat ur-Rum: Byzantinerviertel, auf Befehl al-Hakims im Jahre 1009 niedergerissen.
Harat ul-Batiliya: vgl. Anm. 2 oben; 1264 brannte das Viertel nieder.
Qasr ush-Shauk: urspr. eine kleine Festung.

Die Stadt steht auf einer Anhöhe. Östlich von ihr erhebt sich ein nicht ganz so hoher Berg, der eigentlich nur aus Steinen und kleinen Steinhügeln besteht.

Am Rande der Stadt steht auf einer Erhebung die Tulun-Moschee. Sie verfügt über zwei so solide Mauern, wie ich sie besser nur in Amid und Mayyafariqin sah. Ein Amir der ʿAbbasiden, der einst über al-Misr herrschte, hat sie errichten lassen.[29] Als al-Hakim bi Amrillah, der Großvater des jetzigen Sultans, regierte, traten die Nachkommen dieses Tulun vor ihn und verkauften ihm die Moschee für 30 000 maghribinische Dinare. Einige Zeit später machten sie sich aber daran, das dazugehörige Minarett, das sie nicht verkauft hatten, abzutragen. al-Hakim schickte nach ihnen und fragte sie: »Ihr habt mir doch die Moschee verkauft. Warum zerstört ihr sie jetzt?« Sie entgegneten nur: »Wir haben das Minarett aber nicht mit verkauft!«

Er ließ ihnen daraufhin 5000 Dinare aushändigen und erwarb somit auch das Minarett. Im Monat Ramadan pflegte der Sultan an den Freitagen in dieser Moschee zu beten.

Beschreibung der Stadt Misr

Die Stadt Misr hat man aus Furcht vor dem Wasser auf einer Anhöhe erbaut. Hier hatten einst hohe, große Steine gestanden, die man jedoch alle zerbrochen und abgetragen hat. Jetzt nennt man diese Orte al-ʿAqaba[30].

Sieht man die Stadt Misr von fern, so erscheint sie wie ein Berg. Hier stehen Häuser mit 14 Stockwerken übereinander, andere haben sieben Stockwerke. Von zuverlässiger Quelle hörte ich, daß jemand auf dem Dach eines siebenstöckigen Hauses sich einen kleinen Garten angelegt hatte. Er hatte ein Kalb dort hochgebracht und es so lange aufgezogen, bis es ausgewachsen war, mit dem er dann ein dort aufgestelltes Wasserrad betrieben und das Wasser vom Brunnen heraufgezogen hatte. Auf diesem Dach hatte er Orangen-, Zitronen-, Bananen- und andere Bäume angepflanzt, die auch alle Früchte getragen hatten. Daneben gediehen noch allerlei andere Blumen und Kräuter. Ich erfuhr von einem vertrauenswürdigen Kaufmann, daß in Misr einige aus mehreren Zimmern bestehende Häuser stehen, die – so wie man auch mit Landgütern verfährt – vermietet

29 Tulun-Moschee, auf Veranlassung von Abu-l-ʿAbbas Ahmad Ibn Tulun (reg. 868–883) erbaut.

30 arab. für Paß, steiler Hang.

Balsambaum.

Aus: »Nozhat ol-Qolub« von Hamdollah Mostoufi Qazvini, 17. Jh.
British Library, The Oriental and India Office, Add. 7706

werden. Sie sind 30 auf 30 Arash groß und fassen 350 Personen. Man findet Bazare und Gassen, die den Menschen als Durchgang dienen und in denen ununterbrochen Laternen brennen, da niemals ein Sonnenstrahl bis zu deren Boden vordringt. In der Stadt Misr stehen, abgesehen von denen in al-Qahira, sieben Moscheen eng beeinander. In beiden Städten zusammen stehen 15 Freitagsmoscheen. Freitags wird in jeder von ihnen die Predigt gehalten sowie das gemeinsame Gebet verrichtet.

Mitten in einem Bazar gibt es eine Moschee namens Bab ul-Djawamiʿ, die im Auftrag von ʿAmr Ibn ul-ʿAs gebaut wurde, als er unter al-Muʿawiya der Gouverneur von al-Misr war.[31] Die Moschee wird von 400 Marmorsäulen getragen, und die Wand, in welche die Gebetsnische eingelassen wurde, besteht von einem Ende bis zum anderen aus weißen Marmorstücken, auf denen der ganze Qoran in Schönschrift geschrieben steht. Außen erstrecken sich an all ihren vier Seiten Bazare, zu denen hin sich die Türen der Moschee öffnen. Zu jeder Zeit sitzen Lehrer und Qoranleser in ihr.

Diese Moschee bildet den Ausflugsort der großen Stadt, und es kommt nie vor, daß weniger als 5000 Besucher sich darin aufhalten, seien es nun Studenten, Fremde, Schreiber, die Beglaubigungen und Urkunden aufsetzen, oder andere. al-Hakim kaufte den Nachkommen des ʿAmr Ibn ulʿAs diese Moschee ab,nachdem sie zu ihm gekommen waren und gesprochen hatten: »Wir sind bedürftig und bettelarm, und diese Moschee hat doch unser Vorfahr gebaut. Falls der Sultan es erlaubt, tragen wir sie ab und verkaufen die Steine und Ziegel.«

Daraufhin händigte ihnen al-Hakim 100 000 Dinare aus, erwarb sie somit und ließ die Leute von Misr dies bezeugen. Danach befahl er, in ihr viele erstaunliche Umbauten vorzunehmen. Unter anderem ließ er einen sechzehnarmigen silbernen Kandelaber anfertigen, wovon allein ein Arm eineinhalb Arash lang war; sein Umfang betrug 24 Arash. In den verehrten Nächten brennen auf ihm über 700 Kerzen; angeblich wiegt er 25 Silber-Qintar – ein Qintar entspricht übrigens 100 Ratl und ein Ratl 144 Silberdirham.[32] Es wird erzählt, daß der Kandelaber nach seiner Fertigstellung wegen seiner enormen Größe durch keine der Moscheetüren paßte, so daß man eine Tür herausreißen mußte, um ihn in die Moschee

31 ›Moscheentor‹, vielleicht korrupt, da eigentlich Tadj ul-Djawamiʿ (Krone der Moscheen) oder al-Djamiʿ ul-ʿatiq (Alte Moschee).
ʿAmr Ibn ul-ʿAs: Feldherr, Eroberer von Palästina und Ägypten, ließ o.g. Moschee als erste Moschee Ägyptens im Jahre 642 erbauen.

32 Verehrte Nächte: wichtige religiöse Feiertage.
Qintar: in Persien etwa 57 kg; in Ägypten zwischen 42 und 120 kg.

hineinzubekommen. Anschließend setzte man die Tür wieder ein. In der Moschee liegen ständig zehn schöne, bunte Bastmatten übereinander ausgebreitet, und jede Nacht brennen mehr als hundert Lampen. Der Qadi al-Qudat hält auch in dieser Moschee Gericht.

An der östlichen Seite der Moschee liegt ein Bazar, den man Suq ul-Qanadil[33] nennt. In keinem anderen Land wird man solch einen Bazar finden. Jede Neuheit, die es gibt auf der Welt, gibt es auch hier. Ich sah dort Gebrauchsgegenstände, die aus Schildpatt hergestellt worden waren, wie etwa ein Kästchen, Kämme, Messergriffe usw. Ich entdeckte einen außergewöhnlich schönen Kristall, der von wunderbarer Meisterhand geschliffen und aus al-Maghrib hierhergebracht worden war. Mir wurde berichtet, daß man im Meer von al-Qulzum einen Kristall gefunden hat, der noch feiner und glänzender sein soll als der Kristall aus al-Maghrib. Ich sah auch Elfenbein, das aus Zangibar stammte; es gab mehr als 200 Man davon. Eine Ochsenhaut aus Habasha fand sich hier, die aussah wie ein Leopardenfell und aus der man Sandalen fertigte. Aus Habasha hatte man auch einen schönen großen Vogel mitgebracht, der über und über mit weißen Punkten bedeckt war und auf seinem Kopf eine Krone, ähnlich der des Pfaus, trug.

In al-Misr gibt es außerdem viel Honig und Zucker.

Am dritten Tag des alten Monats Dey, im Jahre 416 nach der persischen Zeitrechnung (8. Dezember 1048), sah ich an ein- und demselben Tag diese Früchte und Pflanzen, die ich nun aufzähle. Es sind diese: Rosen, Lotos, Narzissen, Orangen, Zitronen, Limonen, Limetten, Äpfel, Jasmin, Basilikum, Quitten, Granatäpfel, Birnen, Wassermelonen, Zuckermelonen, Bananen, Oliven, frische Kirschpflaumen, frische Datteln, Weintrauben, Zuckerrohr, Auberginen, frischen Kürbis, Rettich, weiße Rüben, Kohl, frische grüne Bohnen, Gurken, Zitronatzitronen, junge Zwiebeln, frischen Knoblauch, Karotten und Rüben. Jeder wird sich nun wohl fragen, wie denn all diese Arten von Obst und Gemüse – von denen einige ja im Herbst, einige im Frühling, einige im Sommer und einige im Winter gedeihen – hier auf einmal zu finden sind. In der Tat, es ist auch kaum vorstellbar. Doch ich verfolge keine Absicht damit und schreibe nur das nieder, was ich auch gesehen habe, indes bin ich für einiges dessen, was ich gehört und niedergeschrieben habe, nicht verantwortlich. Doch das Land al-Misr nimmt solch eine enorme Fläche ein, daß hier alle Arten von Klimaten herrschen, von kalt bis tropisch, und von überall her wird alles, was es gibt, in die Stadt geliefert und zum Kauf angeboten.

33 Lampenmarkt.

In al-Misr werden alle Arten von Töpferwaren gefertigt, wie Schalen, Becher, Schüsseln und anderes mehr. Diese sind so fein und durchscheinend, daß eine daruntergelegte Hand durch das Material hindurch noch sichtbar ist. In ihrer Bemalung ähneln sie dem Buqalamun, denn je nachdem, in welche Richtung du es drehst, ändert sich die Farbe.

Glas wird in solcher Qualität und Reinheit hergestellt, daß es aussieht wie Smaragd; man verkauft es nach Gewicht.

Ein Stoffhändler versicherte mir glaubhaft, daß ein Dirham Seil drei maghribinische Dinare kostet, entsprechend dreieinhalb Nishabur-Dinaren. Ich erkundigte mich in Nishabur nach dem Preis des Seiles bester Qualität, und man sagte mir, daß für ein Dirham Seil von unvergleichlicher Güte fünf Dirham zu zahlen seien.[34]

Die Längsseite der Stadt Misr erstreckt sich am Ufer des Nil entlang. Viele der Pavillons und Terrassen sind so angelegt, daß man von ihnen aus mittels eines Seiles das Wasser vom Fluß hochzuziehen vermag. Die Wasserversorgung der Stadt wird von Wasserträgern gewährleistet, die das Wasser vom Nil holen, manche mit Kamelen und manche auf ihrem Rücken. Ich sah Krüge aus Damaszener-Messing, die 30 Man Wasser faßten und die den Eindruck erweckten, als seien sie aus Gold. Jemand erzählte mir, daß hier eine Frau lebt, die 5000 solcher Krüge besitzt. Sie leiht diese zu einem Stückpreis von einem Dirham pro Monat aus, und wenn sie zurückgegeben werden, müssen sie unversehrt sein.

Vor der Stadt Misr, in westlicher Richtung, liegt inmitten des Nil eine Insel, auf der einst eine Stadt gestanden hatte[35]. Auf ihr gibt es eine Freitagsmoschee und auch Gartenanlagen. Sie liegt wie ein Felsen im Wasser und teilt den Nil in zwei Arme, von denen ich jeden etwa auf die Breite des Djayhun schätzte, nur floß das Wasser hier ziemlich ruhig und langsam. Die Stadt ist mit der Insel über eine Pontonbrücke, bestehend aus 36 Schiffen, verbunden.

Ein Teil der Stadt, mit Namen al-Djiza[36], befindet sich auf der anderen Seite des Flusses. Dort steht ebenfalls eine Freitagsmoschee, aber es führt keine Brücke dorthin, und man verwendet statt dessen Kähne und Fähren zum Übersetzen. Es gibt mehr Wasserfahrzeuge in Misr als in Baghdad und Basra zusammen.

Die Bazarhändler von Misr geben genaue Auskunft zu allem, was sie verkaufen. Wenn einer einen Kunden betrügt, dann setzt man ihn auf ein

34 Einmal ist das Gewicht und einmal die Währungseinheit gemeint.

35 Die Insel ar-Rauda (Roda).

36 Gizeh.

Zangi, schwarzhäutiger Bewohner der Insel Sansibar (persisch: Zangibar).

Aus: »Nozhat ol-Qolub« von Hamdollah Mostoufi Qazvini, 17. Jh.
British Library, The Oriental and India Office, Add. 1371

Kamel, gibt ihm eine Glocke in die Hand, damit er durch die Stadt reitet, die Glocke läutet und laut ruft: »Ich habe die Unwahrheit gesagt und verdiene Schmach! Jeder, der betrügt, dessen Strafe soll die Schande sein!«

Im dortigen Bazar hüllen die Lebensmittelhändler, Drogisten und Krämer alles, was sie verkaufen, von sich aus in eine passende Verpakkung, sei diese nun aus Glas, aus Keramik oder aus Papier. Mit einem Wort, der Kunde braucht kein Behältnis mehr mitzubringen.

Lampenöl gewinnt man hier aus Rettich- und Rübsamen; es wird Zayt Harr genannt. Sesam gibt es wenig, doch sein Öl wird sehr geschätzt; Olivenöl ist billig. Die Pistazien sind teurer als Mandeln; zehn Man Mandelkerne kosten nicht mehr als einen Dinar.

Die Bazarhändler und Ladenbesitzer bewältigen die Strecken zwischen ihrem Haus und dem Bazar und zurück auf gesattelten Eseln. Überall stehen an den Gassenenden mehrere gesattelte aufgeputzte Esel. Wenn jemand möchte, so setzt er sich auf einen davon und zahlt eine geringe Leihgebühr. Angeblich beträgt die Anzahl der Tiere, die tagtäglich gesattelt bereit stehen und vermietet werden, 50 000 Stück.

Von den Militärpersonen und Soldaten abgesehen reitet sonst niemand auf Pferden umher, weder die Bazarkaufleute noch die Dörfler noch die Handwerker noch die angesehenen Herrschaften. Ich sah viele gescheckte Esel, die einem Pferd ähnelten, nur waren sie verträglicher.

Die Stadtbewohner waren zur Zeit meiner Anwesenheit über alle Maßen begütert. Im Jahre 439 (1047/1048) wurde dem Sultan ein Sohn geboren, woraufhin er die Menschen aufforderte, sich mit ihm zu freuen. Sie schmückten die Stadt und den Bazar derart, daß einer Beschreibung nur wenige Glauben schenken und vertrauen würden. Die Geschäfte der Stoffhändler und Geldwechsler und die anderer waren so voll mit Gold, Juwelen, Geldmünzen, Waren, golddurchwirktem Tuch und Qasab, daß es keinen Platz mehr zum Hinsetzen gab.

Alle sind sicher vor dem Sultan, und keiner lebt in Furcht vor Spionen und Denunzianten. Sie vertrauen dem Sultan, wissend, daß er niemanden ungerecht behandelt noch auf jemandes Besitz erpicht ist.

Ich sah die Reichtümer der dort ansässigen Menschen, deren Aufzählung und Beschreibung kein Mensch in Persien für wahr halten würde; ich sah mich nicht imstande, ein Ende und eine Grenze ihres Reichtums auszumachen.

Diese Ruhe, die ich an diesem Ort gefunden habe, erlebte ich an keinem anderen Ort.

Ich begegnete einem Christen, der zu den Reichen von Misr zählte und von dem man behauptete, daß seine Schiffe, sein Vermögen und sein

Grundbesitz unschätzbar seien. Soviel sei hier nur berichtet: In einem Jahr hatte das Nilwasser nicht die erwartete Höhe erreicht, und infolgedessen war das Getreide teuer geworden. Der Wazir des Sultans ließ diesen Christen rufen und sprach zu ihm: »Es ist kein gutes Jahr, und auf dem Herz des Sultans liegt aus Sorge um die Untertanen eine schwere Last. Wieviel Getreide kannst du liefern, sei es gegen Geld, sei es als Darlehen?« Der Christ erwiderte: »Dank des guten Geschickes des Sultans und des Wazir steht soviel Getreide bereit, daß ich Misr sechs Jahre lang mit Brot zu versorgen vermag.«

Zu der Zeit belief sich die Bevölkerungszahl von Misr wenigstens auf das Fünffache der Einwohnerschaft von Nishabur, und jedem, der etwas vom Rechnen versteht, wird es nun offenkundig sein, wie vermögend jemand sein muß, wenn er solch eine Menge an Getreide sein eigen nennt.

Wie sicher mußten sich doch die Untertanen gefühlt, und wie gerecht mußte doch der Sultan regiert haben, daß die Menschen ihre Tage in solch einem Zustand zu verbringen und soviel Vermögen anzuhäufen in der Lage waren! Denn der Sultan behandelte keinen ungerecht und übte auch sonst keinerlei Zwang aus; kein Untertan mußte etwas verstecken oder verheimlichen.

Ich besichtigte eine Karawanserei mit Namen Dar ul-Wazir[37], wo außer Qasab nichts anderes verkauft wurde. Im unteren Stockwerk saßen die Schneider und im oberen die Flicker. Ich fragte den Verwalter nach den Einnahmen der Karawanserei, woraufhin er mir antwortete: »Jedes Jahr sind es 20 000 maghribinische Dinare. Aber gerade ist eine Ecke davon eingestürzt und wird wieder aufgebaut. Dadurch nehmen wir monatlich nur noch um die 1000 Dinare ein, also 12 000 Dinare jährlich.«

Ich erfuhr, daß es in dieser Stadt keine größere Karawanserei gibt als diese. Insgesamt beläuft sich deren Zahl auf 200.

Beschreibung der Festtafel des Sultans

Dem Brauch gemäß richtet der Sultan jährlich zwei Festessen aus und gewährt den Privilegierten und dem einfachen Volk eine Audienz. Die Privilegierten werden in seiner Anwesenheit bewirtet, das einfache Volk in anderen Häusern.

Da ich bereits viel davon reden hörte, verlangte es mich, dies mit eigenen Augen zu sehen. Zufällig war ich mit einem Sekretär des Sultans

37 Haus des Wazir.

ins Gespräch gekommen, und es war eine freundschaftliche Beziehung entstanden.

Ich sagte zu ihm: »Ich habe bereits die Audienzsäle der Könige und Sultane von Persien gesehen, wie den von Sultan Mahmud ul-Ghaznavi und dessen Sohn Mas'ud[38]. Sie waren große Herrscher, die über viele Güter verfügten und Prunk schätzten. Jetzt möchte ich auch die Gesellschaft des Amir ul-Mu'minin sehen.«

Er redete daraufhin mit dem Kammerdiener, der Sahib us-Sitr[39] genannt wird, und am letzten Tag des Monats Ramadan, im Jahre 440 (8. März 1049), als für die Gesellschaft alles bereits hergerichtet war, damit der Sultan am folgenden Tag, an dem das Fest stattfinden sollte, vom Gebet hierherkommen und am festlich gedeckten Tisch sich niederlassen konnte, brachte man mich dorthin.

Als ich von einer Tür des Gebäudes zur nächsten ging, sah ich Anbauten, Estraden und Eyvane, deren Beschreibung das Buch in die Länge ziehen würde. Ich sah zwölf eng beieinander gebaute Schlösser, alle quadratisch, und jedes, das ich betrat, war schöner als das vorhergehende; alle maßen sie 100 auf 100 Arash. Nur eines davon war ein Gebäude mit den Maßen 60 auf 60 Arash, über dessen ganze Breite hin sich ein Thron erstreckte. Er war vier Gaz hoch, und drei seiner Seiten bestanden ganz aus Gold, worauf Jagdszenen, Arenen und andere Dinge gemalt waren, ferner fand sich eine Inschrift in Schönschrift.

All die Teppiche und Vorleger, die in diesem Haram lagen, waren aus Rumi-Brokat und Buqalamun. Sie waren sämtlich exakt nach den Maßen der ihnen zugedachten Stelle gewoben. Eine goldene Gitterbrüstung umsäumte den Thron, die unmöglich zu beschreiben ist, und auf seiner hinteren Seite, zur Wand hin, führte eine silberne Treppe hoch. Wollte man mit der Beschreibung dieses Thrones ein Buch von Anfang bis Ende füllen, so fände man dennoch nicht die rechten und angemessenen Worte.

Angeblich läßt der Sultan für die Festtafel 50 000 Man Zucker verwenden. Als Tafelschmuck sah ich einen Baum, dessen Zweige, Blätter und Früchte ganz aus Zucker gemacht waren und der aussah wie ein Orangenbaum. In seinen Zweigen hingen Figuren und Statuetten, alle aus Zucker.

Die Küche des Sultans liegt außerhalb des Schlosses. 50 Diener sind dort ständig zugange. Vom Schloß führt ein unterirdischer Weg zur Küche. Man war darauf eingerichtet, täglich 14 Kamelladungen Schnee zum

38 Mahmud von Ghazna (reg. 999-1030), Begründer eines großen Reiches mit dem Zentrum Ghazna; sein Sohn Mas'ud Ibn Mahmud al-Ghaznavi (reg. 1030-41) mußte vor den Saldjuqen zurückweichen.

39 Meister des Vorhangs.

Sultan Mahmud von Ghazna, der bekannteste Herrscher aus der Dynastie der Ghaznaviden.

Aus: »Shahname« von Ferdousi Tusi, 18. Jh.
Handschriftenabteilung der Universität Heidelberg, Cod. Trüb. 8

Getränkelager des Sultans zu transportieren. Von hier erhielten die Amire und Privilegierten ihre Rationen. Wenn die Stadtbewohner etwas für einen Kranken erbaten, bekamen sie ebenfalls ihren Teil. Genauso war es auch bei jedem Getränk und Medikament: Wurde es von jemandem in der Stadt benötigt, so erbat er es vom Haram, und er bekam es anstandslos. Auf die gleiche Art wurde mit den anderen Ölen wie Balsamöl und dergleichen verfahren. Wenn man nach den erwähnten Dingen fragte, so traf man auf kein Hindernis oder wurde gar mit einer Ausrede abgefertigt.

Die Charakterzüge des Sultans

Welch eines Maßes an Sicherheit und Ruhe sich die Bevölkerung von Misr gewiß sein durfte, zeigte sich darin, daß die Ladentüren der Stoffhändler, Geldwechsler und Juwelenhändler zu keiner Zeit verschlossen waren. Sie zogen lediglich ein Netz davor, und niemand wagte es, Hand daran zu legen.

Hier hatte auch ein jüdischer Juwelenhändler gelebt, der dem Sultan sehr nahegestanden hatte. Er war sehr vermögend gewesen, und alle hatten ihm beim Ankauf von Juwelen vertraut. Eines Tages hatten die Soldaten nun Hand an diesen Juden gelegt und ihn getötet. Nach vollbrachter Tat befiel sie indes die Furcht vor dem Zorn des Sultans, und so waren 20 000 Berittene zum zentralen Platz gezogen, wo sie die ebene Fläche ausgefüllt hatten. Die Stadtbewohner hatten sich sehr vor ihnen gefürchtet. Die Soldaten hatten bis zur Tagesmitte auf dem Platz ausgeharrt, bis ein Diener aus dem Palast herausgetreten, an dessen Tür stehengeblieben war und gesprochen hatte: »Der Sultan verlangt zu wissen, ob ihr nun gehorsam seid oder nicht.«

Sie hatten ihm mit einer Stimme entgegnet: »Wir sind seine Sklaven und ihm botmäßig, dennoch haben wir eine Verfehlung begangen.« Der Diener hatte erwidert: »Der Sultan befiehlt euch zurückzugehen!« Und sie kehrten um.

Der ermordete Jude hieß übrigens Abu Saʿid. Er hatte einen Sohn und einen Bruder, und es hieß, sein Vermögen könne nur Gott – Er ist erhaben – ermessen. Auf dem Dach seines Palastes soll er 300 silberne Tröge aufgestellt haben, worin er je einen Baum eingepflanzt hatte, so daß es wie ein Garten erschien, und alle Bäume trugen Früchte und gediehen.

Sein Bruder schrieb daraufhin ein Schreiben, das er an den Sultan schickte, worin er seine Bereitschaft erklärte, dem Schatzamt auf der Stelle 200 000 maghribinische Dinare zu übergeben, da er sich fürchtete. Der

Sultan ließ das Schreiben nach draußen bringen und in aller Öffentlichkeit zerreißen. Er sprach: »Ihr seid sicher, und nun geht zurück in eure Häuser! Weder hat es jemand auf euch abgesehen, noch bedürfen wir jemandes Vermögens!« Und damit besänftigte er er sie[40].

Wohin ich auch gelangte, die folgenden Ausgaben aller Moscheen, die in den Dörfern von Syrien bis nach Qayrawan standen, wurden sämtlich von einem Beauftragten des Sultans übernommen: Lampenöl, Gebetsmatten, Schilfmatten, Vorleger sowie die monatlichen Löhne und Gehälter der Verwalter, Diener, Gebetsrufer und anderer Bediensteter.

Eines Tages schrieb der Gouverneur von Sham: »Das Olivenöl ist knapp. Wenn es gestattet ist, liefern wir den Moscheen statt dessen Zayt Harr (also dieses Rettich- und Rübsamenöl).« Die Antwort lautete: »Du bist nur ein Befehlsempfänger und kein Wazir. Ich gestatte nicht, daß an dem, was zu einem Gotteshaus gehört, eine Abänderung vorgenommen oder nur Ersatz geliefert wird.«

Der Qadi al-Qudat hatte ein monatliches Einkommen von 2000 maghribinischen Dinaren. Jeder Qadi wurde seinem Rang gemäß entlohnt, damit es keinen nach dem Besitz eines anderen gelüstete und den Menschen kein Unrecht widerfuhr.

Es war Sitte, in der Mitte des Monats Radjab in den Moscheen folgende Verkündigung des Sultans zu verlesen: ›O Gemeinschaft der Gläubigen! Die Zeit der Hadjdj ist nahe und ebenso der Aufbruch des Sultans, entsprechend der üblichen Gepflogenheit mit Soldaten, Pferden und Kamelen sowie der üblichen Wegzehrung.‹ Im Monat Ramadan wurde der Aufruf nochmals wiederholt.

Anfangs des Monats Dhu-l-Qaᶜda brach der Zug des Sultans auf und ließ sich an einer bestimmten Stelle nieder. Nach der Hälfte des Monats Dhu-l-Qaᶜda zogen alle weiter. Die Ausgaben und die Kosten für den Proviant betrugen täglich 1000 maghribinische Dinare, nicht gerechnet das Gehalt derjenigen, die an der 25tägigen Reise nach Mekka teilnahmen, zehn Tage dort zubrachten und wiederum 25 Tage für die Heimreise benötigten, was pro Mann 20 Dinare ausmacht. Allein ihr Proviant für die zwei Monate kostete 60 000 Dinare, von sonstigen Verpflichtungen, Geschenken, Löhnen und den Kamelen, die dabei eingingen, einmal abgesehen.

Im Jahre 439 (1047) wurde dann folgender Aufruf des Sultans verlesen: ›Der Amir ul-Mu'minin läßt denen, die die Wallfahrt antreten wollen,

40 Der o.g. jüdische Händler war Abu Saᶜd at-Tustari, der ehemalige Besitzer der Sklavin, die die Mutter des Kalifen al-Mustansir wurde; sein Bruder hieß Abu Nasr Ibn Harun.

verkünden, daß es dieses Jahr nicht angeraten ist, die Reise in den Hidjaz anzutreten. Denn in diesem Jahr herrscht dort Not und Knappheit an Nahrung, und viele Menschen haben bereits den Tod gefunden. Ich sage dies aus Sorge um das Wohlergehen der Gläubigen.« Daraufhin blieben die Wallfahrer zu Hause, und der Sultan schickte nur das Tuch für die Kaʿba, wie es üblich war. Denn jedes Jahr schickte er zweimal im Jahr ein Tuch zur Kaʿba. Als er dieses Mal das Tuch schickte – über al-Qulzum –, da war ich mit dabei.

در مدینه

In Medina

Am ersten Tag des Monats Dhu-l-Qaʿda (18. April 1048) reiste ich aus Misr ab, und am achten Tag (25. April 1048) erreichten wir al-Qulzum. Von dort aus ging es mit dem Schiff weiter, und nach 15 Tagen legten wir in einer Stadt an, die al-Djar hieß. Das war am 22. Tag desselben Monats (9. Mai 1048). Von dort gelangten wir innerhalb von vier Tagen nach Madina Rasul Allah – Gott segne ihn und schenke ihm Erlösung.

Die Stadt Madina Rasul Allah – Friede sei mit ihm – liegt in der Wüste. Der Boden dort ist feucht und salzhaltig, aber es gibt nur wenig fließendes Wasser, dafür jedoch viele Dattelpalmenhaine. Zum Gebet muß man sich nach Süden hin verneigen. Die Moschee des Gesandten Gottes – Gottes Gnade und Friede sei mit ihm – ist etwa so groß wie die heilige Moschee in Mekka.

Die Grabstätte des Propheten befindet sich neben der Kanzel der Moschee. Wendet man das Gesicht in Richtung Mekka, so liegt sie linker Hand, und wenn der Prediger von der Kanzel aus den Namen des Propheten – Friede sei mit ihm – nennt und die Segensformel für ihn spricht, dann wendet er sich nach rechts hin und zeigt auf die Grabstätte. Dieses Gebäude ist fünfeckig, und seine Mauern füllen den Raum zwischen fünf Moscheepfeilern aus. Am Zugang des Gebäudes steht ein Gitter wie eine Einfriedung, so daß niemand es betreten kann. Über die Öffnung wurde ein Netz gezogen, damit auch kein Vogel hineinfliegt.

Der von einer Marmorbrüstung umgebene und zwischen dem Grabmal und der Kanzel wie ein Allerheiligstes liegende Raum wird ar-Rauda[1] genannt. Es heißt, dies sei einer der Gärten des Paradieses, da der Gesandte Gottes – Friede sei mit ihm – gesprochen hatte: »Zwischen meinem Grabmal und meiner Kanzel liegt einer der Paradiesgärten.« Die Schiiten

1 arab. für Garten, neben der Kaʿba einer der heiligsten Orte des Islam; in seiner Nähe darf nicht die Unwahrheit gesagt werden.

sind der Auffassung, daß an dieser Stelle Fatima az-Zahra[2] begraben ist. Die Moschee verfügt nur über einen Zugang.

Außerhalb der Stadt erstreckt sich nach Süden hin eine Ebene. Hier wurde ein Friedhof angelegt, auf dem sich das Grab des Amir ul-Mu'minin Hamza Ibn ʿAbd ul-Muttalib – möge Gott Wohlgefallen an ihm haben – befindet. Dieser Ort trägt den Namen Qubur ush-Shuhada'[3].

Wir verbrachten zwei Tage in Medina, und als die Zeit drängte, verließen wir die Stadt in Richtung Osten. Zwei Tagesetappen von Medina entfernt trafen wir auf ein Gebirge, das ganz von Schluchten durchzogen war, die wie Täler aussahen. Man nannte sie al-Djuhfa. Dort liegt das Miqat für al-Maghrib, Sham und al-Misr. Das Miqat ist die Stelle, wo die Pilger das Ihram[4] anlegen. Man erzählte mir, daß eines Tages Wallfahrer sich dort niedergelassen hatten, als plötzlich ein Wolkenbruch auf sie niederfuhr und sie umkamen. Aus diesem Grunde gab man dem Ort den Namen al-Djuhfa.

Die Entfernung zwischen Mekka und Medina beträgt 100 Farsange. Aber der Weg ist voller Steine, und so waren wir acht Tage unterwegs.

Am Sonntag, dem 6. Dhu-l-Hidjdja (23. Mai 1048), trafen wir in Mekka ein und ließen uns beim Bab us-Safa' nieder. In diesem Jahr waren in Mekka die Nahrungsmittel äußerst knapp, und für ein Man Brot mußte man einen Nishaburi-Dinar zahlen. Selbst die Mudjawir verließen Mekka, und von nirgendwoher trafen Wallfahrer ein.

Wir vollzogen mittwochs mit der Hilfe Gottes – Ihm sei Lob und Er ist erhaben – die Pilgerfahrt zum Berg ʿArafat. Während der zwei Tage, an denen wir in Mekka waren, verließen viele Menschen vor Hunger und Verzweiflung den Hidjaz und zerstreuten sich in alle Richtungen.

Dieses Mal gebe ich noch keine Schilderung von der Hadjdj und von Mekka. Ich werde dies nachholen, wenn ich von meinem nächsten Aufenthalt dort berichte, der sechs Monate umfaßte; dann werde ich alles, was ich sah, beschreiben.

Danach machte ich mich wieder auf nach Misr und kam nach 75 Tagen dort an. In jenem Jahr waren 35 000 Menschen aus dem Hidjaz nach al-Misr geflohen, und da sie alle Hunger litten und oftmals nicht mehr hatten als das, was sie auf dem Leib trugen, versorgte sie der Sultan mit Kleidung und zahlte ihnen Unterhalt für ein Jahr, bis wieder Regen fiel und die Erde des Hidjaz reichlich Nahrung hervorbrachte. Dann kleidete er nochmals

2 Tochter des Propheten, Frau von ʿAli; az-Zahra, die Leuchtende, ist ihr Ehrentitel.

3 Grabstätten der Märtyrer.

4 Miqat: Pilgersammelpunkt.
Ihram: Rituelles Pilgergewand, auch Bezeichnung für den Weihezustand.

Abbildung der Prophetenmoschee in Medina; in der linken oberen Ecke die Gräber des Propheten Mohammed und der ersten beiden Kalifen Abu Bakr und ʿUmar.

Aus: »Dala'il ul-khayrat wa shawariq ul-anwar« von Muhammad Sulayman Djazuli, 19. Jh. Handschriftenabteilung der Universität Heidelberg, Cod. Heid. Or. 488

die Menschen ihrem Rang entsprechend ein, verteilte Geschenke unter ihnen und schickte sie in den Hidjaz zurück.

Im Monat Radjab des Jahres 440 (Dezember 1048/ Januar 1049) ließ der Sultan ein weiteres Mal einen Aufruf vor dem Volk verlesen: ›Im Hidjaz ist eine Hungersnot ausgebrochen, und es ist nicht angeraten, die Wallfahrt zu unternehmen. Darum seid ihr davon freigesprochen! Und was Gott – Er ist erhaben – befohlen hat, soll ausgeführt werden.‹ So gingen die Pilger auch in diesem Jahr nicht auf die Wallfahrt. Seine Verpflichtung, nämlich die jährliche Gabe in den Hidjaz zu schicken, unterließ er selbstverständlich nicht und sandte das Tuch für die Kaʿba und das Doppelte dessen, was den Dienern, dem Gefolge und den Amiren von Mekka und Medina zustand (das Geschenk für den Amir von Mekka sowie sein Gehalt beliefen sich allein monatlich auf 3000 Dinare, hinzu kamen noch ein Pferd und ein Ehrenkleid).

In diesem Jahr legte er diese Verpflichtung in die Hände eines Mannes mit Namen Qadi ʿAbdullah, der Qadi in Sham gewesen war. Seine Gesellschaft wurde losgeschickt, und ich begleitete ihn auf dem Weg nach al-Qulzum. Dieses Mal ging das Schiff am 30. Dhu-l-Qaʿda (6. Mai 1049) in al-Djar vor Anker. Die Wallfahrt stand unmittelbar bevor – ein Kamel kostete fünf Dinare –, und darum beeilte ich mich.

Am 8. Dhu-l-Hidjdja (14. Mai 1049) betrat ich Mekka, und mit der Hilfe Gottes – Ihm sei Lob und Er ist erhaben – führte ich die Hadjdj durch.

Aus al-Maghrib war eine sehr große Karawane eingetroffen, und in jenem Jahr forderten die Araber von ihnen, als sie von der Hadjdj wieder hierher zurückgekommen waren, am Stadttor von al-Madinat ush-Sharifa[5] die Zahlung von Schutzgeld. Zwischen ihnen entbrannte ein Kampf, in dessen Verlauf mehr als 2000 Maghribiner getötet wurden, so daß viele von ihnen nicht mehr nach al-Maghrib zurückkehrten.

Während ebendieser Wallfahrt war auch eine Gruppe aus Khorasan über Sham und al-Misr und schließlich mit dem Schiff in Medina angelangt. Als sie am 6. Dhu-l-Hidjdja (12. Mai 1049) noch 104 Farsange vom Berg ʿArafat entfernt waren, verkündeten sie: »Wir geben demjenigen 40 Dinare, der uns innerhalb dieser drei Tage, die uns noch verbleiben, nach Mekka bringt, so daß wir noch an der Hadjdj teilnehmen können.«

Daraufhin kamen Araber, die vorgaben, sie binnen zweieinhalb Tagen zum Berg ʿArafat bringen zu können. Nachdem sie das Gold erhalten hatten, banden sie die Wallfahrer einzeln an Rennkamelen fest, ritten aus Medina hinaus und brachten sie zum Berg ʿArafat. Zwei von denen, die an

5 ›Die edle Stadt‹, Medina.

die Kamele gebunden waren, waren gestorben, und vier lebten noch, waren aber halbtot.

Beim Nachmittagsgebet, als wir bereits dort waren, trafen sie ein, und zwar in solch einem Zustand, daß sie sich kaum noch auf den Beinen zu halten vermochten. Sie waren auch nicht in der Lage, ein Wort zu reden. Später berichteten sie: »Unterwegs flehten wir die Araber an, daß das Gold, das wir ihnen gegeben hatten, in jedem Fall ihnen gehören soll. Sie sollten uns aber zurücklassen, da wir am Ende unserer Kräfte waren. Doch sie hörten nicht auf uns und trieben die Kamele weiter.«

Mit einem Wort, diese vier führten die Wallfahrt durch und machten sich anschließend wieder auf nach Sham.

Nachdem ich die Hadjdj vollzogen hatte, begab ich mich erneut nach Misr, da ich dort noch Bücher liegen hatte. Eigentlich hatte ich nicht die Absicht, noch einmal wiederzukommen.

بار دیگر در مصر

Wieder in Ägypten

Der Amir von Medina war in jenem Jahr nach Misr gereist, weil er als ein Abkömmling von Husayn Ibn ʿAli vom Sultan ein Gehalt erhielt – die Gnade Gottes sei mit ihnen beiden, das ihm dieser jedes Jahr überreichte. Ich war mit ihm zusammen auf dem Schiff nach al-Qulzum, von wo aus wir gemeinsam nach Misr reisten.

Im Jahre 441 (1049), als ich gerade in Misr weilte, wurde die Nachricht verbreitet, daß der Herrscher von Halab sich gegen den Sultan aufgelehnt hatte. Jener stand im Dienste des Sultans, wie sein Vater, einer der Herrscher von Halab, zuvor auch.

Der Sultan hatte nun einen Diener namens ʿUmdat ud-Daula[1], der der Amir der Mutalib war. Er war sehr reich und vermögend. Ein Mutalib ist übrigens einer, der in den Bergen von al-Misr nach vergrabenen Schätzen sucht. Die Menschen kommen dazu aus ganz al-Maghrib, aus den Ländern von al-Misr und Sham, plagen sich in diesen Bergen und steinigen Gegenden von al-Misr ab und müssen dabei noch mit allem haushalten. Einige unter ihnen finden sogar vergrabene Schätze. Andere wiederum haben nur hohe Ausgaben und finden nichts. Man sagt, daß an jenen Orten die Reichtümer des Pharao vergraben liegen. Findet einer dort etwas, so muß er dem Sultan den Khums[2] entrichten, der Rest gehört ihm.

Aber zurück zu dem, was ich eigentlich sagen wollte. Der Sultan hatte jenen Sklaven in besagte Provinz geschickt, und da er ihn sehr schätzte, stattete er ihn mit allem aus, was einem Herrscher gebührt: Säulenhalle, Prunkzelt und anderes mehr. Als er Halab erreichte, griff er die Stadt auch sogleich an, fand dabei aber den Tod. Sein Vermögen war so enorm, daß

1 Abu-l-Fadl Rifq versuchte zweimal vergeblich, Aleppo einzunehmen.

2 ›Der Fünfte‹, religiöse Abgabe, zu Lebzeiten des Propheten an dessen Familie gezahlt (vgl. Qoran Sura 8/Vers 41); nach dem Tod Muhammads abgeschafft, wird sie von den Schiiten indes weitergesammelt und kommt Geistlichen und bedürftigen Nachfahren Muhammads (Sayyid) zugute.

es zwei Monate in Anspruch nahm, bis seine Schätze nach und nach in die Schatzkammer des Sultans transportiert worden waren. Darunter befanden sich auch 300 Sklavinnen; die meisten waren sehr schön. Einige waren darunter, mit denen er das Lager geteilt hatte. Der Sultan ließ ihnen mitteilen, daß sie die Wahl hätten. Diejenigen, die einen Ehemann wünschten, wurden verheiratet, und denjenigen, die keinen wollten, wurde all das, was sie besaßen, überlassen; nichts wurde ihnen weggenommen, damit sie in ihrem Haus blieben. Keine von ihnen wurde zu etwas gezwungen.

Nach dem Tod des ʿUmdat ud-Daula in Halab fürchtete der Herrscher der Stadt, daß der Sultan ein Heer schicken mochte. Daraufhin sandte er seinen siebenjährigen Sohn zusammen mit seiner Frau und vielen Geschenken und Gaben an den Hof des Sultan und ließ ihn durch sie um Vergebung bitten. Nach ihrer Ankunft mußten sie fast zwei Monate lang außerhalb der Stadt lagern. Sie wurden nicht in die Stadt eingelassen, und ihre Geschenke wurden zurückgewiesen. Erst als die Imame und Qadis der Stadt Fürbitte beim Sultan einlegten und ihn baten, er möge ihnen doch Einlaß gewähren, schickte er sie mit Ehrenbezeugungen und einem Ehrenkleid wieder zurück[3].

Unter den vielen Dingen, die es dort gibt, sei noch eines erwähnt. Wenn einer die Absicht hat, in Misr einen Garten anzulegen, dann kann er dies zu jeder Jahreszeit tun. Denn jeder Baum, den er wünscht, ist jederzeit verfügbar und kann gepflanzt werden, ob er nun Früchte trägt oder nicht. Es leben hier Leute, die als Mittelsmänner tätig sind und die dich in dieser Hinsicht mit allem versorgen, was du dir nur wünschst. Dazu setzen sie die Bäume in Tröge und stellen diese auf die Dächer – viele ihrer Dächer sind eigentlich Gärten –, und die Mehrzahl der Bäume sind voll von Früchten wie Bitterorangen, Orangen, Granatäpfel, Äpfel, Quitten, Blumen, Gewürzen und Kräutern. Sofern es einer möchte, gehen die Lastenträger hin, befestigen diese Tröge an Hölzern und tragen die Bäume auf diese Art an jeden Ort, an dem man sie haben will. Wenn du es möchtest, dann graben sie ein Loch in den Boden und stellen die Tröge hinein. Jederzeit, wenn es gewünscht wird, graben sie die Bäume wieder aus. So holen sie sie wiederholt heraus, ohne daß den Bäumen selbst eine Gefahr droht.

Diese Einrichtung habe ich an keinem anderen Ort gesehen, noch habe ich je davon gehört. Ehrlich gesagt, hier ist es ziemlich angenehm.

3 Herrscher von Aleppo: Muʿizz ud-Daula Abu ʿUlwan Tamal (reg. 1042–1057 u. 1061–62); seine Frau war ʿAlawiya Sayyida.

Nun gebe ich eine Schilderung meiner Rückreise von Misr aus, über Mekka – möge Gott – Er ist erhaben – es vor Schaden bewahren – nach Hause.

In al-Qahira verrichtete ich noch das Festtagsgebet, bevor ich am Dienstag, dem 14. Dhu-l-Hidjdja im Jahre 441 (9. Mai 1050), in Misr an Bord eines Schiffes ging, das nach Saʿid ul-Aʿla in Richtung Süden ablegte. Es ist die Provinz, die der Nil durchquert, bevor er durch al-Misr strömt, die aber auch zu al-Misr gerechnet wird. Zum größten Teil stammt der Überfluß des Landes al-Misr aus dieser Region. Dort liegen an den beiden Ufern des Flusses viele Städte und Dörfer, deren Beschreibung sich hinziehen würde.

Wir erreichten schließlich die Stadt Asyut, wo Opium angebaut wird. Dabei handelt es sich um den Mohn, dessen Samen schwarz sind. Wenn er ausgewachsen und die Samenkapsel ausgereift ist, wird diese aufgebrochen, und etwas Ähnliches wie Saft rinnt daraus hervor. Er wird gesammelt und aufbewahrt – das ist das Opium. Der Mohnsamen ist ganz klein, ähnlich dem Kreuzkümmel.

In Asyut stellen sie aus Schafwolle Turbane her, die ihresgleichen nicht auf der Welt haben. Die feinen, Misri genannten Wollstoffe, die nach Persien gebracht werden, stammen alle aus Saʿid ul-Aʿla. Denn in al-Misr selbst werden keine Wollstoffe gewoben. In Asyut sah ich ein aus Schafwolle gefertigtes Lendentuch, das ich in vergleichbarer Qualität weder in Lahavur noch in Multan fand. Dem Aussehen nach hättest du es für Seide halten mögen.

Dann setzten wir unsere Reise bis nach Qus fort. Ich besichtigte dort riesige steinerne Bauwerke, deren Anblick jeden in Erstaunen versetzt. Qus ist eine große alte Stadt mit steinernen Befestigungen. Die Mehrzahl ihrer Gebäude war mit großen Steinblöcken, die zwischen 20 000 und 30 000 Man wogen, gebaut worden.

Noch verwunderlicher ist die Tatsache, daß es in einer Entfernung von zehn bis fünfzehn Farsangen von der Stadt weder Berge noch Felsen gibt. Von woher und wie hatte man sie also herangeschafft?

Danach gelangten wir zur Stadt Akhmim. Dies ist eine reiche, blühende Stadt mit vielen Einwohnern. Sie verfügt über eine solide Befestigungsanlage und ferner über viele Dattelpalmen und Gartenanlagen. Ich hielt mich hier 20 Tage lang auf, da es zwei Wege gab – der eine führte durch eine wasserlose Wüste und der andere entlang des Stroms – und wir unentschlossen waren, welchen wir einschlagen sollten.[4]

4 Der Text muß an dieser Stelle etwas durcheinandergeraten sein, da Qus südlicher liegt, als das in dem Bericht folgende Akhmim.

Letztlich nahmen wir den Weg am Wasser entlang, bis zur Stadt Aswan. Südlich von dieser Stadt erhebt sich ein Gebirge; aus einer seiner Schluchten strömt der Nil heraus. Ein Schiff kann hier nicht weiter flußaufwärts fahren, da das Wasser durch Engpässe hindurch und über riesige Felsen hinweg fließt.

Vier Farsange von dieser Stadt entfernt beginnt das Land Nuba. Die Bewohner dieser Region sind ausnahmslos Christen. Von alters her schickt der König jenes Landes dem Sultan von al-Misr Geschenke; es wurden Vereinbarungen und Abkommen getroffen, die verhindern sollen, daß ein Heer in jene Region einfällt und Schaden anrichtet[5]. Dieses Aswan ist so stark befestigt, daß es einem aus dem Land Nuba vorgetragenen Angriff ohne weiteres standzuhalten vermag. Ein Heer ist hier ständig zum Schutz der Stadt und des Landes stationiert.

Auf der Höhe der Stadt liegt mitten im Nil, wie ein einziger Garten, eine Insel[6]. Hier gedeihen Dattelpalmen, Olivenbäume sowie auch andere Baumarten. Man betreibt viel Landwirtschaft, und das dazu notwendige Wasser wird mittels Schöpfrädern gefördert. An diesem baumbestandenen Ort verweilte ich 21 Tage lang, da eine riesige Wüste vor uns lag und die Meeresküste noch 200 Farsange entfernt war. Außerdem war es die Zeit, da die Wallfahrer auf ihren Kamelen hierher zurückkehrten. Wir erwarteten sie, weil wir nach der Ankunft der Kamele diese mieten und selbst losziehen wollten.

Während meines Aufenthaltes in Aswan lernte ich einen Mann mit Namen Abu ʿAbdullah Muhammad Ibn Falidj kennen. Er war ein frommer und rechtschaffener Mann, der über einige Kenntnisse in Logik verfügte. Er half mir beim Anmieten der Kamele sowie bei der Auswahl der Reisegefährten und sonstigem. Ich mietete ein Kamel für eineinhalb Dinare und verließ Aswan am 5. Rabiʿ ul-Awwal des Jahres 542 (27. Juli 1050).

Nachdem ich acht Farsange in südöstlicher Richtung vorangekommen war, traf ich auf einen Rastplatz namens ad-Diqa. Es handelte sich um ein Tal in der Wüste, das zu beiden Seiten von Bergen, die an Mauern erinnerten, flankiert war. In seiner Mitte lag eine 100 Arash weite Öffnung, wo man einen Brunnen gegraben hatte. Er gab zwar große Mengen Wasser her, aber es schmeckte nicht besonders gut.

Hat man diesen Rastplatz hinter sich gebracht, so folgt fünf Tage lang nur Wüste, in der es keinerlei Wasser gibt. Jeder trug darum einen Schlauch voll Wasser mit sich.

5 Erwähnter Vertrag ist erstmals im Jahre 651 dokumentiert.

6 Elephantine.

Wir erreichten dann einen weiteren Rastplatz, der al-Haud hieß. In einem felsigen Berg befanden sich zwei Löcher, aus denen Wasser hervortrat und sich an gleicher Stelle in einer Grube ansammelte. Es war süß, doch um die Kamele zu tränken, mußte ein Mann in dieses Loch steigen und es hochhieven.

Danach bekamen die Kamele sieben Tage lang weder Wasser zu trinken, noch hatten sie Futter erhalten, da keins von beiden aufzutreiben war. Nachts und einmal am Tag, während der Zeit, in der die Sonne zu heiß herunterbrannte, bis zum Nachmittagsgebet, wurde eine Rast eingelegt. An den übrigen Tageszeiten wurde marschiert. Diese Rastplätze, an denen man sich ausruht, sind bekannt. Man kann sich ja nicht einfach irgendwo niederlassen, denn es findet sich nichts, womit man ein Feuer entfachen könnte. An diesen Stellen aber sammelt sich Kamelmist an, der dann als Brennmaterial zum Kochen dient. Die Kamele liefen so schnell, daß niemand sie anzutreiben brauchte, so als hätten sie gewußt, daß sie hätten eingehen müssen, wenn sie getrödelt hätten. Sie liefen aus eigenem Antrieb durch die Wüste, obgleich keine Spur eines Weges oder eines Zeichens zu erkennen war. Sie gingen voran, direkt nach Osten. Bis man zu einigen Stellen gelangte, wo es Wasser gab, mußte man zuvor erst 15 Farsange zurücklegen, und oft war es dann wenig und kaum genießbar. Manchmal mußte man gar eine 30 oder 40 Farsange lange wasserlose Strecke hinter sich bringen.

Schließlich erreichten wir am 20. Rabiʿ ul-Awwal (12. August 1050) die Stadt ʿAydhab. Von Aswan bis ʿAydhab waren wir 15 Tage lang unterwegs gewesen, eine Strecke von schätzungsweise 200 Farsangen. ʿAydhab liegt an der Meeresküste und besitzt eine Freitagsmoschee, die 500 Menschen faßt. Die Stadt gehörte noch zum Herrschaftsbereich des Sultans von al-Misr und beherbergt eine Zollstelle, an der die Schiffe aus Habasha, Zangibar und al-Yaman vor Anker gehen. Von hier ab werden dann die Waren auf Kamelen durch diese Wüste, die wir gerade durchquert hatten, nach Aswan weiterbefördert. Dann geht es auf Schiffen den Nil hinauf bis nach Misr.

Rechts von der Stadt, in Richtung Mekka, erhebt sich ein Berg, und hinter diesem Berg schließt sich eine riesige, von Grassteppen durchzogene Wüste an, die von vielen Menschen, den sogenannten Budjah[7], bevölkert ist. Diese Menschen haben weder einen Glauben noch eine

7 Viehzüchtende Nomadenstämme hamitischen Ursprungs, die das Gebiet zwischen dem Nil und dem Roten Meer südlich von Assuan bevölkerten; im 11. Jh. schweifte der Stamm der Hadarib durch die Umgegend von ʿAydhab. Ihr heutiger Lebensraum ist das Bilad ul-Budja (Budjaland) zwischen Port Sudan, Atbara und Eritrea.

Kamele.

Aus: »ʿAdjaʾib ul-Makhluqat« von Zakariya Ibn Muhammad Qazvini, 15. Jh. (?)
British Library, The Oriental and India Office, Or. 14140

Religion und vertrauen keinem Propheten oder Führer, da sie fern einer Ansiedlung und in einer Wüste leben, die mehr als 1000 Farsange lang und 300 Farsange breit ist.

In all dieser Weite gibt es nur zwei kleine Städtchen, eines heißt Bahr un-Naʿam und das andere ʿAydhab. Die Wüste dehnt sich der Länge nach, von Norden nach Süden, beginnend in al-Misr bis nach Habasa aus. In ihrer Breite, von Westen nach Osten, erstreckt sie sich von Nuba bis zum Meer von al-Qulzum.

Das Volk der Budjah, das diese Wüste bewohnt, bringt keine schlechten Menschen hervor. Sie begehen weder Raub noch Plünderung und kümmern sich sonst nur um ihr Vieh. Aber die Moslems und andere entführen ihre Kinder und schleppen sie in die islamischen Städte, wo sie sie verkaufen.

Das Meer von al-Qulzum ist eigentlich ein Meeresarm, der sich vom Weltmeer bei ʿAdan abzweigt und sich nach Norden hin erstreckt, bis dorthin, wo das Städtchen al-Qulzum liegt. Dieses Meer wird stets nach dem Ort benannt, der gerade an seinen Ufern liegt. Zum Beispiel heißt es an einer Stelle Bahr al-Qulzum, an einer anderen Bahr ul-ʿAydhab und an einer weiteren Bahr un-Naʿam. Angeblich gibt es über 300 Inseln in diesem Meer, von denen aus viele Schiffe ablegen, die mit Öl und Kashk beladen sind. Auf ihnen soll es viele Kühe und Schafe geben, und die sie bevölkernden Menschen sollen Moslems sein; einige der Inseln gehören zu al-Misr und einige zu al-Yaman.

In dem Städtchen ʿAydhab ist kein Brunnen- oder Quellwasser verfügbar, sondern nur Regenwasser. Wenn nun das Regenwasser manchmal knapp wird, dann bringen die Budjah Wasser und bieten es zum Kauf an. Während der drei Monate, die ich hier verbrachte, bezahlte ich für einen Schlauch Wasser einen Dirham, öfter sogar zwei Dirham. Ich blieb, weil wegen des Nordwindes kein Schiff auslief; der Wind mußte erst nach Süd drehen.

Jedesmal, wenn die Leute mich dort erblickten, forderten sie mich auf, ihnen zu predigen, und ich ließ mich auch nicht lange bitten. So predigte ich ihnen die ganze Zeit über, bis die rechte Jahreszeit gekommen war, die es den Schiffen möglich machte, nach Norden auszulaufen, und ich danach endlich nach al-Djidda reisen konnte.

Nirgendwo soll man edlere Kamele finden können als in dieser Wüste. Man bringt sie von hier nach al-Misr, in den Hidjaz und nach al-Yaman.

In ʿAydhab erzählte mir ein Mann, dessen Worten ich Glauben schenkte, folgendes: »Einst segelte ein Schiff von dieser Stadt aus in den Hidjaz. Es hatte Kamele geladen, die für den Amir von Mekka bestimmt waren. Ich befand mich auch an Bord dieses Schiffes. Als eines dieser Kamele einging, warfen die Leute es ins Meer. Sofort wurde es von einem Fisch verschlungen, und nur ein Bein des Kamels ragte noch ein Stück aus seinem Maul heraus. Da kam ein anderer Fisch herbei und schluckte jenen Fisch mitsamt dem Kamel hinunter, so daß keine Spur mehr von ihnen zu sehen war.« Er sagte noch, daß dieser Fisch al-Qirsh[8] genannt wird.

In derselben Stadt sah ich die Haut eines Fisches, die man in Khorasan Saghri nennt. In Khorasan hielten wir dies bislang für eine Art Krokodil, bis ich dort entdeckte, daß es sich dabei um einen Fisch handelt, da noch alle Flossen, die ein Fisch hat, vorhanden waren.

Bei meinem Aufenthalt in der Stadt Aswan wurde mir die Freundschaft eines Mannes zuteil, dessen Namen ich bereits an früherer Stelle erwähnte. Er hieß Abu ʿAbdullah Muhammad Ibn Falidj. Als ich nach ʿAydhab aufgebrochen war, hatte er mir einen Brief mit einer Vollmacht ausgehändigt, die an einen Freund gerichtet war, der in ʿAydhab lebte. Darin stand geschrieben, daß alles, was Naser wünsche, er diesem auch aushändigen solle. Anschließend solle er alles auf einem Stück Papier auflisten und zusammenrechnen.

Da ich mich drei Monate in ʿAydhab aufhielt und alles, was ich besaß, ausgegeben hatte, gab ich der Not gehorchend diesem Mann das Schreiben. Er zeigte sich großherzig und sagte: »Bei Gott! Er hat vieles bei mir gut. Was soll ich dir geben? Gib mir nur eine Quittung dafür!«

Ich staunte nicht schlecht über die Großzügigkeit dieses Muhammad Ibn Falidj, der, ohne mich näher zu kennen, mir soviel Gutes erwiesen hatte. Wäre ich nun ein rücksichtsloser Mensch gewesen, so hätte ich mich mittels dieses Schreibens an dem Besitz dieses Mannes bereichern können.

Kurz und gut, ich erhielt von diesem Mann 100 Man Mehl, und diese Menge war mehr als angemessen. Ich händigte ihm eine Quittung über diese Menge aus, die er dann nach Aswan schickte. Bevor ich noch ʿAydhab verlassen hatte, traf die Antwort von Muhammad Ibn Falidj ein, die lautete: ›Was soll das denn sein? Gib ihm alles, was er will und was mir gehört, und selbst wenn es dir gehören sollte, gib es ihm. Ich werde es dir ersetzen. Der Amir ul-Mu'minin ʿAli Ibn Abi Talib – die Gnade Gottes sei mit ihm – hat dereinst gesagt: »Der Gläubige ist nicht von Prunk umgeben und nutzt nicht die Gelegenheit aus.«‹

Ich schrieb diesen Abschnitt aus dem Grund nieder, damit die Leser erkennen, daß die Menschen einander vertrauen sollten und daß es überall Edelmut und Großherzigkeit gegeben hat und noch immer gibt.

8 arab. für Hai.

زيارت خانهٔ خدا

Die Mekka-Pilgerfahrt

al-Djidda ist eine große Stadt und verfügt zur See hin über starke Befestigungen. 5000 Menschen leben darin. Sie ist so gebaut, daß das Meer im Norden liegt, und sie besitzt schöne Bazare. Zum Gebet muß man sich in der Freitagsmoschee nach Osten hin verneigen. Außerhalb der Stadt steht kein weiteres Gebäude mehr, abgesehen von einer Moschee, die unter dem Namen Masdjid Rasul Allah[1] – Gottes Gnade und Friede seien mit ihm – bekannt ist. Die Stadt hat zwei Zugänge, einen im Osten nach Mekka hin und einen im Westen zur Meeresseite hin. Geht man von al-Djidda aus an der Küste entlang weiter nach Süden, kommt man nach al-Yaman zur Stadt Saʿda. Bis dorthin sind es 50 Farsange. Wendet man sich nach Norden, so gelangt man zur Stadt al-Djar, die zum Hidjaz gehört.

In al-Djidda gibt es weder Bäume noch kultiviertes Land. All das, was man benötigt, wird aus den umliegenden Dörfern geholt. Von al-Djidda bis Mekka sind es 12 Farsange.

Der Amir von al-Djidda war ein Sklave des Amirs von Mekka. Letzterer führte den Namen Tadj ul-Maʿali Ibn Abi-l-Futuh[2] und war gleichzeitig der Amir von Medina. Ich sprach bei dem Amir von al-Djidda vor, und dieser empfing mich sehr herzlich. Er erließ mir den Betrag an Gebühren, den ich eigentlich hätte entrichten müssen, und verlangte nichts. Damit ich das Tor unbehelligt passieren konnte, schrieb er mir sogar für Mekka einen Geleitbrief, in dem folgendes stand: ›Dies ist ein gelehrter Mann. Von ihm soll nichts verlangt werden!‹

Am Freitag, zur Zeit des Nachmittagsgebets, reisten wir von al-Djidda ab und erreichten am Samstag, dem letzten Tag des Monats Djumada-l-Akhira (18. November 1050), das Stadttor von Mekka.

1 Moschee des Gesandten Gottes.

2 Muhammad Shukr Ibn Abi-al-Futuh al-Hasan, reg. 1038-1061.

Abbildung der Heiligen Moschee von Mekka mit der Kaʿba in der oberen Mitte; rechts davon die halbkreisförmige Brüstung al-Hidjr.

Aus: »Dala'il ul-khayrat wa shawariq ul-anwar« von Muhammad Sulayman Djazuli, 19. Jh. Handschriftenabteilung der Universität Heidelberg, Cod. Heid. Or. 488

Aus den Gebieten von Hidjaz und al-Yaman waren viele Menschen am ersten Radjab zur ʿUmra[3] in Mekka eingetroffen. Dies ist eine allseits beliebte Zeit bei ihnen, ebenso wie der Monat Ramadan, und während der Hadjdj strömen sie dann nochmals herbei. Da ihr Weg kürzer ist und leicht zu bewältigen, kommen sie dreimal im Jahr hierher.

Beschreibung der Stadt Mekka – möge Gott – Er ist erhaben – sie heiligen

Die Stadt Mekka ist in den Bergen gebaut worden, und so ist sie, wenn man sich ihr nähert, gleich von welcher Seite man dies tut, nicht aus der Ferne zu sehen. Der höchste Berg in der näheren Umgebung Mekkas ist der Abu Qubays. Sein Gipfel ist so rund wie eine Kuppel, so daß ein an seinem Fuß abgeschossener Pfeil auf ihm liegenbleiben würde. Er liegt östlich der Stadt, und man kann von der Heiligen Moschee aus die Sonne über seinem Gipfel aufgehen sehen. Auf dem Gipfel steht eine Steinsäule, die Ibrahim – Friede sei mit ihm – aufgestellt haben soll.

Die Ebene, die sich inmitten der Berge erstreckt und auf der Mekka liegt, ist nicht größer als zwei auf zwei Pfeilschußweiten. In ihrer Mitte steht die Heilige Moschee, um die herum sich die Stadt mit ihren Gassen und Bazaren ausbreitet. Überall dort, wo ein Einschnitt in den Bergen den Zugang ermöglicht, hat man eine Sperrmauer mit einem Tor errichtet.

In der Stadt gibt es keine Bäume, außer am westlichen, Bab Ibrahim[4] genannten Zugang zur Heiligen Moschee; dort stehen an einem Brunnen einige hohe und mächtige Bäume.

Entlang der östlichen Seite der Heiligen Moschee zieht sich ein großer Bazar von Süden nach Norden hin. Am einen Ende dieses Bazars erhebt sich der Berg Abu Qubays, dessen Fuß den Ort Safa' bildet. Hier hat man breite Stufen angelegt und Steine so angeordnet, daß die Leute diese Schwellen betreten und dort beten können. Am anderen Ende des Bazars, im Norden, steht der Berg Marwa, der etwas niedriger ist. Auf ihm wurden viele Häuser gebaut, und er liegt inmitten der Stadt. Diesen Bazar durchläuft man nun von einem Ende zum anderen, und das ist, was man ›Safa'-und-Marwa-machen‹[5] nennt.

3 Die sog. kleine Pilgerfahrt oder Besuchswallfahrt, die jederzeit durchgeführt werden kann; auch Bezeichnung für den Teil der Hadjdj, der in der Stadt Mekka zu vollziehen ist.

4 Abrahamstor, auch Schneidertor genannt.

Will einer die ʿUmra durchführen und nähert sich dazu der Stadt von außerhalb, so stehen in einem halben Farsang von Mekka entfernt überall Säulen. Ferner hat man Moscheen errichtet, in denen man sich zur ʿUmra das Ihram anlegen kann. Mit ›Ihram anlegen‹ ist gemeint: alle genähte Kleidung, die man am Körper trägt, ablegen, sich ein weites Tuch um die Hüften binden, sich in ein weiteres Gewand oder einen Schleier hüllen und mit lauter Stimme ausrufen: ›Labbayka Allahumma labbayka‹[6] und dann auf Mekka zugehen.

Wenn indes einer sich bereits in Mekka befindet und die ʿUmra durchzuführen gedenkt, dann muß er wieder hinaus bis zu diesen Säulen gehen, dort das Ihram anlegen, das Labbayka sagen und Mekka wieder betreten, in der Absicht, die ʿUmra zu vollziehen.

Sobald er die Stadt betreten hat, sucht er die Heilige Moschee auf und geht auf die Kaʿba zu, die er nach rechts hin, so daß sie stets links von ihm liegt, umschreitet. Dann begibt er sich zu der Ecke, wo der Schwarze Stein angebracht ist, küßt diesen und geht an ihm vorbei. Er fährt mit dem Umschreiten auf die gleiche Art fort, gelangt abermals zum Stein und küßt ihn. Dies ist dann ein Tauf. Derart vollführt man sieben Tauf, dreimal schnellen Schrittes und viermal langsam. Sobald die Tawaf abgeschlossen ist, geht er zum Maqam Ibrahim – Friede sei mit ihm –, der sich gegenüber der Kaʿba befindet, stellt sich hinter diesen Platz, so daß dieser zwischen ihm und der Kaʿba liegt, und betet dort zwei Rakʿa. Dieses Gebet wird ›Gebet zur Tawaf‹ genannt. Anschließend geht er zum Zamzam-Brunnen und trinkt von dessen Wasser oder benetzt sich das Gesicht damit.[7]

Nun verläßt er die Heilige Moschee durch das Bab us-Safa', eines der Moscheetore, das direkt zum Berg Safa' führt. Er erklimmt die Schwellen dort, und mit dem Gesicht zur Kaʿba gewandt, spricht er ein besonderes Gebet. Sobald er zu Ende gekommen ist, steigt er wieder herab und geht den Bazar entlang auf Marwa zu – von Süden kommend nach Norden.

5 Der sog. as-Saʿy symbolisiert das verzweifelte Hin- und Herlaufen der Hagar mit ihrem Sohn Ismael auf ihrer Suche nach Wasser.

6 Das sog. Talbiya-Gebet:
»Hier bin ich, oh Gott! Hier bin ich. Du hast keinen Teilhaber, hier bin ich. Wahrlich, Ehre und Gnade sind Dein und das Reich. Du hast keinen Teilhaber, hier bin ich.«

7 Tauf: arab. für Umkreisung; der Pl. Tawaf ist der Terminus technicus für das siebenmalige rituelle Umschreiten der Kaʿba.
Maqam Ibrahim: Abrahamsplatz.
Zamzam: Die Überlieferung berichtet von dem wundersamen vom Erzengel Gabriel bewirkten Hervortreten der Quelle Zamzam, als Ismael, der Sohn Abrahams, mit seiner Mutter Hagar auf der Suche nach Wasser war.

Beim Durchqueren dieses Bazars geht er an den Toren der Heiligen Moschee vorbei. Diese Stelle, wo der Gesandte – Gottes Gnade und Friede seien mit ihm – den as-Saʿy vollzog und vorüberhastete und seine Begleiter ebenfalls zur Eile antrieb, ist 50 Schritte lang. Dieser Ort ist von vier Minaretten flankiert. Wenn die Leute vom Berg Safa' kommen und die ersten beiden Minarette erreichen, sollen sie die Strecke bis zu den beiden anderen Minaretten, die am hinteren Teil des Bazars stehen, im Laufschritt zurücklegen. Danach gehen sie gemessenen Schrittes weiter bis zum Berg Marwa. Dort angekommen, erklimmen sie die Schwellen, sprechen das dafür vorgesehene Gebet und kehren wieder um.

Dann betreten sie noch einmal denselben Bazar, bis sie viermal die Strecke von Safa' und Marwa und dreimal von Marwa bis Safa' zurückgelegt und so diesen Bazar insgesamt siebenmal durchmessen haben.

Wenn man von dem Berg Marwa herabgestiegen ist, trifft man auf einen Bazar, der aus 20 einander gegenüberliegenden Läden besteht – es sind dies ausnahmslos Barbierläden. Hier setzt man sich hin und läßt sich die Kopfhaare scheren.

Ist die ʿUmra abgeschlossen und hat man das heilige Gelände verlassen, dann betritt man jenen großen Bazar, der sich im Osten anschließt und den Namen Suq ul-ʿAttarin[8] trägt. Dort stehen einige schöne Gebäude, die sämtlich Apotheken beherbergen.

In Mekka gibt es zwei öffentliche Badehäuser, deren Böden mit den grünen Steinen gefliest sind, aus denen auch Wetzsteine angefertigt werden.

Meiner Schätzung nach hat Mekka nicht mehr als 2000 Einwohner. Die restlichen annähernd 500 Personen, sind Fremde und Mudjawir. Damals waren gerade die Nahrungsmittel äußerst knapp, und 16 Man Weizen kosteten einen maghribinischen Dinar. Einige Menschen zogen daraufhin von hier weg.

In Mekka hatten einst Häuser für die Bewohner einer jeden Stadt der Länder Khorasan, Ma wara' an-Nahr, ʿIraq und anderer mehr bereitgestanden. Doch sind diese heute zumeist eingestürzt und nur noch Ruinen. Die Kalifen von Baghdad haben hier viele schöne Gebäude und Bauwerke errichten lassen. Zur Zeit unseres Aufenthaltes waren diese aber teilweise zusammengefallen, oder sie hatten den Besitzer gewechselt.

Das Wasser sämtlicher Brunnen Mekkas ist salzig und so bitter, daß es ungenießbar ist. Doch hat man viele große Zisternen und Masaniʿ gebaut. Der Bau eines solchen Wasserspeichers hat 10 000 Dinare gekostet. Früher

8 Drogistenmarkt.

Die Strecke zwischen den hier abgebildeten Hügeln Safa' und Marwa bei Mekka wird von den Mekka-Pilgern im Gedenken an die nach Wasser suchende Hagar siebenmal durchmessen.

Aus: »Fotuh ul-Haramayn« von Lari, 17. Jh.
British Library, The Oriental and India Office, Or. 11533

sammelten sie das aus den Tälern herabfließende Regenwasser, aber während unseres Aufenthaltes dort waren sie leer. Ein ehemaliger Amir von ʿAdan, der Pesar-e-Shad Del genannt wurde, ließ unterirdisch Wasser nach Mekka leiten, wozu er viel Geld bereitgestellt hatte. Damit war man dann imstande, am Berg ʿArafat Felder anzulegen und Land zu kultivieren, nachdem man es zuvor gestaut und Gärten gehegt hatte. Doch da nur wenig Wasser auf Mekka selbst zugeflossen und letztlich nichts davon bis in die Stadt gekommen war, hatte man eine Zisterne gebaut, die das Wasser aufsammelte, und von wo aus es dann von Wasserträgern in die Stadt gebracht und verkauft wurde.[9]

Auf dem Weg nach Barqa trifft man nach einem halben Farsang auf einen Brunnen, Bi'r uz-Zahid[10] genannt, wo eine schöne Moschee steht. Das Brunnenwasser ist süß, und Wasserträger tranportieren es nach Mekka und bieten es zum Kauf an.

Das örtliche Klima ist sehr warm, und am Ende des Monats Bahman nach der alten Zeitrechnung (Ende Januar) fand ich hier Gurken, Zitronatzitronen sowie frische Auberginen. Dieser Aufenthalt war mein vierter in Mekka, und der Tag meiner Ankunft war der erste Tag des Monats Radjab im Jahre 442 (19. November 1050). Ich blieb bis zum 20. Dhu-l-Hidjdja (5. Mai 1051). Am 15. Tag des alten Monats Farvardin (19. März 1051) waren die Weintrauben reif geworden und wurden in die Stadt gebracht, wo man sie im Bazar anbot. Am ersten Ordibehesht (4. April 1051) waren zahlreiche Melonen bereits erntereif, und im Winter sind sogar alle örtlichen Obstsorten erhältlich. Die Bazare sind also zu keiner Jahreszeit leer.

Beschreibung der Länder al-ʿArab und al-Yaman

Geht man von Mekka aus nach Süden, so betritt man nach einer Tagesetappe das Land al-Yaman, das bis hin zur Meeresküste alle sich anschließenden Gebiete umfaßt. Die Länder Hidjaz und al-Yaman grenzen aneinander, und in beiden wird Arabisch gesprochen. Die Eigenbezeichnung von al-Yaman ist al-Himyar[11], die des Hidjaz al-ʿArab.

Drei Seiten dieser beiden Länder grenzen ans Meer, und so hat das gesamte Gebiet Ähnlichkeit mit einer Insel. An der östlichen Seite liegt das

9 Sohn des Shad Del (pers. für ›frohen Herzens‹): nicht belegt, vielleicht korrupt. Der Kalif al-Muʿawiya ließ ein Wasserleitungssystem anlegen, das von Zubayda, der Frau Harun ur-Rashids, ausgebaut wurde (vgl. Hurgronje S.6-10).

10 Asketenbrunnen.

11 Dynastie, die ab den 3./4.Jh. über ganz Südarabien herrscht.

Meer von Basra, an der westlichen das Meer von al-Qulzum – ich habe bereits weiter oben darauf hingewiesen, daß es sich hierbei um einen Meeresarm handelt – und im Süden das Weltmeer. Die Länge dieser Insel, die sich aus dem Hidjaz und al-Yaman zusammensetzt und die sich von Kufa im Norden bis ʿAdan im Süden erstreckt, beläuft sich auf 500 Farsange. Die Breite, von Osten nach Westen, also von al-ʿUman bis al-Djar, nimmt eine Strecke von 400 Farsangen ein. Das Land al-ʿArab umfaßt das zwischen Kufa und Mekka liegende Gebiet und das Land al-Himyar das zwischen Mekka und ʿAdan liegende.

al-ʿArab ist dünn besiedelt, und Wüsten- und Steppenbewohner, die Reit- und Lasttiere sowie Kleinvieh ihr eigen nennen und in Zelten leben, bilden seine Bevölkerung.

al-Himyar besteht aus drei Teilgebieten. Das erste wird at-Tihama genannt und bezeichnet die Küstenlandschaft, die entlang des Meeres von al-Qulzum im Westen liegt. Hier in der Wüste gibt es viele Städte und Ansiedlungen, wie as-Saʿda, az-Zabid, Sanʿa und andere mehr, über die einst von Habasha abhängige Sklaven herrschten. Einer davon war jener Pesar-e-Shad Del. Das zweite Teilgebiet von al-Himyar bildet ein Gebirge, das den Namen an-Nadjd trägt. Darin gibt es von Dämonen bewohnte Orte, kalte Landschaften, enge Pässe und mächtige Festungen. Das dritte Teilgebiet umfaßt den Osten mit seinen vielen Städten, wie Nadjran, al-ʿAthr, al-Bisha und anderen mehr. Dieses letzte Teilgebiet ist in mehrere Bezirke unterteilt, von denen jeder seinen eigenen König oder Führer hat und wo kein Sultan oder absoluter Herrscher anerkannt wird. Die Menschen sind äußerst halsstarrig und zumeist Räuber, blutrünstige Gesellen und Wegelagerer. Das Gebiet mißt 200 auf 150 Farsange und ist die Heimstatt vieler unterschiedlicher Völker.

Das Schloß Ghumdan steht in al-Yaman in einer Stadt mit Namen Sanʿa. Die Überreste dieses Schlosses haben heute die Form eines in der Mitte der Stadt sich erhebenden Hügels angenommen. Man erzählt sich, daß der Herr dieses Schlosses einst über die ganze Welt geherrscht hatte und daß in diesem Hügel viele Schätze und Reichtümer vergraben sind, an die jedoch keiner Hand anzulegen wagt, sei er nun Sultan oder Untertan.[12]

In Sanʿa bearbeitet man Karneol. Dies ist ein Stein, den man aus dem Berggestein heraushaut. Er wird, in Sand eingebettet, auf eine Pfanne gelegt und über einem Feuer erhitzt. Dann läßt man ihn, noch vom Sand umhüllt, ausglühen und schleift ihn anschließend mit einem Rad. Ich sah

12 Die Existenz dieser Burg ist nicht gesichert nachweisbar; sie soll um 635 bei Kämpfen mit den Persern zerstört worden sein.

in Misr ein Schwert, das dem Sultan aus al-Yaman gebracht worden war und dessen Griff und Parierstange aus einem einzigen Stück roten Karneols gefertigt war, der wie ein Rubin aussah.

Beschreibung der Heiligen Moschee und der Kaʿba

Wir wiesen bereits darauf hin, daß die Kaʿba sich im Zentrum der Heiligen Moschee erhebt, die wiederum den Mittelpunkt von Mekka darstellt. Die Längsseiten verlaufen von Osten nach Westen und ihre Querseiten von Norden nach Süden. Aber die Mauern der Moschee verlaufen nicht regelmäßig. Ihre Ecken sind vielmehr abgerundet, so daß sie eher kreisförmig wirkt.

Wenn man in der Moschee betet, so muß man sich aus allen Richtungen der Kaʿba zuwenden. Die längere Seite der Moschee, vom Bab Ibrahim – Friede sei mit ihm – bis zum Bab Bani Hashim, mißt 424 Arash. Ihre Breite, vom Bab un-Nadwa im Norden bis zum Bab us-Safa' im Süden, beträgt an der längeren Seite 304 Arash. Aufgrund ihrer Rundheit erscheint sie an einer Stelle schmäler und an einer anderen breiter.[13] Um d e Moschee ziehen sich drei Arkadenreihen hin, die von einem Dach überspannt sind, das gestützt wird von Marmorsäulen. Der innere Teil des Gebäudes bildet ein Viereck. Die Längsseite des Zentralteils wird zum Moscheehof hin von 45 Bögen überspannt und in der Breite von 23. Insgesamt stehen hier 184 Marmorsäulen. Diese Säulen sollen die Kalifen von Baghdad über Sham und das Meer hierhergeschickt haben. Man sagt, als diese Säulen in Mekka eingetroffen waren, seien die Stricke, mit denen sie in den Schiffen und auf den Karren festgebunden waren, in Stücke geschnitten und für die Gesamtsumme von 60 000 maghribinischen Dinaren verkauft worden. Unter diesen Säulen ist eine – beim Bab un-Nadwa –, die aus rotem Marmor bestehen soll. Angeblich hat man ihr Gewicht mit der entsprechenden Menge Dinare aufgewogen. Nach meiner Schätzung wog sie 3000 Man.

Die Heilige Moschee verfügt über 18 Zugänge. Alle sind von Bögen überspannt, die auf Marmorpfeilern ruhen. Allerdings hat keiner der Zugänge eine Tür, womit man diesen verschließen könnte.

An der östlichen Seite der Heiligen Moschee liegen vier Zugänge. An der Ostecke findet sich das Bab un-Nabi mit drei geschlossenen Bögen; an

13 Tor der Banu Hashim (mekkanische Sippe, der Muhammad angehörte), Tor des Rates (auch Bab uz-Ziyada, Überflußtor genannt), Safa'-Tor.

derselben Mauer, an der Südecke, ist noch ein Tor, das ebenfalls Bab un-Nabi genannt wird. Die beiden Tore liegen mehr als 100 Arash voneinander entfernt. Das letztere verfügt über zwei Bögen, und wenn du durch dieses Tor hinausgehst, kommst du in den Suq ul-ʿAttarin. In jenem Viertel hat einst das Haus des Gesandten – Friede sei mit ihm – gestanden; er betrat stets die Moschee zum Gebet durch diese Tür. Gehst du an diesem Tor vorbei, so triffst du noch an derselben Ostmauer auf das Bab Ali – Friede sei mit ihm. Es ist dieses Tor, durch das der Amir ul-Mu'minin ʿAli die Moschee zum Gebet zu betreten pflegte. Dieser Zugang ist von drei Bögen gekrönt.[14]

Gehst du weiter, so steht an der Ecke der Moschee ein weiteres Minarett. Es markiert das eine Ende des as-Saʿy, die Strecke, die man von jenem Minarett aus, das beim Bab Bani Hashim steht, bis zu dieser Stelle durcheilen muß. Dieses Minarett zählt zu den bereits erwähnten vier Minaretten.

An der Südmauer, die eine Längsseite der Moschee bildet, gibt es sieben Tore. Das erste liegt an der Ecke, die man wie einen Halbkreis konstruiert hat. Es trägt den Namen Bab ud-Daqqaqin und hat zwei Bögen. Wenn du ein paar Schritte weiter nach Westen gehst, kommt ein weiteres Tor, das Bab ul-Fasanin und anschließend das Bab us-Safa', das fünf Bögen besitzt, von denen der mittlere Bogen größer ist als die beiden, die diesen zu beiden Seiten flankieren. Der Gesandte Gottes – Friede sei mit ihm – pflegte die Heilige Moschee durch dieses Tor zu verlassen, um zum Berg Safa' zu gehen, wo er dann betete.[15] Die Schwelle des mittleren Bogens ist aus einem großen weißen Stein gemacht. Es hatte einst einen schwarzen Stein gegeben, auf den der Gesandte – Friede und die Gnade Gottes seien mit ihm – seinen gesegneten Fuß gesetzt hatte und der den Abdruck seines – Friede sei mit ihm – gesegneten Fußes bewahrt hat. Diesen Fußabdruck hatte man aus dem schwarzen Stein herausgemeißelt und in den weißen Stein eingesetzt, in der Art jedoch, daß nun die Zehenspitzen ins Innere der Moschee hineinragen. Manche Pilger berühren diesen Abdruck aufgrund seiner segnenden Kraft mit ihrem Gesicht, andere mit dem Fuß. Ich berührte den Abdruck mit meinem Gesicht.

Ein paar Schritte weiter vom Bab us-Safa' liegt das Bab us-Satwi mit seinen zwei Bögen. Noch ein Stück weiter folgt das Bab ut-Tammarin,

14 ʿAli-Tor, vermutlich das heutige Bab Bani Hashim; die drei weiteren Tore der Ostseite heißen heute: Bab us-Salam (Friedenstor), Bab un-Nabi (Prophetentor) und Bab ul-ʿAbbas (Tor des ʿAbbas).

15 Bab ud-Daqqaqin (Mehlhändlertor) heute Bab uz-Zayt (Öltor), Bab ul-Fasanin (?) heute das Bab ul-Baghla (Tor der Eselin).

gekrönt von zwei Bögen. Geht man an ihm vorbei, so folgt das Bab ul-Muʿamil, ebenfalls mit zwei Bögen. Gegenüber diesem Tor steht das Haus von Abu Djahl, das heute eine öffentliche Toilette ist. An der Westmauer der Moschee, also an der Querseite, befinden sich drei Tore. Das erste, das Bab ul-ʿUrwa, ist an der Südecke und hat zwei Bögen. In der Mitte dieser Seite ist noch das Bab Ibrahim – Friede sei mit ihm – mit seinen drei Bögen.[16]

Die Nordmauer, die die andere Längsseite darstellt, hat vier Zugänge. An der Westecke ist das Bab ul-Wasit mit einem Bogen. Gehst du weiter in Richtung Osten, dann erscheint das Bab ul-ʿIdjla, ebenfalls mit einem Bogen. Passierst du dieses, folgt in der Mitte der Nordseite das Bab un-Nadwa mit seinen zwei Bögen. Danach kommt das Bab ul-Mushawara mit einem Bogen und an der Nordostecke das Bab Bani Shayba.[17]

Die Kaʿba liegt im Zentrum des Moscheehofes und ist von rechteckiger Form; ihre Längsseiten liegen auf der Nordsüdachse und die Querseiten auf der Ostwestachse. Sie ist 30 Arash lang und 16 Arash breit. Die Tür des Gebäudes zeigt nach Osten. Beim Betreten des Gebäudes liegt die ar-Rukn ul-ʿIraqi zur Rechten und der Schwarze Stein zur Linken; die südwestliche Ecke wird ar-Rukn ul-Yamani und die nordwestliche ar-Rukn ush-Shami genannt.[18]

Der Schwarze Stein wurde an der Mauerecke in einen anderen großen Stein eingesetzt und so angebracht, daß er bei einem aufrecht stehenden Mann sich etwa in Höhe von dessen Brust befindet. Der Schwarze Stein ist eine Hand und vier Finger hoch und acht Finger breit. Seine Form ist rund. Vom Schwarzen Stein bis zur Tür des Gebäudes sind es vier Arash.

Die Stelle, die etwa in der Mitte zwischen dem Schwarzen Stein und der Tür der Kaʿba liegt, wird al-Multazim[19] genannt. Die Tür ist vier Arash

16 Bab us-Satwi (?) heute Bab ur-Rahma (Tor der Barmherzigkeit); Bab ut-Tammarin (Dattelverkäufertor): auch Bab ul-Djiyad (Name eines Hügels) und al-Bab ush-sharif (ehrenwertes Tor); Bab ul-Muʿamil (Händlertor) auch Bab Zulaykha und Bab ul-Qutna (Tor der Baumwollflocke); hier fehlt Bab Umm Hani (Tochter Abu Talibs).
Abu Djahl: ʿAmr Ibn Hisham Ibn Mughirat al-Makhzumi, reicher und angesehener Kaufmann, der den Islam nicht annehmen wollte, daher sein Spottname Abu Djahl, Vater der Dummheit (gest. 624).
Bab ul-ʿUrwa: vermutlich korrupt für Bab ul-ʿUmra, vormals Bab ʿAmr Ibn ul-ʿAs; hier fehlt das Bab ul-Widaʿ (Abschiedstor).

17 Bab ul-Wasit (Tor der Mitte) auch Bab ul-ʿatiq (altes Tor); Bab ul-ʿIdjla (Tor des Kalbes) auch Bab ul-Basitiya (Name einer Madrasa); Bab ul-Mushawara (Tor der Beratung), später Bab Kutubi; Bab Bani Shayba (Sippe der Shayba) heute Bab ud-Durayba (Tor der kleinen Gasse).

18 Irak-Ecke, Jemen-Ecke, Syrien-Ecke.

über dem Boden angebracht, also etwa so hoch, daß ein ausgewachsener Mann eben die Schwelle noch zu berühren vermag. Man hat eine Holzleiter gebaut, die bei Bedarf an die Tür gelehnt wird, damit die Menschen hochklettern und das Gebäude auch betreten können. Sie ist so breit, daß sie zehn Menschen nebeneinander erklimmen und wieder herabsteigen können. Der Boden der Kaʿba liegt über der Erde – die Höhe wurde bereits genannt.

Beschreibung der Tür der Kaʿba

Die Tür ist aus Teakholz gefertigt und besteht aus zwei Flügeln. Ihre Höhe beträgt sechseinhalb Arash, die Breite eines Flügels eindreiviertel Gaz. Demnach sind beide Flügel zusammen dreieinhalb Gaz breit. Die Türvorderseite und auch die Fußleiste sind verziert mit Silberintarsien in Form von Kreisen, sowie mit eingeschnitzten Inschriften. Die Schriftzeichen sind aus Gold und gebranntem Silber. Der folgende Qoranvers steht in seiner ganzen Länge dort geschrieben: ›Das erste Gotteshaus, das den Menschen aufgestellt worden ist, ist dasjenige in Bakka...‹ und so fort bis zum Ende.[20] Zwei große silberne Türklopfer, die einst aus Ghaznin gesandt worden waren, sind an den beiden Flügeln in einer solchen Höhe befestigt, daß keiner sie erreichen kann. Zwei weitere kleinere, silberne Türklopfer wurden dahingegen in einer von jedermann erreichbaren Höhe an den Flügeln angebracht. Ein großes Schloß aus Silber wurde durch diese Türklopfer gezogen, um die Tür zu verschließen; solange dieses Schloß nicht entfernt wird, läßt sich die Tür nicht öffnen.

Beschreibung des Innenraumes der Kaʿba

Die Breite der Wand, das heißt ihre Dicke, beträgt sechs Spannen. Der Boden des Gebäudes ist mit Marmorfliesen ausgelegt, die sämtlich weiß sind. In dem Gebäude befinden sich drei kleine Podeste, ähnlich wie Plattformen. Eines liegt gegenüber der Tür, und zwei liegen an der

19 Hier soll Muhammad sich mit seinen Gefährten ausgesprochen haben, als diese an seiner Prophetie zweifelten; die Gläubigen können hier Vergebung für ihre Sünden erflehen.

20 Sura 3/Vers 96; mit Bakka ist Mekka gemeint. Der Vers endet: ›..., zum Segen und zur Rechtleitung für die Menschen in aller Welt.‹

Nordseite. Die Pfeiler, die im Innern stehen und das Dach stützen, sind alle aus Teakholz und viereckig zugeschnitten, abgesehen von einem, der rund ist.

An der Nordseite ist ein längliches Stück roten Marmors zu sehen, das als Fliese den Boden bedeckt. Hier soll der Gesandte – die Gnade Gottes und Friede sei mit ihm – gebetet haben, und jeder, dem dies bekannt ist, ist darauf aus, ebenfalls an dieser Stelle sein Gebet zu verrichten.

Alle Mauern der Kaʿba sind mit Marmortafeln von verschiedenster Farbe verkleidet. An der Westseite hat man sechs Gebetsnischen aus Silber mit Nägeln an der Wand festgemacht. Sie sind etwa mannshoch und prachtvoll mit Gold- und Nielloeinlegearbeiten verziert. Man hat sie etwas über dem Boden angebracht. Die Gebäudemauern sind bis in eine Höhe von vier Arash über der Erde einfach gehalten; darüber bestehen sie alle aus Marmor, bis zum Dach hinauf sind sie über und über mit Einlege- und Schnitzarbeiten bedeckt. Die meisten Teile sind mit Gold überzogen.

Von jenen drei Podesten, die ich bereits erwähnt habe, liegt das eine in der ar-Rukn ul-ʿIraqi, das andere in der ar-Rukn ush-Shami und das letzte in der ar-Rukn ul-Yamani. In jeder Ecke sind zwei Holzstücke mit Silbernägeln an der Wand befestigt worden, die vom Schiff des Nuh[21] – Friede sei mit ihm – stammen. Jedes Holzstück ist fünf Gaz lang und ein Gaz breit. An dem Podest hinter dem Schwarzen Stein hängt ein rotes Brokattuch.

Tritt man durch die Tür der Kaʿba, so kann man rechter Hand in der Ecke des Gebäudes etwas wie ein Viereck erkennen, das drei auf drei Gaz mißt. Darin befindet sich eine Treppe, über die man zum Dach hochsteigen kann. Eine silberne Tür, das Bab ur-Rahma[22], ermöglicht über eine Stufe den Zutritt; sie ist mit einem silbernen Schloß versehen. Wenn du zum Dach hochsteigst, mußt du noch durch eine weitere Tür hindurch, die wie eine Dachtür aufgeklappt wird. Beide Oberflächen dieser Tür sind mit Silber überzogen, und das Dach der Kaʿba ist mit Holz verkleidet, das wiederum mit Brokat bezogen wurde, so daß das Holz nicht mehr zu sehen ist.

Oberhalb der Balken sind an den Fassaden der Mauern goldene Schriftbänder befestigt. Auf ihnen steht der Name des Sultans von al-Misr, der Mekka eingenommen und es den Händen der Kalifen der Banu ʿAbbas entrissen hatte; es war dies al-ʿAziz li Dinillah gewesen.[23]

21 Gemeint ist die Arche Noah.

22 Tor der Barmherzigkeit, auch Bab ut-Tauba (Tor der Reue) genannt.

23 Einen Fatimidenkalifen dieses Namens gab es nicht; entweder al-ʿAziz bi Allah (reg. 975-996) oder al-Muʿizz li Dinillah (969-975).

Es existieren noch vier weitere große Silbertafeln, die einander gegenüber an den Gebäudemauern mit silbernen Nägeln angebracht worden sind; auf jeder steht der Name eines der Sultane von al-Misr, die jeweils während ihrer Regierungszeit eine dieser Tafeln geschickt hatten.

Zwischen den Säulen hängen drei Silberleuchter. Der hintere Teil ist mit Marmor aus al-Yaman verkleidet, der wie Kristall aussieht. Die Kaʿba hat an jeder der vier Ecken eine Öffnung, in die Glasscheiben eingesetzt worden sind, so daß zwar Licht eindringen kann, der Regen aber abgehalten wird. Der Wasserspeier[24] befindet sich in der Mitte der Nordseite. Er ist drei Gaz lang und von einem Ende zum anderen in Gold beschriftet.

Das Tuch, womit das Gebäude bedeckt war, war weiß[25], und an zwei Stellen war eine Zierborte von einem Gaz Breite aufgestickt. Der Abstand zwischen den beiden Zierborten betrug etwa zehn Gaz, und nach unten und oben hin waren es schätzungsweise ebensoviel, so daß die Höhe des Bauwerkes, mit den beiden Zierborten in der Mitte, sich aus drei Teilen zusammensetzte, von denen jeder etwa zehn Gaz hoch war. Jede der vier Tuchseiten war mit bunten Gebetsnischen bestickt, deren Umrisse mit Goldfäden angedeutet waren. Auf jeder Mauer sind so drei Gebetsnischen: eine große in der Mitte, eingerahmt von zwei kleinen; insgesamt also zwölf Stück.

An der Nordseite, außerhalb der Kaʿba, steht eine Mauer von eineinhalb Gaz Höhe. Die beiden Enden dieser Mauer, die halbkreisförmig gewölbt ist, stoßen auf die Ecken der Kaʿba. Von der Mitte der Mauer aus gemessen beträgt der Abstand zur Kaʿba 15 Gaz. Die Mauer und der Boden bestehen an dieser Stelle aus buntem, von Adern durchzogenen Marmor. Dieser Ort wird al-Hidjr genannt. Das Wasser aus dem Wasserspeier tropft auf dieses al-Hidjr herab. Direkt unter dem Wasserspeier liegt eine grüne Steinplatte, in Form einer Gebetsnische, worauf das Wasser fällt. Dieser Stein ist so groß, daß ein Mensch darauf sein Gebet zu verrichten vermag.[26]

Der Maqam Ibrahim – Friede sei mit ihm – liegt östlich der Kaʿba. Er ist aus einem einzigen Stein gemacht, in dem sich zwei Abdrücke von

24 Mizab ur-Rahma, Wasserspeier der Barmherzigkeit.

25 Unter den ʿAbbasiden war die Farbe des Tuches (Kiswa) schwarz (heute unter den Wahhabiten ebenso), unter den Fatimiden weiß, jeweils nach der Farbe der Heeresbanner.

26 Der al-Hadjar ul-akhdar (Grüner Stein) bedeckt der Überlieferung zufolge das Grab Ismaels und seiner Mutter; die den al-Hidjr umgebende Mauer heißt al-Hatim (die Zerbrochene).

Ibrahims Füßen abzeichnen. Diesen Stein hat man in einen anderen eingesetzt und dann mit einem viereckigen Holzgerüst von der Größe eines Mannes umrahmt. Es ist eine wunderschöne Arbeit, besetzt mit silbernen Schlössern. Der Rahmen ist an beiden Seiten mit Ketten an gewaltigen Steinen festgemacht und außerdem mit zwei Schlössern versehen, damit niemand Hand an ihn legen kann. Der Abstand zwischen dem Maqam und der Kaʿba beträgt 30 Arash.

Der Zamzam-Brunnen

Der Zamzam-Brunnen liegt von der Kaʿba aus gesehen im Osten, das ist an der Ecke, an welcher der Schwarze Stein eingesetzt ist. 46 Arash sind es vom Zamzam-Brunnen bis zur Kaʿba. Der Brunnen hat einen Durchmesser von dreieinhalb Arash. Sein Wasser ist salzig, aber trinkbar. Der Brunnenrand ist von einer zwei Arash hohen Brüstung aus weißen Marmorsteinen umschlossen.

An den vier Seiten des Zamzam-Gebäudes stehen Becken, in die man Brunnenwasser gefüllt hat. Hier verrichten die Leute die rituelle Waschung. Der Boden des Zamzam-Gebäudes besteht aus gitterartig angeordneten Holzbalken, damit das vergossene Wasser auch abzulaufen vermag. Die Tür des Gebäudes ist an dessen Ostseite.

Gegenüber diesem Zamzam-Gebäude, im Osten also, steht ein weiteres quadratisches, von einer Kuppel überragtes Bauwerk, das Siqayat ul-Hadjdj[27]. In seinem Innern befinden sich Fässer, woraus die Pilger Wasser trinken können.

Weiter im Osten dieses Siqayat ul-Hadjdj folgt noch ein längliches, von drei Kuppeln gekröntes Gebäude. Man nennt es Khizanat uz-Zayt[28]. In dessen Innern befinden sich Kerzen, Öl und Leuchter. Rund um die Kaʿba herum hat man Pfosten aufgestellt, die jeweils durch auf ihnen liegende Holzbalken miteinander verbunden sind. Diese sind verziert mit Schnitz- und Einlegearbeiten, und an ihnen hängen Ringe und Haken, woran des Nachts Kerzen, Lampen und Leuchter befestigt werden, die Mashaʿil genannt werden. Der Abstand zwischen der Mauer der Kaʿba und den erwähnten Mashaʿil beträgt 150 Gaz. Dies ist der Ort, wo die Tawaf

27 ›Amt für die Wasserversorgung der Pilger‹; die Wasserverteilung lag anfangs in den Händen der Banu ʿAbbas, später bildete sich eine eigene Zunft, die der Zamzami, heraus.

28 Ort zur Aufbewahrung des Öls.

vollzogen wird. Insgesamt beläuft sich die Anzahl der Gebäude, die sich auf dem Hof der Heiligen Moschee erheben, die verehrte Kaʿba ausgenommen – möge Gott – Er ist erhaben – sie heiligen, auf drei Stück[29]: Das eine ist das Zamzam-Gebäude, das zweite das Siqayat ul-Hadjdj und das dritte das Khizanat uz-Zayt.

Unter dem überdachten Teil der Moschee, der sich rund um diese herum zieht, stehen Kisten an den Mauern. Eine für jede Stadt der Länder von al-Maghrib, al-Misr, Sham, Rum, ʿIraqayn, Khorasan, Ma wara' an-Nahr und so weiter.

Vier Farsange von Mekka entfernt im Norden liegt ein Bezirk, der den Namen Barqa trägt. Dort residiert der Amir von Mekka, der über ein Heer gebietet. Der Bezirk, in dem es fließendes Wasser und Bäume gibt, umfaßt eine Fläche von zwei auf zwei Farsangen.

Ich weilte in diesem Jahr von Beginn des Monats Radjab an in Mekka. Es ist hier Brauch, während jedes Tages im Radjab die Tür der Kaʿba zu öffnen, sobald die Sonne aufgegangen ist.

Schilderung der Öffnung der Tür der Kaʿba – möge Gott – Er ist erhaben – sie heiligen.

Der Schlüssel der Kaʿba wird von einer Sippe von Arabern verwahrt, die den Namen Banu Shayba[30] trägt; sie versehen des weiteren diverse Dienste im Gebäude. Vom Sultan von al-Misr erhalten sie ein monatliches Gehalt sowie ein Ehrenkleid. Der Schlüssel ist in den Händen ihres Oberhauptes. Zur Kaʿba begleiten ihn noch fünf, sechs andere. Wenn sie dort eintreffen, treten zehn aus den Reihen der anwesenden Pilger hinzu, ergreifen die bereits beschriebene Leiter, schleppen sie heran und stellen sie unter die Tür. Der Pir[31] steigt nun hoch, verharrt aber auf der Schwelle. Zwei weitere Männer kommen nun hinzu und ziehen das Tuch und den Brokat

29 Heute stehen hier noch mehr Gebäude: Kanzel, al-Maqam ul-Hanbali, al-Maqam ul-Maliki und al-Maqam ul-Hanafi; das im Text beschriebene Gebäude am Zamzam-Brunnen existiert heute nicht mehr, es wurde 1661 neu erbaut.

30 Untergruppe der Quraysh, seit ihrer Beteiligung am Wiederaufbau der Kaʿba blieb der Schlüssel in ihren Händen. Es existiert noch eine Legende, wonach das Haus einer alten Frau (= shayba) an dieser Stelle gestanden haben soll, als Abraham die Kaʿba bauen wollte. Unter der Bedingung, daß sie und ihre Nachkommen die Schlüssel verwahren durften, stimmte sie dem Abriß ihres Hauses zu.

31 Pers. für ›der Alte‹, eine Ehrenbezeichung, Synonym zu arab. Shaykh; das Oberhaupt der Banu Shayba wurde auch az-Zaʿim (Führer) genannt.

an der Tür beiseite. Dabei ergreift einer der beiden ein Ende und der zweite das andere, so daß es aussieht, als würde ein Schleier über den Pir fallen, der die Tür öffnet. Dann schließt er das Schloß auf, zieht es aus den Türklopfern heraus, während die Menge der Pilger vor der Tür der Kaʿba ausharrt. Sobald die Tür offen ist, erheben sie die Hände zum Gebet und beten. Jeder, der sich in Mekka aufhält und die Stimmen der Pilger hört, weiß nun, daß die Tür des Heiligtums offensteht. Alle beten jetzt laut und zur selben Zeit, so daß ein gewaltiges Murmeln die Stadt beherrscht.

Anschließend betritt der Pir das Gebäude. Währenddessen halten die beiden Männer wie zuvor das Tuch. Er betet zwei Rakʿa, tritt wieder heraus und öffnet beide Flügel der Tür. Danach verharrt er wiederum auf der Schwelle, hält mit lauter Stimme eine Predigt und erfleht den Segen Gottes über Seinen Gesandten – die Gnade Gottes und Friede seien mit ihm – und über die Ahl ul-Bayt[32].

Nun stellen sich der Pir und seine Gefährten seitlich der Tür auf, und die Pilger beginnen hereinzuströmen. Sie gehen durch die Tür der Kaʿba, beten zwei Rakʿa und kommen wieder heraus. Sie beten, bis daß der Mittag anbricht, indem sie sich zur Tür hin verneigen. Es sind aber auch alle anderen Richtungen zulässig.

Als das Gebäude voller Menschen und kein Platz für weitere mehr gewesen war, zählte ich sie. Es waren 720 Personen.

Wenn die Leute von al-Yaman sich zur Wallfahrt begeben, so wickelt sich das gemeine Volk ein Hüfttuch um, so wie es auch die Inder tun. Ihr Haar tragen sie offen, und sie haben die Bärte geflochten. Jeder hat sich, nach Art der Inder, mit einem Qatifi-Dolch gegürtet. Man sagt, daß die Inder ursprünglich aus al-Yaman stammten, und ihre Bezeichnung für Dolch, Katara, ist vom arabischen Qattala abgeleitet.[33]

In der Mitte der Monate Shaʿban, Ramadan und Shawwal wird jeweils an den Montagen, Donnerstagen und Freitagen die Tür der Kaʿba geöffnet. Mit Beginn des Monats Dhu-l-Qaʿda bleibt die Kaʿba verschlossen.

32 ›Leute des Hauses‹, die Prophetenfamilie.

33 arab. Qattala bedeutet die Mörderische.

Die Säulen des Teufels (Djamarat ul-ᶜAqaba) im Tal Mina bei Mekka, die von den Gläubigen zur Zeit der Pilgerfahrt mit kleinen Steinchen beworfen werden im Gedenken an die Versuchung Abrahams durch den Teufel; in der Mitte die al-Khayf Moschee, unter der einer Überlieferung zufolge Adam begraben liegen soll.

Aus: »Fotuh ul-Haramayn« von Lari, 17. Jh.
British Library, The Oriental and India Office, Or. 36533

Vier Farsange nördlich von Mekka befindet sich ein Ort, der al-Djiʿrana[34] heißt. al-Mustafa – Gott segne ihn und schenke ihm Erlösung – hatte dort einst mit einem Heer sein Lager aufgeschlagen. Am 16. Dhu-l-Qacʿda hatte er an diesem Ort das Ihram angelegt und war nach Mekka gegangen, um die ʿUmra durchzuführen.

Hier gibt es zwei Brunnen. Der eine wird Bi'r ur-Rasul genannt und der andere Bi'r ʿAli Ibn Abi Talib[35] – möge Gottes Gnade mit ihnen beiden sein. Beide Brunnen führen ganz süßes Wasser; sie liegen zehn Gaz auseinander.

Die Tradition, die ʿUmra zu dieser Zeit durchzuführen, wird beibehalten.

In der Nähe dieser Brunnen liegt ein Felsbrocken, in dem sich einige Vertiefungen in Napfgröße abzeichnen. Man sagt, der Prophet – Gottes Gnade und Friede sei mit ihm – habe mit seinen eigenen Händen in einer davon Teig geknetet. Die Menschen, die diesen Ort aufsuchen, bereiten in diesen Vertiefungen mit dem Wasser aus den Brunnen Teig zu. Sie holen ihr Brennholz von den vielen an eben diesem Ort stehenden Bäumen und backen Brot, das sie als segenbringend mit in ihr Land zurückbringen.

Hier liegt noch ein großer Felsbrocken, von dem herab Bilal al-Habashi[36] zum Gebet gerufen haben soll.

Zur Zeit meines Besuches herrschte hier große Aufregung, da mehr als 1000 Kamele mit ihren Sänften eingetroffen waren. Ganz zu schweigen von den anderen Leuten, die noch angekommen waren.

Von al-Misr sind bis Mekka, auf dem Weg, den ich dieses Mal eingeschlagen hatte, 300 Farsange zurückzulegen, und von Mekka bis al-Yaman sind es 12 Farsange.

Die Ebene von ʿArafat erstreckt sich zwischen mehreren kleinen hügelähnlichen Bergen. Sie nimmt eine Fläche von zwei auf zwei Farsangen ein. In dieser Ebene hatte vormals eine Moschee gestanden, die Ibrahim – Friede sei mit ihm – erbaut hatte. Zur Stunde sind hier lediglich die Überreste einer aus Ziegeln bestehenden Kanzel zu sehen. Wenn die Zeit zum Gebet naht, dann steigt der Prediger auf diese und hält seine

34 Hier verteilte der Prophet die Beute, die bei der Schlacht von al-Hunayn (630) gegen die Stämme der Hawazin und Thaqif gemacht wurde.

35 Brunnen des Gesandten, Brunnen ʿAli Ibn Abi Talibs (der vierte Rechtgeleitete Kalif).

36 Bilal Ibn Rabah (gest. um 640), der erste Muezzin (arab. Mu'adhdhin, ›der zum Gebet ruft‹), ein abessinischer Sklave, der von Muhammad die Freiheit erhielt.

Predigt. Dann ruft er zum Gebet, und gemeinsam werden zwei Rakʿa nach Art der Reisenden gebetet. Jetzt ist die Zeit, da alle ein Qamat[37] sprechen und zwei weitere Rakʿa beten. Dann besteigt der Prediger sein Kamel, und alle reiten in östlicher Richtung davon. Nach einem Farsang treffen sie auf einen kleinen mit Steinen übersäten Berg, den Djabal ur-Rahma[38]. Hier verweilen sie und beten bis zum Sonnenuntergang.

Pesar-e-Shad Del, der einstige Amir von ʿAdan, hatte Wasser von weit her an diesen Ort geleitet und dafür enorme Ausgaben getätigt. Das Wasser wurde dann von diesem Berg geholt und in die ʿArafat-Ebene befördert, wo man Zisternen gebaut hatte, die zur Zeit der Hadjdj alle gefüllt waren, damit die Pilger auch mit Wasser versorgt waren. Ebendieser Shad Del hatte auf dem Gipfel des Djabal ur-Rahma ein großes vierflächiges Kuppelbauwerk errichten lassen, auf dessen Kuppel während der ʿArafat-Zeremonie Tag und Nacht brennende Lampen und Kerzen aufgestellt waren, deren Licht noch aus zwei Farsangen Entfernung sichtbar war. Es heißt, erst nachdem der Amir von Mekka von ihm 1000 Dinare bekommen habe, habe er ihm die Genehmigung erteilt, dieses Bauwerk zu errichten.

Am 9. Dhu-l-Hidjdja des Jahres 442 (24. April 1051) führte ich mit der Hilfe Gottes – Ihm sei Lob und Er ist erhaben – meine vierte Hadjdj durch. Zum Sonnenuntergang kehren die Pilger und der Prediger von der ʿArafat-Zeremonie zurück und wenden sich nach etwa einem Farsang dem al-Mashʿar ul-Haram zu, dem sogenannten Ort al-Muzdalifa, wo sich ein einer Maqsura ähnelndes Bauwerk erhebt, an dem die Leute ihr Gebet verrichten und die Steine, die sie bei der Teufelssteinigung in Mina[39] werfen, aufsammeln. Der Brauch ist wie folgt: Sie verbringen jene Nacht, die Nacht des Opferfestes, an diesem Ort und beten beim Anbruch des Morgens. Bei Sonnenaufgang machen sich die Wallfahrer nach Mina auf und bringen dort ihre Opfer dar. An diesem Ort steht eine große Moschee,

37 Gebetseröffnung, wobei die Hände gehoben und mehrfach ›Allahu Akbar‹ gesprochen wird.

38 ›Berg der Barmherzigkeit‹; hier soll Muhammad kurz vor seinem Tod am 8. Juni 632 das letzte Mal gepredigt haben.

39 al-Muzdalifa: Tal bei Mekka, wo am Abend des 9. Dhu-l-Hidjdja die Pilger die Steinchen (49 oder 70) zur Teufelssteinigung sammeln.
Mashʿar ul-Haram: Heiliger Kultort.
Mina: Tal und Stadt bei Mekka; hier werden am 10. Dhu-l-Hidjdja die Steinstelen mit Steinchen beworfen, da an dieser Stelle der Teufel Abraham in Versuchung geführt haben soll, wobei dieser fast seinen Sohn Isaak geopfert hätte.
Hier finden auch die Tieropfer zum Andenken an diesen Vorfall statt.

al-Khayf[40] genannt. An jenem Tag ist es in Mina nicht üblich, die Predigt und das Gebet abzuhalten. Denn al-Mustafa – Gott segne ihn und schenke ihm Erlösung – hat angeordnet, dies zu unterlassen.

Am 10. Dhu-l-Hidjdja sind alle in Mina versammelt und werfen die Steine, so wie es in den Büchern, die die Pilgerfahrtrituale schildern, steht. Am zwölften Tag des Monats kehrt jeder, je nachdem, was er beabsichtigt, entweder nach Hause zurück, oder er geht nach Mekka.

40 Unter dieser Moschee soll Adam begraben sein.

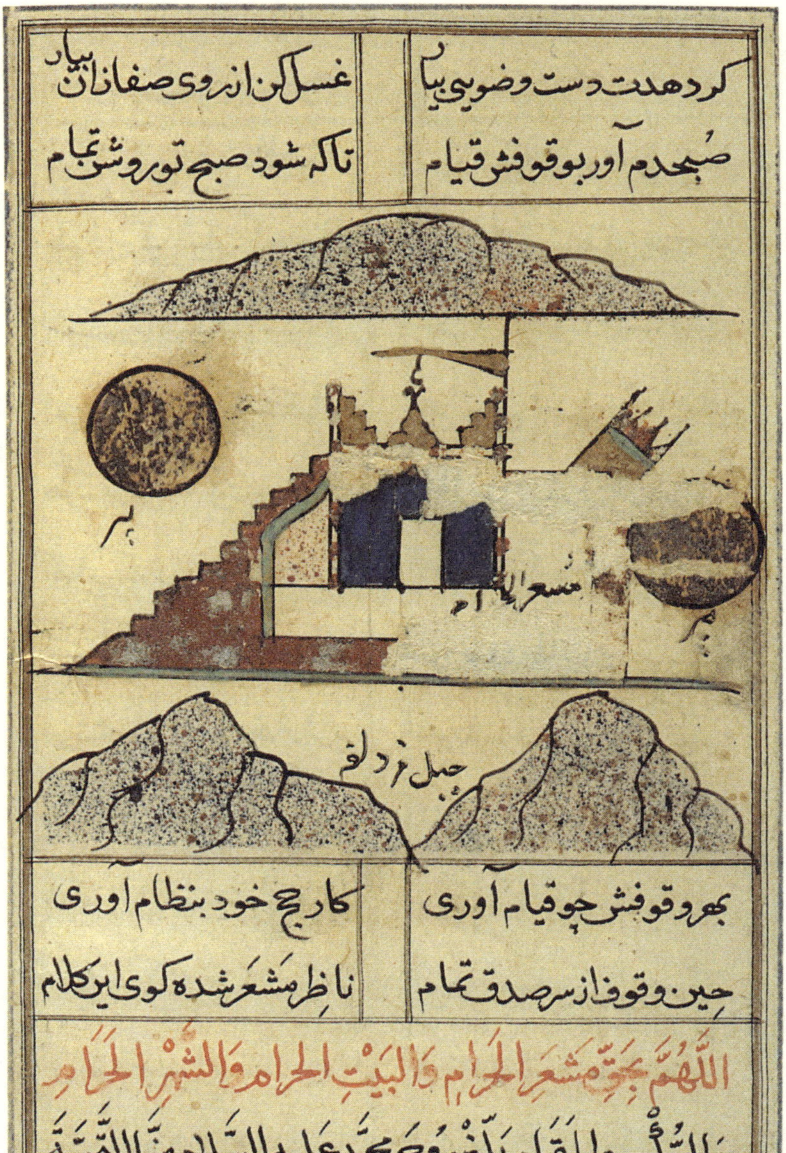

Die Pilgerstation (Mashʿar ul-Haram) im Muzdalifa-Tal östlich von Mekka; hier sammeln die Pilger die Steinchen für die Teufelssteinigung.

Aus: »Fotuh ul-Haramayn« von Lari, 17. Jh.
British Library, The Oriental and India Office, Or. 36533

بازگشت از عربستان

Auf dem Rückweg durch Arabien

Schließlich gelang es mir, von einem Araber ein Kamel zu mieten, das mich bis Lahsa bringen sollte. Man sagte mir, daß es von Mekka bis zu dieser Ortschaft eine dreizehntägige Reise sei.

Also nahm ich am Freitag, dem 20. Dhu-l-Hidjdja des Jahres 442, entsprechend dem 1. Khordad der alten Zeitrechnung (4. Mai 1051), Abschied vom Haus Gottes – Er ist erhaben.

In einer Entfernung von sieben Farsangen von Mekka traf ich auf eine Wiese, von wo aus ich Ausblick auf ein Gebirge hatte. Nachdem wir dieses Gebirge durchquert hatten, zogen wir durch eine Ebene mit Dörfern und einem Brunnen, der Bi'r ul-Husayn Ibn Salama[1] hieß. Das Wetter wurde kälter, und unser Weg führte nach Osten. Wir erreichten at-Ta'if am 22. Dhu-l-Hidjdja (7. Mai 1051). Die Entfernung von Mekka bis at-Ta'if beläuft sich auf 12 Farsange.

Mit at-Ta'if wird ein Bezirk bezeichnet, der sich über einen Höhenzug erstreckt. Im Monat Khordad (Mai) war es dort noch so kühl, daß es angebracht war, sich in die Sonne zu setzen. Währenddessen gab es in Mekka bereits reichlich Melonen. Was die Ortschaft at-Ta'if angeht, so handelt es sich um ein Städtchen, das über starke Befestigungen verfügt, einen winzigen Bazar, eine kleine Freitagsmoschee, fließendes Wasser sowie viele Granatapfel- und Feigenbäume. ʿAbdullah Ibn ʿAbbas[2] – möge Gott Wohlgefallen an ihm haben – liegt hier begraben. Die Kalifen von Baghdad haben eine gewaltige Moschee erbaut, und sein Grabmal füllt

1 Abu ʿAbdullah Husayn Ibn Salama, nubischer Sklave und Gouverneur von at-Tihama (gest. 1036).

2 ʿAbdullah Ibn ul-ʿAbbas (gest. 687/688), Vetter des Propheten mit dem Beinamen al-Bahr (Meer).

darin die Ecke rechts von der Gebetsnische und der Kanzel aus. An diesem Ort haben die Leute Häuser gebaut und sich niedergelassen.

Wir verließen at-Ta'if und kamen an ein von Steinabstürzen zerklüftetes Gebirge. Überall standen kleine Festungen und Weiler. Man machte mich auf eine kleine, in Ruinen liegende Festung mitten zwischen den Steinabstürzen aufmerksam, von der die Araber behaupteten, sie sei das Haus von Layla gewesen, deren wunderbare Erzählung ja allseits bekannt ist.[3]

Daraufhin erreichten wir eine Festung, die Mutar genannt wurde. Von at-Ta'if bis hierher waren es 12 Farsange. Von dort aus gelangten wir in einen Bezirk mit Namen ath-Thurayya. Hier standen viele Dattelpalmenhaine; die Anpflanzungen wurden mit Brunnenwasser bewässert, das mittels Schöpfrädern hochbefördert wurde. In diesem Bezirk soll es weder Herrscher noch Sultan geben. Jedem Ort steht ein Oberhaupt oder ein eigenbrötlerischer Ältester vor. Das räuberische, blutrünstige Gesindel bekämpft sich Tag für Tag gegenseitig und lebt in stetiger Feindschaft.

Die Entfernung von at-Ta'if bis zu diesem Ort beträgt 25 Farsange. Wir gingen an einer Festung namens Djazʿ vorüber. Innerhalb einer Strecke von einem halben Farsang passierten wir vier Festungen. In der größten, Hisn Bani Nasir genannt, stiegen wir ab. Hier wuchsen einige wenige Dattelpalmen. Das Haus des Mannes, der uns das Kamel zur Verfügung gestellt hatte, befand sich in diesem Djazʿ. Hier blieb ich 15 Tage lang, da kein Khafir aufzutreiben war, der uns die Weiterreise ermöglichte. Jeder der ortsansässigen Araberstämme nennt nämlich ein Weidegebiet sein eigen, das kein Fremdling so ohne weiteres betreten darf. Sie ergreifen jeden, der ohne Khafir daherkommt, und berauben ihn seiner Kleidung. So hat jeder Stamm in seinen Reihen einen Khafir, der einem zur Grenzüberschreitung verhilft. Ein Khafir ist also einer, der einem Geleitschutz bietet, man kann ihn demnach mit einem – wie wir ihn nennen – Qalavoz[4] gleichsetzen.

Zufällig hatte der Anführer einiger Araber vom Stamm der Banu Sawad den gleichen Weg eingeschlagen wie wir. Als er Djazʿ verließ, nahmen wir ihn als Khafir. Er hieß Abu Ghanim ʿAbs Ibn ul-Baʿir.

Mit ihm zusammen machten wir uns also auf den Weg. Als wir unterwegs auf eine Schar, die zu einem anderen Stamm gehörte, stießen,

3 ›Layla und Madjnun‹, alte arabische Erzählung, erzählt von der tragischen Liebe zwischen Layla und Qays Ibn ul-Mulawwah, der darüber den Verstand verliert (arab. madjnun = verrückt). Die Geschichte findet noch heute großen Widerhall und wurde vielfach bearbeitet (u. a. Nezami), zuletzt auch in einem Theaterstück (Ahmad Shauqi).

4 Pers./türk. (auch Qalaghuz) für Führer.

glaubte diese schon, sie hätte eine Beute gefunden, denn sie sehen in jedem Fremdling eine willkommene Beute. Da aber das Oberhaupt jenes anderen Stammes uns geleitete, belästigten sie uns nicht. Wäre dieser Mann nicht gewesen, sie hätten uns getötet.

Kurz und gut, wir hielten uns eine Zeitlang bei ihnen auf, da es uns wiederum nicht gelang, einen Khafir ausfindig zu machen, der uns hätte weiterführen können. Dann boten sich uns aber gleich zwei Khafire an, von denen jeder sich mit zehn Dinar entlohnen ließ. Sie sollten uns zur Durchquerung von gleich zwei Stammesgebieten verhelfen. Ein siebzigjähriger Alter jenes Stammes erzählte mir, daß sie sich zeit ihres Lebens lediglich von Kamelmilch ernährt hätten, weil es in diesen Wüstengebieten nichts gäbe außer hartem Gras, das auch nur die Kamele fressen könnten. Sie lebten in der Vorstellung, die ganze Welt sei so beschaffen. Ich wurde von einem Stamm zum anderen geführt und überstellt, und dennoch lauerten überall Gefahren und Schrecken. Doch Gott – Er ist voller Segen und Er ist erhaben – wollte, daß wir unversehrt dort wieder herauskommen.

Wir erreichten einen Ort, Sarba genannt, der mitten in einem Felsabsturz lag und von Bergen umstanden war, die wie Kuppeln aussahen. So etwas hatte ich nirgendwo sonst zuvor gesehen. Sie waren aber nicht so hoch, daß man ihre Gipfel nicht mit einem Pfeilschuß hätte erreichen können. Sie hatten Ähnlichkeit mit Hühnereiern: so glatt und hart, daß kein Riß oder eine Unebenheit zu erkennen war.[5] Wir ritten an ihnen vorbei, als unsere Wegbegleiter eine Eidechse entdeckten, die sie töteten und aufaßen. Wo auch immer wir Arabern begegneten, sie molken sofort eines ihrer Kamele. Ich vermochte jedoch weder Eidechse zu essen noch Kamelmilch zu trinken. Wenn wir unterwegs auf einen Strauch trafen, der eine Art von Früchten trug, die wie Wickenkörner aussahen, pflückte ich mir einige davon und begnügte mich damit.

Nach vielen Mühsalen und erlittenen Qualen sowie all den Dingen, die ich gesehen hatte, trafen wir am 23. Safar (6. Juli 1051) in al-Fulaydj ein. Bis hierhin waren es von Mekka aus 180 Farsange. al-Fulaydj liegt inmitten der Wüste. Es war einst ein großer Bezirk gewesen, wurde aber von fanatischen Eiferern zugrunde gerichtet. Was bei unserer Ankunft noch bewohnt war, machte eine Fläche von einem halben Farsang auf ein Mil aus. Auf diesem Gebiet standen 14 Festungen, die von räuberischem Gesindel, Unheilstiftern und Dummköpfen bewohnt waren. Diese 14 Festungen waren auf zwei Gruppen verteilt, die miteinander in ständiger

5 Die seltsamen Berge sind der Djabal Tuwayq.

Eßbare Eidechse (arabisch: dabb, lateinisch: lacerta caudiverbera oder lacerta aegyptia).

Aus: »Nozhat ol-Qolub« von Hamdollah Mostoufi Qazvini, 17. Jh.
British Library, The Oriental and India Office, Or. 7710

Streiterei und Feindschaft lebten. Sie sagten mir gegenüber: »Wir gehören den Ashab ur-Rass an, von denen im Qoran – Er ist erhaben, und gepriesen sei Seine Heiligkeit – die Rede ist.«[6]

Hier verlaufen vier Karize, deren Wasser ausschließlich Dattelpalmenhainen zugute kommt. Ihre Äcker hatten sie auf einem höher gelegenen Stück Land angelegt. Zu deren Bewässerung schleppten sie zumeist das Brunnenwasser herbei. Sie pflügten mit Kamelen, nicht mit Ochsen, denn ich sah dort keinen Ochsen. Sie treiben nur wenig Ackerbau, und jeder von ihnen erhält als Lohn für seine Arbeit eine Tagesration von zehn Sir[7] Getreide, wovon sie ihr Brot backen. Von einem Abendessen bis zum nächsten nehmen sie wie im Ramadan nur wenig Nahrung zu sich, doch tagsüber ernähren sie sich von Datteln. Ich fand an diesem Ort eine sehr gute Dattelsorte, besser als die sogar, die es in Basra und anderswo gibt.

Diese Menschen fristen ihr Dasein in äußerster Armut und Elend. Doch trotz all dieser Ärmlichkeit bekämpfen, befehden und töten sie sich gegenseitig Tag für Tag.

Es gab hier eine Dattelsorte, die Midun genannt wurde und wovon ein Exemplar zehn Dirham wog, allein der Kern in ihrem Innern machte dabei über eineinhalb Dang[8] aus. Selbst wenn man sie 20 Jahre lang liegenließe, so versicherte man mir, würden sie nicht verderben.

Ihre Geschäfte wickelten sie übrigens mit Goldstücken aus Nishabur ab.

Ich blieb vier Monate in al-Fulaydj, in einer Lage, wie sie kaum schwieriger sein kann. An weltlichem Besitz war mir nichts außer zwei Körben voller Bücher geblieben.

Die Menschen hier sind ein gieriges, unbedarftes und unwissendes Volk. Jeder, der zum Gebet erschien, führte wie selbstverständlich Schild und Schwert mit sich, und keiner kaufte Bücher.

In dieser Ortschaft stand eine Moschee, worin wir Unterkunft gefunden hatten. Ich hatte noch ein wenig zinnoberberrote und himmelblaue Farbe dabei, womit ich ein Bayt an die Moscheemauer schrieb, das ich mit Blätter- und Rankenornamenten verzierte. Als sie dies erblickten, bewunderten sie es. Alle Bewohner der Festung strömten nun herbei, um dies zu betrachten. Sie schlugen mir vor: »Wenn du die Gebetsnische dieser Moschee bemalst, dann geben wir dir 100 Man Datteln dafür.«

100 Man Datteln stellten für sie ein Vermögen dar. Denn während meines Aufenthaltes war ein Trupp Araber eingetroffen und hatte 500

6 Zu Ashab ur-Rass (›Leute des Brunnens‹) vgl. Qoran Sura 25/Vers 38 u. 50/12.

7 Vierzigstel eines Man, heute 75 g.

8 arab. Dhaniq, ein Sechstel Dirham od. Dinar.

Man Datteln von ihnen gefordert. Sie widersetzten sich indes und stellten sich zum Kampf. Zehn Mann der Festungsbewohner fanden dabei den Tod, und der Trupp fällte zudem 1000 Dattelbäume. Doch sie händigten ihnen noch nicht einmal zehn Man Datteln aus.

Nachdem sie mit mir übereingekommen waren, bemalte ich die Gebetsnische. Diese 100 Man Datteln waren eine große Hilfe für uns, die wir keine Nahrung fanden und keine Hoffnung mehr für unser Leben hatten. Wir konnten uns nicht vorstellen, irgendwann einmal wieder aus dieser Wüste herauszugelangen, da man in alle Richtungen bis zur nächsten Ansiedlung 200 Farsange Angst einflößende und lebensfeindliche Wüste durchqueren mußte. Während der vier Monate sah ich niemals mehr als fünf Man Weizen auf einmal. Da traf eine Karwane aus al-Yamama ein, die Lederwaren abholte und diese nach Lahsa beförderte. Das Leder wird übrigens von al-Yaman hierher nach al-Fulaydj gebracht und später von Händlern verkauft.

Ein Araber sprach mich an: »Ich nehme dich mit nach Basra.« Doch ich besaß nichts, womit ich ihn hätte entschädigen können; es waren immerhin 200 Farsange bis Basra. Die Miete eines Kamels belief sich auf einen Dinar, und ein gutes Kamel erzielte einen Verkaufspreis von zwei bis drei Dinaren. Da ich über kein Bargeld verfügte, gewährten sie mir einen Zahlungsaufschub.

Der Araber sprach: »Gib uns in Basra 30 Dinare, und wir nehmen dich mit.« Der Not gehorchend, willigte ich ein. Ich hatte Basra zuvor noch nicht zu Gesicht bekommen. Danach luden die Araber meine Bücher auf ein Kamel und ließen meinen Bruder sich auf ein anderes setzen, während ich zu Fuß ging, in die Richtung, wo die Banat un-Naʿsh[9] am Himmel aufgehen.

Das Land war eben, ohne jegliche Berge und Hügel. Überall dort, wo die Erde härter war, hatte sich Regenwasser angesammelt.

Sie marschierten Tag und Nacht, obgleich nirgendwo das geringste Anzeichen eines Weges zu erkennen war. Sie verließen sich dabei allein auf ihr Gefühl. Erstaunlicherweise trafen sie auf einen Brunnen, der Wasser führte, ohne daß irgendein Anzeichen diesen angekündigt hätte.

Die Geschichte war die: Innerhalb von vier Nächten und Tagen erreichten wir al-Yamama. In al-Yamama erhob sich eine große und alte Festung. Außerhalb dieser liegt eine Stadt sowie ein Markt, wo alle Arten von Handwerkern vertreten waren und wo eine schöne Freitagsmoschee stand. Ihre Amire waren schon von alters her ʿAliden gewesen, und

9 ›Töchter der Totenbahre‹, Sternbild des Großen Bären.

niemand hatte ihnen diesen Bezirk bislang zu entreißen vermocht. Denn es gab dort in der Nähe keinen mächtigen Sultan oder König, und die ʿAliden verfügten selbst über einige Macht, da sie 300 bis 400 Berittene aufzubieten imstande waren. Sie sind Zayditen[10] und sagen beim Qamat: ›Muhammad und ʿAli sind die besten Menschen. Kommt zur besten Tat.‹ Man sagte mir, daß die Leute dieses Ortes Sharife[11] seien.

In diesem Bezirk steht fließendes Wasser aus Karizen zur Verfügung, und es gibt viele Dattelpalmenhaine. Wenn hier reichlich Datteln geerntet werden, dann sollen 1000 Man nur einen Dinar kosten.

Von al-Yamama bis Lahsa sind es 40 Farsange, die man aber nur im Winter bewältigen kann, da man dann an einigen wenigen Stellen Regenwasser finden und trinken kann, was im Sommer nicht der Fall ist.

Lahsa liegt in einer Ebene und ist, gleich von welcher Seite du dies beabsichtigst, nur zu erreichen, wenn du eine große Wüste durchquerst. Die nächst liegende muslimische Stadt nach Lahsa, über die ein Sultan herrscht, ist Basra. Die Entfernung von Lahsa bis Basra beträgt 150 Farsange. Es hat zu keiner Zeit ein Sultan in Basra gelebt, der es auf Lahsa abgesehen hatte.

Beschreibung von Lahsa

Lahsa ist eine Stadt, gleichsam auch Vorort, Dorf und Festung in einem. Vier starke Befestigungsmauern aus festgestampftem Lehm sind nacheinander um sie herum gezogen. Der Abstand zwischen zwei Mauern beläuft sich annähernd auf jeweils einen Farsang.

Die Stadt besitzt große Wasserquellen. Mit jeder von ihnen ließen sich fünf Mühlräder antreiben. All ihr Wasser wird im Stadtgebiet genutzt und nichts davon außerhalb der Mauern.

Eine ruhmreiche Stadt, die über alle Einrichtungen verfügt, deren große Städte bedürfen, erstreckt sich inmitten der Festung. In der Stadt sind über 20 000 Soldaten stationiert, und der Sultan soll ein Sharif sein, der die Menschen vom Islam abtrünnig gemacht und einst gesagt haben soll: »Ich habe euch vom Gebet und vom Fasten befreit.«

10 Schiitische Gruppierung, die sich auf Zayd Ibn ʿAli (gest. 740), den Enkel Husayns, beruft. Ihrer Lehre zufolge muß der Imam ein Nachfahre ʿAlis sein und zudem seine Befähigung zu diesem Amt unter Beweis stellen.
Der folgende Gebetsruf (›Kommt zur besten Tat!‹) wird von den Schiiten dem Qamat hinzugefügt.

11 ›Der Edle‹, Nachkomme ʿAlis.

Er hatte den Menschen außerdem verkündet, daß nur er allein ihr Mardjaʿ sei; sein Name war Abu Saʿid[12]. Fragte man die Stadtbewohner nach ihrem Glauben, so erwiderten sie: »Wir sind Bu Saʿidi.«

Sie beten und fasten nicht, glauben aber an Muhammad al-Mustafa – Gott segne ihn und schenke ihm Erlösung – und an seine Botschaft.

Abu Saʿid hatte zu ihnen gesagt: »Ich werde dereinst zu euch zurückkommen.« Damit meinte er nach seinem Tod. Sein Grab liegt innerhalb der Stadt Lahsa, und man hat eine schöne Gedenkstätte für ihn gebaut. In seinem Testament an seine Söhne verfügte er: ›Stets sollen sechs meiner Nachkommen die Herrschaft innehaben und darauf achten, daß den Untertanen gegenüber nach Recht und Billigkeit verfahren wird und diese sich nicht gegeneinander wenden, bis ich wiederkomme.‹

Heute besitzen sie ein riesiges Schloß, das ihre Residenz darstellt, und einen Thron, auf dem alle sechs Könige auf einmal Platz finden. Sie erlassen Befehle und herrschen in gegenseitigem Einvernehmen. Ihnen zur Seite stehen sechs Wazire. Also sitzen die sechs Könige auf einem Thron und die sechs Wazire auf einem anderen. Bei allem, was anfällt, beratschlagen sie sich erst untereinander. Damals besaßen sie 30 000 gekaufte Sklaven, Zangi und Habashi. Sie ließen Ackerbau und Gärtnerei betreiben und verlangten von den Untertanen nicht den Zehnten. Wenn jemand verarmte oder zum Schuldner wurde, dann übernahmen sie seine Verpflichtungen, bis seine Angelegenheit wieder geregelt war, und wenn einer einem anderen Gold geliehen hatte, dann forderte er nicht mehr als sein Kapital zurück. Jedem Fremden, der zufällig in die Stadt kam und der ein Handwerk beherrschte, boten sie soviel Kapital an, wie er zur Existenzsicherung benötigte, damit er die notwendigen Mittel und Werkzeuge, deren es zur Ausübung des betreffenden Handwerks bedarf, sich anschaffen konnte. Das Gold, das er so erhalten hatte, gab er dann ganz nach seinem Gutdünken zurück. Wenn an einem Haus oder an einer Mühle etwas zu Schaden kam und der jeweilige Eigentümer nicht in der Lage war, seinen Besitz wieder instand zu setzen, dann bestimmten sie einige ihrer Sklaven, die dann hingingen und das Haus und die Mühle reparierten; vom Besitzer wurde nichts gefordert. In Lahsa gibt es Mühlen, die den Herrschenden gehören und die das Getreide für die

12 ›Ort, an den man zurückkehrt‹, schiitischer Gelehrter, der fähig ist, ein Expertenurteil zu Fragen der Religion abzugeben, gleichsam in der schiitischen Hierarchie der höchste Rang (genau: Mardjaʿ-e-Taqlid, ›Instanz der Bevollmächtigung‹).
Abu Saʿid ul-Djannabi (gest. 913), Gründer der Qarmatengemeinde von al-Hasa' (= Lahsa), einer ismaʿilitischen Gruppe. Sie kontrollierten zeitweise große Gebiete des nördl. Arabien.

Untertanen mahlen, die nicht für die Kosten aufkommen müssen. Den Mühlenbau und den Müllerlohn zahlen allein die Herrschenden. Die Sultane wurden übrigens Sadat genannt und ihre Wazire Sha'ira.[13]

In Lahsa stand keine Freitagsmoschee, und es wurde weder eine Predigt noch ein Gebet abgehalten. Lediglich ein Perser hatte eine Moschee errichten lassen. Er hieß ʿAli Ibn Ahmad und war ein vermögender Gläubiger, der die Hadjdj durchgeführt hatte. Die Wallfahrer, die in der Stadt eintrafen, hielt er frei.

Der Handel in dieser Stadt wurde mit Blei abgewickelt, das zu diesem Zweck in Körben mit jeweils 6000 Dirham Gewicht gestapelt wurde. Nachdem man einen Handel abgeschlossen hatte, zählte man einfach die Körbe und nahm die entsprechende Anzahl davon mit. Dieses Geld nahm jedoch keiner der Stadtbewohner mit, wenn er die Stadt verließ.

In diesem Ort werden schöne Lendentücher gewoben, die nach Basra und in andere Städte geliefert werden.

Will jemand beten, so hält, obwohl sie selbst nicht beten, keiner davon ab. Wenn einer der Herrschenden eine Audienz abhält, dann hat er für jeden, der ihn anredet, eine freundliche Antwort bereit und gibt sich recht bescheiden.

Sie trinken dort niemals Wein.

Zu jeder Tag- und Nachtzeit halten sie in stetem Wechsel an der Tür zur Grabstätte Abu Saʿids ein gesatteltes und aufgezäumtes Pferd bereit, auf dem Abu Saʿid nach seiner Wiederauferstehung reiten soll.[14] Mir wurde berichtet, daß Abu Saʿid zu seinen Söhnen einst gesagt hatte: »Wenn ich komme, werdet ihr mich nicht erkennen. Das Zeichen aber wird folgendes sein: Haut mir mit meinem Schwert den Kopf ab! Wenn ich es bin, dann werde ich auf der Stelle wieder lebendig.« Diese Regelung hatte er aus dem Grund bestimmt, damit kein anderer sich für Abu Saʿid auszugeben wagt.

Einer der Sultane war sogar einst mit seinem Heer nach Mekka aufgebrochen, als dort noch die Kalifen von Baghdad regierten, und hatte sich der Stadt bemächtigt. Viele Menschen, die gerade die Tawaf um das Gebäude der Kaʿba vollzogen, hatte er dabei getötet. Sie brachen den

13 Sayyid, Plural Sadat, Nachkomme des Propheten.
Sha'ira: etwa Rat, Ratgeberschaft.
Abu Saʿid hatte ein al-Iqdaniya genanntes Ratskollegium eingesetzt; sein Sohn Abu Tahir, der gemeinsam mit seinen Brüdern herrschte, pflegte sieben Wesire zu Rate zu ziehen. Die Nachkommen Abu Saʿids nannten sich Sada.

14 Dieser Brauch fand sich auch anderenorts: u.a. bei den Sarbedar in Sabzavar, in al-Hilla (vgl. Halm S.95).

Schwarzen Stein aus der Ecke und trugen ihn nach Lahsa. Sie waren in dem Glauben befangen, daß dieser Stein auf die Menschen wie ein Magnet wirke, denn er ziehe sie aus der ganzen Welt an. Sie hatten nicht erkannt, daß allein die Achtung und Größe der Sendung Muhammads al-Mustafa – Gott segne ihn und schenke ihm Erlösung – sie an diesen Ort zieht und daß dieser Stein schon viele Jahre vor seinem Auftreten sich an dieser Stelle befunden hatte und niemand allein wegen ihm dorthin gegangen war. Zu guter Letzt hatte man den Stein von ihnen zurückgekauft und an seinen Platz zurückgebracht.[15]

In Lahsa verkaufen sie das Fleisch von allen möglichen Tieren, wie Katze, Hund, Esel, Ochse, Schaf und anderen mehr. Sie legen Kopf und Fell des betreffenden Tieres, das sie zum Kauf anbieten, neben das Fleisch, damit der Käufer auch weiß, was er kauft. Sie mästen hier Hunde, indem sie sie wie Schafe füttern, bis sie schließlich so fett sind, daß sie nicht mehr gehen können. Dann schlachten und essen sie sie.

Geht man von Lahsa aus nach Osten, dann erreicht man nach sieben Farsangen das Meer. Überquert man dieses, so gelangt man nach al-Bahrayn, eine Insel von 15 Farsangen Länge, mit einer großen Stadt und vielen Dattelpalmenhainen. Im Meer wird nach Perlen gefischt, und alles, was die Taucher hochbringen, gehört zur Hälfte den Sultanen von Lahsa.

Wendet man sich nach Süden, so kommt man nach al-ʿUman. al-ʿUman liegt auf dem Gebiet von al-ʿArab, jedoch bilden Steppen und Wüsten, die niemand zu durchqueren vermag, drei seiner Grenzen. Die Provinz al-ʿUman mißt 80 auf 80 Farsange, und es herrscht tropisches Klima. Hier gedeiht auch die indische Nuß, die Nargil genannt wird.[16]

Fährt man von al-ʿUman aus über das Meer nach Osten, so erreicht man die Häfen von Kish und Makran. Fährt man aber nach Süden, dann gelangt man nach ʿAdan. Fars liegt in einer anderen Richtung.

In Lahsa wachsen so viele Datteln, daß man das Vieh damit mästet. In manchen Zeiten erhält man über 1000 Man Datteln für nur einen Dinar.

Sieben Farsange nördlich von Lahsa schließt sich ein Bezirk an, der al-Qatif heißt. In der gleichnamigen großen Stadt wachsen viele Dattelpalmen.

Ein arabischer Amir war vor die Tore der Stadt gezogen und hatte sie ein ganzes Jahr lang belagert. Von den vier Mauern, die sie umringten, hatte er eine eingenommen, viele Plünderungen verübt und ihnen nichts mehr

15 Der Raub des Schwarzen Steins fand im Jahre 930 statt; erst nach langen Verhandlungen wurde er 951 wieder zurückgebracht.

16 Kokosnuß.

gelassen. Als er mir begegnete, fragte er mich nach der Sternenkonstellation: »Wird es mir gelingen Lahsa einzunehmen, wenn ich es will, oder gelingt es mir nicht? Wo sie doch Ungläubige sind.«

Ich sagte ihm daraufhin all das, was mir ratsam schien. Meiner Ansicht nach kommen die Beduinen, was ihren Unglauben angeht, auf die Einwohner von Lahsa hinaus, weil es unter ihnen keinen gibt, der wenigstens einmal im Jahr mit Wasser die rituelle Waschung vornimmt.

All das hier Wiedergegebene nahm ich mit meinen Sinnen wahr. Ich berichtete keine falschen Gerüchte. Ich lebte immerhin neun Monate unter ihnen, und das an einem Stück, ohne Unterbrechung. Milch vermochte ich nicht zu trinken, doch überall, wo ich um Wasser bat, boten sie mir welche an. Wenn ich sie nicht annahm und statt dessen um Wasser bat, dann sagten sie zu mir: »Verlange Wasser dort, wo du es siehst! Aber gibt es einen, der Wasser hat?«

Sie haben noch nie in ihrem Leben fließendes Wasser, geschweige denn ein Badehaus gesehen.

در قلمرو خلافت عباسیان

Durch das Kalifenreich

Jetzt will ich mit meiner Erzählung fortfahren. Als wir von al-Yamama nach Basra unterwegs waren, kamen wir bei jeder Tagesetappe einmal durch Gebiete, wo es Wasser gab, und ein anderes Mal durch Gegenden, wo keines zu finden war, bis wir schließlich am 20. Shaʿban des Jahres 443 (27. Dezember 1051) in Basra eintrafen.

Die Stadt verfügt über eine gewaltige Mauer, jedoch nicht an der Seite, die zum Fluß hin liegt. Dieser Fluß ist der Shatt, gebildet von Didjla und Furat, die an der Grenze der Distrikte von Basra aufeinandertreffen. Da das Wasser aus al-Djaubara ihm ebenfalls zufließt, wird er Shatt ul-ʿArab genannt.

Von diesem Shatt ul-ʿArab hat man zwei riesige Kanäle abgeleitet, deren Mündungen einen Farsang auseinanderliegen. Sie verlaufen über eine Strecke von vier Farsangen beide in Richtung Mekka, ehe sie ineinander übergehen und einen Farsang lang gemeinsam nach Süden streben. Von diesen beiden Kanälen zweigt sich in alle Richtungen eine Unzahl von weiteren Kanälen ab. An diesen wurden Dattelpalmenhaine und Gärten angelegt. Von den angesprochenen beiden Kanälen liegt der eine auf etwas höherem Niveau, in nordöstlicher Richtung von Basra, und trägt den Namen Nahr Maʿqil; der südwestlich verlaufende ist der Nahr ul-Ubulla.[1] Die beiden Kanäle umschließen so eine große, rechteckige, langgestreckte Insel. Basra liegt an der kürzesten Seite des Rechteckes. Im Südwesten der Stadt erstreckt sich die Wüste, worin es keinen bewohnten Ort, kein Wasser und keine Bäume gibt.

1 Basra, 20 km vom Tigris entfernt, ist über die beiden Kanäle mit dem Fluß verbunden. Der Nahr Maʿqil (nach dem Erbauer Maʿqil Ibn Yassar, gest. 679), der den Schiffsverkehr nach Baghdad erlaubt, wurde auf Befehl des Kalifen ʿUmar angelegt. Der Nahr ul-Ubulla (benannt nach der gleichnamigen Stadt), regelt den Verkehr nach Abadan bzw. zum Persischen Golf.

Zur Zeit unserer Ankunft lag die Stadt zu einem großen Teil in Trümmern, und die bewohnten Teile waren weit verstreut, so daß sich zwischen den einzelnen Stadtvierteln zum Teil über einen halben Farsang Ruinen hinzogen. Aber die Tore und die Mauern waren solide und intakt. Die Stadt war reich bevölkert, und der Sultan konnte hohe Einnahmen verzeichnen. In jenen Tagen war der Amir von Basra der Sohn von Aba Kalidjar ad-Deylami[2], dem Herrscher von Fars; sein Wazir war ein Mann aus Fars namens Abu Mansur Ibn Shahmardan.

Jeden Tag wurde in Basra an drei Stellen Markt abgehalten. Am Tagesanfang fand der Handel am sogenannten Suq ul-Khuzaʿa statt, zur Mittagszeit an einem Ort mit Namen Suq ʿUthman und am Abend an einer mit Suq ul-Qaddahin bezeichneten Stelle. Der Handel ging dabei wie folgt vonstatten: Derjenige, der etwas von Wert besaß, vertraute dies einem Sarraf an und erhielt dafür eine Quittung. Er kaufte sodann alles, was er brauchte, und stellte für den dafür zu entrichtenden Betrag eine Überweisung auf den Namen des Sarraf aus. Solange man sich in der Stadt aufhielt, brauchte man mit nichts anderem als diesen Quittungen zu zahlen.[3]

Bei unserer Ankunft in Basra hatten wir, abgerissen und ausgezehrt, wie wir waren, durchaus Ähnlichkeit mit Verrückten. Seit drei Monaten hatten wir unsere Haare nicht mehr durchgekämmt. So hatte ich den Entschluß gefaßt, das Badehaus aufzusuchen, um mich aufzuwärmen. Denn das Wetter war kalt, und ich hatte nichts mehr zum Anziehen. Ich und mein Bruder waren jeweils mit einem alten Lendentuch bekleidet, ein zerfetztes Wolltuch hatten wir uns der Kälte wegen einfach über den Rücken geworfen.

Ich fragte mich, wer uns wohl in diesem Zustand ins Bad lassen würde. Die Bücher, die ich in einer Satteltasche verstaut hatte, hatte ich gerade unter Wert für einen sehr geringen Betrag verkauft. Die paar Münzen hatte ich in ein Stück Papier gewickelt, das ich dem Badehausbesitzer zu überreichen gedachte. Dafür sollte er uns ein wenig länger im Bad lassen, damit wir uns gründlich vom Dreck befreien konnten. Doch als wir ihm

2 Amir von Basra: Khosrou Firuz Abu Kalidjar, genannt al-Malik ur-Rahim (gest. 1058).
Aba Kalidjar ad-Deylami Marzban ʿImad ud-Din (1009-48), ab 1038 Anhänger der Fatimiden.

3 Khuzaʿa-Markt (Untergruppe des Stammes der Azd, zählten zu den ersten Siedlern in Basra), ʿUthman-Markt, Markt der Tadler.
Sarraf: Geldwechsler, Bankier, zumeist Juden und Christen; es handelt sich hier um die Anfänge des bargeldlosen Zahlungsverkehrs, der mit dem sogenannten Hawala (pers. Softadja, Überweisungsauftrag) abgewickelt wurde.

die paar kleinen Münzen anboten, musterte er uns nur, und da er wohl vermutete, wir wären Wahnsinnige, entgegnete er: »Macht, daß ihr fortkommt! Gleich kommen die Leute aus dem Bad heraus.« Er gestattete uns nicht den Zutritt zum Badehaus. Niedergeschlagen verließen wir den Ort und entfernten uns schnell. Die vor dem Badehaus spielenden Kinder hielten uns auch für Verrückte, verfolgten uns, bewarfen uns mit Steinen und johlten. Daraufhin zogen wir uns in eine Ecke zurück und schauten verwundert auf den Lauf der Welt.

Wir besaßen noch immer nichts, womit wir die 30 Dinare hätten zahlen können, die der Lasttierverleiher von uns forderte. Da traf der Wazir des Herrschers über Ahvaz, Abu-l-Fath ʿAli Ibn Ahmad, ein großherziger und freigebiger Mensch, ein Kenner der Poesie und Literatur, mit Nachrichten und seinem Gefolge in Basra ein. Er stieg in der Stadt ab, hatte aber ansonsten keinen bestimmten Auftrag. In dieser Situation machte ich die Bekanntschaft eines Mannes aus Fars, der auch ein gebildeter Mensch war und der dem Wazir häufig Gesellschaft leistete und bei ihm aus- und einging. Dieser Mann aus Fars war auch knapp an Geld und hatte somit nicht die Mittel, meine Lage zu verbessern. Er berichtete dem Wazir von meiner Situation, und als dieser die Schilderung vernommen hatte, schickte er einen Mann mit einem Pferd zu mir und ließ mir ausrichten, ich solle, so wie ich gerade war, aufsitzen und zu ihm reiten. Ich schämte mich aber meines üblen Zustandes und meiner Blöße und fand es unschicklich, so vor ihm zu erscheinen. So schrieb ich ihm einen Brief, worin ich mich entschuldigte und ihm meine Aufwartung zu einem späteren Zeitpunkt in Aussicht stellte. Ich brachte zwei Gründe dafür vor: Zum ersten meine Mittellosigkeit, und zum zweiten hielt ich dafür, daß er sich auf diesem Weg den Grad meiner Bildung besser vor Augen führen könne und mit der Kenntnisnahme meines Briefes meine Kompetenz würde einschätzen können, damit ich mich, wenn ich bei ihm vorgelassen würde, nicht zu schämen brauchte. Umgehend schickte er mir 30 Dinare, die wir zum Kauf von Kleidung verwenden sollten. Wir ließen uns dafür zwei schöne Kleidungsstücke anfertigen.

Am dritten Tag erschienen wir zur Audienz bei dem Wazir. Ich sah in ihm einen gebildeten Mann, einen Literaten und einen gutaussehenden und bescheidenen Gelehrten. Er war fromm und redegewandt und hatte vier Söhne. Der größte von ihnen war ein beredter, literaturbeflissener, vernünftiger junger Mann. Sein Name war Ra'is Abu ʿAbdullah Ahmad Ibn ʿAli Ibn Ahmad. Er war ein Dichter, des Schreibens kundig und ein intelligenter und maßvoller junger Mann. Er lud uns zu sich ein und beherbergte uns vom 1. Shaʿban bis zur Mitte des Monats Ramadan

(8. Dezember 1051 – 20. Januar 1052).[4] Die dreißig Dinare, die wir dem Araber an Kamelmiete schuldeten, ließ ihm dieser Wazir aushändigen, wodurch er mich von dieser Sorge befreite. Möge Gott – Er ist voller Segen und Er ist erhaben – alle Seine Diener von der Folter der Schulden und der Verpflichtungen erlösen! Bei der Wahrheit Gottes und deren Anhängern!

Nachdem ich ihn von meiner Absicht abzureisen in Kenntnis gesetzt hatte, versah er uns mit Geschenken und Geld und schickte uns auf dem Seeweg nach Fars, wo wir dank den Segnungen dieses freigebigen Menschen – möge Gott – Er ist erhaben und mächtig – mit den freigebigen Menschen zufrieden sein – frei von Sorgen und Ungemach ankamen.

In Basra stehen 13 Gedenkschreine zu Ehren des Amir ul-Mu'minin ʿAli Ibn Abi Talib – die Gnade Gottes sei mit ihm. Einer von diesen ist der Mashhad Bani Mazin. Dies ist gerade die Stelle in Basra, an der im Rabiʿ ul-Awwal des Jahres 35 (September 655) nach der Hidjra des Propheten – die Gnade Gottes und Frieden seien mit ihm – der Amir ul-Mu'minin ʿAli eingetroffen war und wo es anschließend zum Kampf mit ʿA'isha – möge Gott Wohlgefallen an ihr haben – gekommen war. Der Amir ul-Mu'minin – Friede sei mit ihm – hatte danach die Tochter von Masʿud an-Nahshali, Layla, zur Frau genommen, und dieser Gedenkschrein ist das ehemalige Haus dieser Frau. Der Amir ul-Mu'minin hatte 72 Tage in diesem Haus verbracht und war anschließend nach Kufa zurückgekehrt. Ein weiterer Gedenkschrein befindet sich neben der Freitagsmoschee und heißt Bab ut-Tib.[5]

In der Freitagsmoschee von Basra besichtigte ich einen Holzbalken, der 30 Aras lang, fünf Spannen und vier Finger dick war; ein Ende davon war dicker. Er war aus indischem Holz hergestellt worden, und es wird berichtet, der Amir ul-Mu'minin – Friede sei mit ihm – habe diesen Balken von jener Gegend mitgenommen und hierhergebracht.

Die übrigen elf Gedenkschreine befinden sich an anderen Stellen, denen allen ich einen Pilgerbesuch abstattete.

4 Im Gegensatz zu seiner obigen Angabe, wonach der Autor erst am 20. Shaʿban hier ankam.

5 Banu Mazin: Bezeichnung für mehrere arabische Stämme, u.a. der Tamim.
ʿA'isha: Muhammads Lieblingsfrau, Tochter des ersten Kalifen Abu Bakr (reg. 632–634), opponierte zuerst gegen den Kalifen ʿUthman (reg. 644–656) und nach dessen Ermordung gegen ʿAli. Mit letzterem kam es zur sogenannten Kamelschlacht (656), in der ʿAli siegte.
Layla: Tochter von Masʿud ad-Darimi.
Bab ut-Tib: Parfümtor oder Tib, Stadt an der Grenze zu Khuzistan.

Landschaft am al-Ubulla-Kanal bei Basra.

Aus: »Nozhat ol-Qolub« von Hamdollah Mostoufi Qazvini, 17. Jh.
British Library, The Oriental and India Office, Or. 12220

Später, nachdem wir unsere weltlichen Angelegenheiten geordnet hatten und beide mit Kleidung ausgestattet waren, traten wir eines Tages erneut vor die Tür jenes Badehauses, wo wir einst abgewiesen worden waren. Gleich bei unserem Eintreten erhoben sich der Badehausbesitzer und alle Anwesenden und verharrten so, bis wir im Bad verschwunden waren. Der Masseur und der Badewärter kamen herbei und boten uns ihre Dienste an. Als wir in den Umkleideraum des Badehauses hinausgingen, erhoben sich wiederum alle und setzten sich nicht eher, bis daß wir uns angekleidet hatten und wieder hervorgetreten waren. Da sagte der Badehausbesitzer zu seinem Freund: »Das sind doch die jungen Leute, die wir damals nicht ins Badehaus eingelassen haben.« Sie glaubten, wir würden ihre Sprache nicht verstehen. Ich erwiderte indessen auf arabisch: »Du hast ganz recht. Wir sind die, die sich die zerrissenen Wolltücher über den Rücken geworfen hatten.« Daraufhin schämte sich der Mann und entschuldigte sich vielfach. Zwischen diesen beiden Ereignissen lagen 20 Tage.

Diesen Abschnitt schrieb ich aus dem Grund, damit die Menschen erkennen mögen, daß man nicht über die Härten, die einem das Schicksal bereitet, klagen und nicht die Hoffnung auf die Gnade und Barmherzigkeit Gottes – möge Seine Herrlichkeit größer werden und Seine Gunst sich ausbreiten – aufgeben soll. Denn Er ist erhaben und gnädig.

Beschreibung von Flut und Ebbe bei Basra und den umliegenden Gewässern

Das Meer von al-ʿUman trägt regelmäßig zweimal am Tag die Flut herein, wobei das Wasser um zehn Gaz ansteigt. Ist der Höhepunkt erreicht, so tritt allmählich die Ebbe ein, und der Wasserstand sinkt wieder um zehn bis zwölf Gaz. Die angesprochenen zehn Gaz werden in Basra an einer Säule angezeigt, die zu diesem Zweck dort aufgestellt wurde, oder man liest es einfach an einer Mauer ab. Wäre der Boden flach und wiese keinerlei Erhebung auf, dann würde das Wasser weit hereinströmen.

An manchen Stellen fließen Didjla und Furat so langsam, daß es sich nicht feststellen läßt, in welche Richtung das Wasser sich überhaupt bewegt. Mit dem Einsetzen der Flut wird das Wasser der beiden Flüsse annähernd 40 Farsange zurückgedrängt, und man erhält so den Eindruck, es laufe zurück, den Berg hinauf. An anderen Stellen der Meeresküste hingegen richtet es sich nach der jeweiligen Beschaffenheit des Geländes.

Wo dieses nämlich flach ist, dringt das Wasser weit vor und dort, wo es ansteigt, weniger weit.

Es herrscht die Meinung vor, daß Flut und Ebbe im Zusammenhang mit dem Mond stehen. Denn jedesmal, wenn der Mond im Zenit oder im Nadir steht, im zehnten und vierten Haus, dann steigt das Wasser bei Flut äußerst stark an, und wenn der Mond an den beiden Horizontpunkten steht, also am östlichen oder am westlichen Horizontpunkt, dann ist die Ebbe am stärksten.

Des weiteren: Wenn der Mond in Konjunktion oder Opposition zur Sonne steht, dann kommt viel Wasser, das heißt zu diesen Zeiten ist die Flut stärker, und das Wasser steigt noch mehr an. Ist dagegen Viertelmond, so kommt das Wasser weniger stark. Das heißt also, zur Flutzeit steigt es nicht so hoch an, und es erreicht nicht die Höhe wie zur Zeit von Konjunktion und Opposition, und die Ebbe ist ebenfalls schwächer als zu den Zeiten. Darum also vermutet man, daß Flut und Ebbe mit den Mondphasen in Zusammenhang stehen. Bei Gott – Er ist erhaben – Er weiß es am besten!

Die Stadt al-Ubulla liegt am Ufer des gleichnamigen Kanals. Ich sah sie blühend, mit Palästen, Bazaren, Moscheen und Karawansereien, die so zahllos sind, daß man sie unmöglich beschreiben kann. Ursprünglich hatte es nur nördlich des Kanals eine Stadt gegeben, doch man hat auch im Süden mehrere Stadtviertel aufgebaut sowie Moscheen, Karawansereien, Bazare und andere riesige Gebäude. Es findet sich wohl nirgendwo auf der Welt eine Stadt, die sauberer ist als diese. Sie hieß Shiqq ʿUthman[6].

Der große Strom, der von Furat und Didjla gespeist wird und den Namen Shatt ul-ʿArab trägt, verläuft östlich von al-Ubulla, der Kanal im Süden. Nahr ul-Ubulla und Nahr Maʿqil vereinigen sich in Basra. Eine Darstellung dessen gab ich bereits oben.

Der Verwaltung Basras unterstehen 20 Bezirke mit sehr vielen Dörfern und bebauten Feldern.

Liste der Bezirke Basras

Hashshan, Sharba, Balas, ʿAqar, Maysan, al-Muqim, Nahr ul-Harb, Shatt ul-ʿArab, Saʿd, Sam, Djaʿfariya, al-Mashan, as-Samad, al-Djuna, Djazirat ul-ʿUzma, Marut ush-Sharir, Djazirat ul-ʿArsh, al-Hamida, al-Djaubara, al-Munfaridat.[7]

6 ›Zweig des ʿUthman‹, verm. identisch mit Yaquts Shati' ʿUthman.

An der Stelle, wo der Nahr ul-Ubulla in den Strom übergeht, war einst ein solch gewaltiger Strudel, daß der Schiffsverkehr eingestellt werden mußte. Eine vermögende Frau aus Basra ließ daraufhin 400 Schiffe bauen und sie mit Dattelkernen auffüllen. So beschwert wurden sie an dieser Stelle versenkt, und die Durchfahrt der Schiffe war wieder ermöglicht.

Kurz und gut, Mitte des Monats Shawwal im Jahre 443 (19. Februar 1052) verließen wir Basra in einem Boot. Wir hatten die Stadt al-Ubulla vier Farsange hinter uns zurückgelassen, und während der ganzen Zeit zogen sich zu beiden Seiten des Kanals ununterbrochen Gärten, Anpflanzungen, Pavillons und Terrassen hin. Seitenkanäle, von denen jeder so groß wie ein Fluß war, zweigten sich von diesem Kanal nach allen Richtungen hin ab.

Nachdem wir in Shiqq ʿUthman eingetroffen waren, gegenüber von al-Ubulla, stiegen wir ab und blieben hier einige Zeit. Am 17. (21. Februar 1052) bestiegen wir ein großes Schiff mit Namen al-Busi. Überall beteten die Menschen, als sie das Schiff sahen, und sagten: »O al-Busi, möge Gott – Er ist erhaben – dir den Weg bahnen!« Schließlich gingen wir in ʿAbbadan vor Anker, und die Leute gingen vom Schiff.

ʿAbbadan liegt an der Meeresküste. Man könnte meinen, die Stadt würde auf einer Insel stehen, da der Strom sich hier in zwei Arme aufspaltet und ʿAbbadan so von keiner Seite her direkt betreten werden kann, es sei denn, man überquert das Wasser. Südlich von ʿAbbadan erstreckt sich das Weltmeer, das bei Flut bis an die Stadtmauern heranreicht. Bei Ebbe zieht es sich auf eine Entfernung von etwas weniger als zwei Farsange von der Stadt zurück.

Einige der Passagiere kauften in ʿAbbadan Bastmatten ein, andere wiederum etwas zum Essen.

Am folgenden Tag legte das Schiff frühmorgens in Richtung Norden auf das Meer hinaus ab. Nach zehn Farsangen war das Meerwasser noch

7 Hashshan: Dorf zwischen Wasit und Dayr ʿAqul, auch Qarna Umm Hashshan genannt.
Balas: Region zwischen Wasit und Basra.
ʿAqr: Ort bei Kerbela oder Dorf zwischen Wasit und Basra (ʿAqr us-Sadan).
Maysan: Distrikt (auch Dasti Maysan) mit dem Hauptort Madar.
Nahr ul-Harb: Kanal, nach seinem Erbauer al-Harb Ibn Salm Ibn Ziyad Ibn Abihi genannt.
al-Mashan: Distrikt bei Basra.
al-Djaubara: Distrikt und Kanal im Bezirk Kutha, zwischen Samarra und Baghdad; vielleicht auch Huwayza, Stadt in Khuzistan, 80 km nordöstlich von Basra.
Die restlichen Namen sind nicht zu identifizieren, vermutlich auch teilweise korrupt; einige sind Orte in Syrien etc.

immer trinkbar, es schmeckte sogar gut. Es war das Wasser des Stromes, das sich wie eine Zunge ins Meer hinausschob.

Bei Sonnenaufgang tauchte am Horizont mitten im Meer ein Ding auf, das aus dieser Entfernung gesehen so groß wie ein Spatz erschien. Je mehr wir uns ihm näherten, desto größer wurde es. Als wir uns auf seiner Höhe befanden und es zu unserer Linken einen Farsang entfernt lag, da drehte sich der Wind, und wir waren gezwungen, den Anker zu werfen und die Segel einzuholen. Ich erkundigte mich: »Was ist denn das für ein Ding?« Die Antwort lautete: »Das ist ein Khashab.«

Beschreibung des Khashab

Es handelt sich dabei um ein großes Teakholzgerüst, das wie ein Katapult konstruiert ist. Es ist viereckig, und seine Basis ist breiter als sein oberer Teil. 40 Gaz ragt es über das Wasser hinaus, und seine Spitze ist mit Keramikziegeln und Steinen verkleidet. Mit Gerten hat man es dann zusammengebunden und wie ein Dach geformt. Auf seiner Spitze erhebt sich ein Schutzdach, worunter ein Wachtposten sitzt. Einige behaupten, es sei von einem großen Kaufmann erbaut worden, andere schreiben es einem ehemaligen Herrscher zu. Es erfüllt zwei Aufgaben. Zum einen ist der Boden in diesem Bereich ständig in Bewegung, und das Meer ist so flach, daß ein einfahrendes großes Schiff auflaufen kann. Nachts zündet man darum Lampen an und stellt sie hinter Glas, so daß der Wind sie nicht ausblasen kann. Die Leute sehen sie von fern und achten darauf, daß sie sich vorsichtig verhalten. Zum zweiten erfährt man dadurch die Himmelsrichtung, und wenn ein Überfall droht, so sieht man die Gefahr und ist auf der Hut – bereit, den Kurs zu ändern.

Als wir das Khashab hinter uns zurückließen und es außer Sicht geriet, da tauchte bereits ein weiteres auf. Es hatte die gleiche Form wie das erste, nur war kein Schutzdach auf der Spitze. Man hatte seinen Bau offensichtlich nicht fertigstellen können.

Danach liefen wir in Mahruban ein. Dies ist eine große Stadt, an der Ostküste des Meeres gelegen. Sie besitzt einen großen Bazar sowie eine schöne Freitagsmoschee. Aber ihre Wasserversorgung ist völlig vom Regen abhängig. Es gibt weder Brunnen noch Karize, die Süßwasser führen. Die Bewohner verfügen statt dessen über Zisternen und Becken, so daß es niemals zu einer Wasserknappheit kommen kann.

Man hat in dieser Stadt drei große Karawansereien gebaut, von denen jede so solide und hoch wie eine Festung ist. Auf der Kanzel der örtlichen

Freitagsmoschee sah ich den Namen von Yaʿqub al-Layth[8] geschrieben. Ich fragte jemanden nach dem Sachverhalt und erhielt zur Antwort: »Vor der Einnahme dieser Stadt durch Yaʿqub al-Layth hatte kein anderer Amir von Khorasan die Macht besessen, sie in die Knie zu zwingen.« Zum Zeitpunkt meiner Ankunft war Mahruban in der Hand der Söhne von Aba Kalidjar, dem Herrscher über Fars. Der Proviant, das heißt die Lebensmittel für die Stadt, werden aus anderen Städten und Provinzen hierhergebracht, da es nichts außer Fisch gibt. Diese Stadt ist eine Zollgrenzstation mit dem dazu nötigen Anlegeplatz. Geht man an der Küste entlang Richtung Süden, so kommt man in die Bezirke von Tawwa und Kazerun.

Ich blieb in Mahruban, weil man mir mitteilte, daß die Wege nicht sicher wären. Die Söhne von Aba Kalidjar bekämpften und befehdeten sich untereinander. Jeder beanspruchte die alleinige Führung, und daher war das ganze Land in Aufruhr.

Ich erfuhr von einem in Arradjan lebenden angesehenen Mann. Er war ein Gelehrter und hieß Shaykh Sadid Muhammad Ibn ʿAbd ul-Malik. Als ich von ihm reden hörte, schrieb ich ihm, weil ich des Wartens in dieser Stadt überdrüssig geworden war, einen Brief, worin ich ihm meine Situation darlegte und ihn anflehte, mich doch aus dieser Stadt zu holen und an einen Ort zu bringen, an dem es sicher sei. Drei Tage, nachdem ich diesen Brief abgeschickt hatte, sah ich 30 Fußsoldaten in voller Bewaffnung auf mich zukommen. Sie sprachen: »Uns hat der Shaykh geschickt und in deinen Dienst gestellt, damit wir dich nach Arradjan geleiten.« So brachten sie uns sicher nach Arradjan.

Arradjan ist eine große Stadt mit 20 000 Einwohnern. Nördlich von ihr verläuft ein aus dem Gebirge herabströmender Fluß, der nach Norden fließt. Man hat vier riesige Kanäle ausgegraben und das Wasser mitten in die Stadt geleitet, wofür große Ausgaben getätigt wurden. Das Wasser läuft durch die ganze Stadt, und an ihrem Rand wurden Gärten und Anpflanzungen angelegt. Es gibt viele Dattelpalmen, Orangen, Zitronen und Oliven. Von der Stadt wurden ebenso viele Teile über der Erde gebaut wie in die Erde hinein; durch alle Keller und Sardab[9] fließt Wasser. Hier leben Vertreter fast aller Religionen, sogar die Muʿtaziliten waren mit einem Imam namens Abu Saʿid al-Basri vertreten. Er war ein redegewandter Mann, der vorgab, sich in Geometrie und Mathematik auszukennen. Wir diskutierten über Kalam und Mathematik, befragten uns dazu gegenseitig, gaben Antworten und hörten einander zu.

8 Abu Yusuf Yaʿqub Ibn Layth as-Saffar (reg. 861–879) herrschte über große Teile des Iran mit Stammsitz Sistan.

9 Unterirdisch angelegte Wohnräume.

بازگشت به میهن

Heimkehr

Wir verließen diesen Ort am 1. Muharram (3. Mai 1052) und machten uns über das Gebirge auf nach Isfahan. Auf diesem Weg kamen wir durch ein enges Tal. Das einfache Volk glaubt, daß Bahram-e-Gur den Berg an dieser Stelle mit dem Schwert geteilt hat, und nannte das Tal darum Shamshir Borid[1]. Hier sahen wir auch einen großen Wasserlauf, der rechts von uns aus einem Loch heraustrat und von hoch oben herabströmte. Die einfachen Leute behaupteten, daß das Wasser den Sommer über stetig fließt und während des Winters stehenbleibt und gefriert.

In 40 Farsangen Entfernung von Arradjan erreichten wir Lurdaghan. Dieses Lurdaghan liegt an der Grenze von Fars. Von dort aus zogen wir weiter nach Khan Langan. Am Stadttor sah ich den Namen von Sultan Toghril Beg geschrieben. Nach Isfahan betrug die Entfernung noch sieben Farsange. Die Einwohner von Khan Langan lebten in absoluter Sicherheit und Frieden; jeder konnte seiner Arbeit nachgehen und um seine eigenen Belange Sorge tragen.

Wir brachen erneut auf, und es war der 8. Safar im Jahre 444 (9. Juni 1052), als wir in Isfahan eintrafen, das von Basra 180 Farsange entfernt ist. Die Stadt wurde in einer Ebene mit günstigem Klima erbaut. Gräbt man zehn Gaz tief, so trifft man an jeder Stelle auf kaltes süßes Wasser. Die Stadt verfügt über eine solide hohe Mauer, die mit Zugängen und Kampfplattformen versehen wurde. Über die gesamte Mauer ziehen sich außerdem Zinnen hin. In der Stadt verlaufen Kanäle, und es finden sich schöne und hohe Bauwerke. Im Stadtzentrum erhebt sich eine große,

1 Bahram-e-Gur: Neupers. Name des Sasaniden Varahram V. (reg. 420–438). Shamshir borid: ›vom Schwert gespalten‹.

schöne Freitagsmoschee. Die Länge der Stadtmauer betrug Aussagen zufolge dreieinhalb Farsange. Innerhalb der Stadt ist alles bewohnt, und nirgendwo entdeckte ich eine Ruine. Ich schaute mir viele Bazare an, auch einen Bazar der Sarraf, wo 200 Sarraf zugegen waren. Jeder der Bazare ist mit einer Sperre sowie mit einer Tür gesichert. Alle Viertel und Gassen waren ebenfalls mit Absperrungen und starken Türen versehen. Es gab zudem gepflegte Karawansereien. Allein 50 schöne Karawansereien befanden sich in einer Gasse mit Namen Ku Tiraz[2], in jeder boten Händler und Ladenbesitzer ihre Waren feil.

Die Karawane, der wir uns angeschlossen hatten und mit der wir in die Stadt gekommen waren, führte 1.300 Kharvar an Lasten mit sich. Es hatte keine Kontrolle stattgefunden, und die Frage nach der Unterkunft stellte sich nicht, da nirgends Platzmangel herrschte und es so keine Schwierigkeiten mit Unterkunft und Futterbeschaffung gab. Sultan Toghril Beg Abu Talib Muhammad Ibn Mika'il Ibn Saldjuq – die Barmherzigkeit Gottes möge auf ihm ruhen – ernannte nach der Einnahme dieser Stadt einen jungen Mann aus Nishabur zum Verwalter, einen guten Sekretär und Schreiber. Er ging bedachtsam vor und hatte ein angenehmes Äußeres. Sein Name war Kh^{w}adje ʿAmid. Er schätzte die Gelehrsamkeit, wählte sorgsam seine Worte und war zudem freigebig; er hatte auch die Anordnung des Sultans befolgt, drei Jahre lang nichts von den Bewohnern der Stadt zu fordern, woraufhin die, die davor in alle Richtungen geflohen waren, in ihre Heimat zurückkehrten. Davor war dieser Mann einer der Sekretäre von Suri gewesen.[3]

Vor unserer Ankunft war die Stadt von einer großen Hungersnot betroffen gewesen, doch als wir eintrafen, wurde gerade die Gerstenernte eingebracht. Ein halbes Man Weizenbrot kostete genau einen Dirham, genausoviel, wie für drei Man Gerstenbrot verlangt wurde. Die Einwohner berichteten mir, daß sie für einen Dirham sonst niemals weniger als acht Man Brot erhalten hätten.

Ich habe im ganzen Gebiet, in dem Persisch gesprochen wird, keine Stadt gesehen, die schöner, besser versorgt und blühender gewesen wäre als Isfahan. Die Leute behaupteten, daß das Klima es zulassen würde, Weizen, Gerste und andere Körnerfrüchte 20 Jahre lang zu lagern, ohne daß diese verderben würden. Einige waren der Ansicht, das Klima der

2 Gasse der Zierborte.

3 Kh^{w}adje ʿAmid: ʿAmid ul-Mulk Abu Nasr Muhammad Ibn Mansur al-Kunduri, Kanzler Toghril Begs.
Suri: Manzur Suri Ibn ul-Muʿtazz, Gouverneur von Khorasan; viell. auch korrupt für Shura, den Staatsrat der Saldjuqen

Stadt sei vor dem Bau der Stadtmauer besser gewesen als zur Zeit. Als dann die Mauer errichtet wurde, habe sich das Klima verändert und zum Nachteil entwickelt. Doch das Klima in den Vorstädten sei so geblieben, wie es immer gewesen war.

Da die Karawane mit Verspätung wieder loszog, verbrachte ich 20 Tage in Isfahan. Wir brachen am 28. Safar (29. Juni 1052) auf und gelangten zu dem Dorf Heysamabad. Anschließend durchquerten wir die Ebene und das Gebirge von Maskiyan und kamen in das Dorf Na'in. Von Isfahan bis zu diesem Dorf betrug die Entfernung 30 Farsange. 43 Farsange nach Na'in trafen wir auf das Dorf Garma, das unter die Verwaltung der Provinz Biyaban fällt, zu der noch etwa zehn bis zwölf weitere Dörfer zählen. Es ist ein heißer Ort, und es gedeihen Dattelpalmen. In früherer Zeit gehörte dieses Dorf zum Gebiet der Kufdj[4]. Bei unserem Eintreffen hatte der Amir Gilaki indes diesen Bezirk bereits erobert, und ein von ihm eingesetzter Vertreter verwaltete das Dorf, das über eine kleine Festung, Piyadha genannt, verfügte. Er kontrolliert die Provinz und sichert die Wege. Wenn die Kufdj die Wege unsicher machen, dann schickt der Amir Gilaki Offiziere, die sie ergreifen, ihnen die Habe wieder wegnehmen und sie töten. So ist durch den Schutz, den dieser große Mann gewährleistet, der Weg sicher, und das Volk lebt in Frieden. Möge Gott – Er ist voller Segen und Er ist erhaben – Behüter, Beschützer und Helfer aller gerechten Herrscher und den Seelen der Verstorbenen gnädig sein.

Auf diesem Weg hat man im Abstand von zwei Farsangen Schutzdächer und Masaniʿ, worin sich das Regenwasser sammelt, gebaut, und zwar an Stellen, wo der Boden nicht versalzt ist. Die Schutzdächer wurden zu dem Zweck errichtet, damit die Leute nicht vom Weg abkommen und sie außerdem bei Hitze und Kälte einen Augenblick der Rast einlegen können.

Auf unserem Weg sahen wir riesige Treibsandflächen. Keiner, der vom markierten Weg abkommt, kann sich aus diesem Sand mehr befreien und kommt um. Wir gingen an ihnen vorbei, und danach folgte ein von Salzaufwerfungen überzogenes Gebiet, das sich über sechs Farsange hinzog. Wenn einer hier vom Weg abwiche, würde er unweigerlich darin versinken.

Wir zogen weiter zum Ribat Zobeyda, das auch Ribat Marami genannt wird. In diesem Ribat gibt es fünf Brunnen; existierte dieses Ribat mit seinem Wasser nicht, so würde keiner diese Wüste durchqueren können.

4 Auch Kufch, Kaufdj, arab. Qufs (Bergbewohner), Stamm in Kerman, auch Name eines Gebirgszugs. Nach Ibn Hauqal sprachen die Qufs einen besonderen Farsi-Dialekt.

Schließlich erreichten wir das Dorf Rostabad, im Distrikt von Tabas, und am 9. Rabiʿ ul-Awwal (9. Juli 1051) Tabas selbst, das 110 Farsange von Isfahan entfernt liegt. Tabas ist eine wohlbevölkerte Stadt, obgleich sie eher wie ein größeres Dorf wirkt und nur wenig Wasser für die ohnehin geringe Landwirtschaft vorhanden ist, die sich auf Dattelpalmenhaine und Gemüsegärten beschränkt.

Wendet man sich von hier aus nach Norden, so gelangt man in das 40 Farsange entfernte Nishabur. Geht man in südlicher Richtung weiter, durch die Wüste nach Khabis, so muß man 40 Farsange Wüste hinter sich bringen. Im Osten erhebt sich ein zusammenhängendes Gebirge.

Zu jener Zeit war Gilaki Ibn Muhammad der Amir dieser Stadt, die er mit dem Schwert eingenommen hatte. Die Einwohner lebten in Sicherheit und Frieden, so daß sie sogar nachts ihre Häuser nicht verschlossen. Die Lasttiere liefen in den Gassen umher, obwohl die Stadt nicht von einer Mauer umgeben war. Keine Frau besitzt hier die Kühnheit, sich in ein Gespräch mit einem fremden Mann einzulassen, da sie sonst beide getötet würden. Aufgrund der Wachsamkeit und der Gerechtigkeit, die der Amir walten läßt, sind hier weder Diebe noch Mörder bekannt.

Nur an den folgenden vier Orten in den Ländern al-ʿArab und in Persien fand ich Gerechtigkeit und Sicherheit vor: zum ersten im Bezirk Dasht in den Tagen von Lashkar Khan, zum zweiten in Deylam zur Zeit des Amir-e-Amiran Djastan Ibn Ibrahim, zum dritten während des Kalifats von al-Mustansir bi Allah, des Amir ul-Mu'minin in al-Misr, und zum vierten in Tabas unter dem Amir Abo-l-Hasan Gilaki Ibn Muhammad.[5] Soviel ich auch herumgekommen war, ich sah keinen Ort, noch hörte ich von einem solchen, der so sicher gewesen wäre wie diese vier.

Der Amir beherbergte uns in Tabas 17 Tage lang, gab Empfänge und entließ uns erst, nachdem er uns zur Abreise ein Geldgeschenk überreicht hatte. Möge Gott – Ihm sei Lob und Er ist erhaben – mit ihm zufrieden sein. Er gab mir sogar einen seiner Pferdeknechte bis ins 72 Farsange entfernt liegende Zuzan mit.

12 Farsange nach Tabas trafen wir auf das Dorf Raqqa. Hier gab es fließendes Wasser, Felder, Gärten und Bäume; die Stadt umschloß eine Mauer, und eine Freitagsmoschee war ebenfalls vorhanden. Die Felder

5 Lashkar Khan: vermutlich ein Fürst in Diensten der Ghaznaviden (s. Tarikh-e-Beihaqi, S.698).
Amir Gilaki: Der Name dieses Amirs, von dem sonst keine Quelle berichtet, verweist auf dessen Heimatregion Gilan; der Sohn des Amirs, ʿAla' ul-Mulk Shams ul-Maʿali Ismaʿil Gilaki war ein bekannter ismailitischer Fürst.

waren gut bestellt. Am 9. Rabiʿ ul-Akhir (8. August 1052) verließen wir Raqqa und betraten am 12. Tag dieses Monats (11. August 1052) die Stadt Tun.

Raqqa ist von Tun 20 Farsange entfernt. Tun war einst eine große Stadt gewesen. Als ich sie aber besichtigte, war sie zum größten Teil verfallen. Sie liegt in einer Ebene, wo fließendes Wasser aus Karizen gewonnen wird. Im Osten lagen mehrere Gärten, und sie besitzt eine starke Festung. In dieser Stadt sollen einmal 400 Werkstätten gestanden haben, worin ausschließlich Baumwollteppiche gewoben worden waren. In den Höfen der Häuser der Stadt wuchsen viele Pistazienbäume. Die Leute aus Balkh und Tokharestan glauben indes, daß die Pistazien nur in den Bergen und nirgendwo sonst gedeihen.

Nachdem wir Tun verlassen hatten, erzählte mir dieser Bedienstete von Gilaki diese Geschichte: »Damals waren wir gerade unterwegs von Tun nach Gonabad, als sich uns Räuber näherten und uns angriffen. Einige der Leute stürzten sich dabei aus Furcht in den Schacht eines Kariz. Als alles vorbei war, trat ein besorgter Vater aus der Gruppe heraus und bot demjenigen Geld an, der in den Schacht hinabsteige und seinen Sohn heraushole. Daraufhin legte die Gruppe alle Seile und Stricke, die sie hatte, zusammen. Viele Leute halfen dabei, die 700 Gaz lange Leine hinabzulassen, bis der Mann endlich den Boden des Schachtes erreichte. Er band dem Kind die Leine um, doch man zog es tot herauf. Als der Mann wieder herauskam, wußte er von einem gewaltigen Wasserlauf zu berichten, der durch dieses Kariz strömt. Das Kariz ist vier Farsange lang; Key Khosrou[6] soll seinen Bau befohlen haben.«

Am 23. Rabiʿ ul-Akhir (22. August 1052) betraten wir die Stadt Qayen. Von Tun bis zu diesem Ort betrug die Entfernung 18 Farsange, aber die Karawanen benötigen für diese Strecke vier Tage, da die Strecke sehr unwegsam ist.

Qayen ist eine große, befestigte Stadt, um deren Zentrum herum sich ein Graben zieht. Die Freitagsmoschee liegt im Stadtzentrum. Die Maqsura wird von einem solch riesengroßen Bogen überspannt, wie ich ihn in ganz Khorasan noch nie zu Gesicht zu bekommen habe. Aber der Bogen paßt nicht zu dieser Moschee. Alle Gebäude der Stadt besitzen Kuppeln.

Geht man von Qayen nach Osten, dann kommt man nach 18 Farsangen in Zuzan an. Richtung Süden liegt in 30 Farsangen Entfernung Herat.

6 Sohn des Siyavosh, Enkel von Afrasiyab, dritter Herrscher der mythischen Kayanidendynastie.

In Qayen traf ich mit einem gewissen Abu Mansur Mohammad Ibn Dust zusammen. Er war in allen Wissenschaftszweigen bewandert, wie der Medizin, der Astrologie und der Logik. Er stellte mir die Frage: »Welche Dinge, glaubst du, existieren jenseits der Himmelssphären und der Sternenbahnen noch?«

Ich antwortete: »Nur dem Ding, das sich innerhalb der Himmelssphären befindet, steht überhaupt diese Bezeichnung zu. Einem anderen hingegen nicht.«

Er fragte: »Glaubst du, daß es überhaupt etwas jenseits dieser Himmelsgewölbe gibt oder nicht?« Ich entgegnete: »Es gibt kein Mittel, dies herauszufinden. Die Welt ist begrenzt, und der Falak ul-Aflak[7] bildet ebendiese Grenze. Mit Grenze bezeichnet man im allgemeinen das, was außerhalb der Welt noch und von ihr getrennt existiert. Legt man diesen Sachverhalt dem Verständnis zugrunde, so muß das, was jenseits der Himmelssphären liegt, notwendigerweise anders sein als das, was sich diesseits von ihnen befindet.«

Daraufhin erwiderte er: »Also hat das, was – sofern dies überhaupt dem Verstand zugänglich ist – sich jenseits befindet, kein Ende. Wenn es aber ein Ende hat, bis wohin erstreckt es sich dann? Und wenn es kein Ende hat, bedeutet das dann, daß seine Grenze immer wieder vergänglich ist?«

In diesem Stil setzte sich der Wortwechsel fort. Später gestand er: »All das hat mich doch ziemlich verwirrt.«

Ich sagte daraufhin: »Wen nicht!«

Kurz und gut, wegen der von ʿObeyd-e-Nishaburi[8] in Zuzan verursachten Wirren und aufgrund der Rebellion des Stadtoberhauptes von Zuzan blieb ich einen Monat lang in Qayen und schickte den Pferdeknecht des Amir Gilaki nach Hause zurück. Danach verließen wir Qayen mit dem Ziel Sarakhs.

Am 2. Djumada-l-Akhira (29. September 1052) trafen wir in Sarakhs ein. Wir zählten von Basra bis Sarakhs 390 Farsange. Nach unserer Abreise aus Sarakhs kehrten wir in das Ribat Djaʿfari, das Ribat ʿAmravi sowie das Ribat Neʿmati ein, die alle drei nahe beieinander auf unserem Weg lagen.

7 Sphäre der Sphären, das äußerste der Himmelsgewölbe, auch Falak ul-Muhit (allumfassender Himmel), Falak Atlas (Atlashimmel), Falak ul-Aqsa (fernster Himmel) oder ʿArsh (Gottessitz); bei Ptolemäos' geozentrischem, in sich abgeschlossenem System waren es acht kreisförmige Bahnen die von den Himmelskörpern Mond, Merkur, Venus, Sonne, Mars, Jupiter und Saturn durchlaufen wurden. Ibn Sina fügte dem noch die Sphäre der Fixsterne hinzu und verband die Vorstellung der sich drehenden Sphären mit darin wirkenden Intelligenzen (ʿaql).

8 Gouverneur von Zuzan.

Wir kamen am 12. Djumada-l-Akhira (9. Oktober 1052) schließlich in Marv or-Rud an, das wir nach zwei Tagen in Richtung Ab-e-garm verließen. Am 19. Tag dieses Monats (16. Oktober 1052) erreichten wir das 36 Farsange entfernt liegende Baryab. Der Amir von Khorasan war Djaghri Beg Abu Sulayman Davud Ibn Mika'il Ibn Saldjuq. Er hielt sich gerade in Shaburghan auf und beabsichtigte, nach Marv zu reisen, wo sich seine Residenz befand. Wir wählten wegen der unsicheren Wegstrecke den Weg über Sanglan. Von dort aus wandten wir uns über Balkh nach Seh Darra.

Nach unserem Eintreffen im Ribat von Seh Darra hörten wir, daß mein Bruder Kh^{w}adje Abo-l-Fath ʿAbd ul-Djalil sich der Gruppe des Wazirs des Amirs von Khorasan, Abu Nasr, angeschlossen habe. Es war nun sieben Jahre her, seitdem ich Khorasan verlassen hatte.

In Dastgerd angekommen, sah ich einen Lastentroß, der auf dem Weg nach Shaburghan war.

Mein Bruder, der mich begleitete, fragte: »Wem gehört denn das?«

Er erhielt zur Antwort: »Das alles gehört dem Wazir.«

Er fragte weiter: »Kennt ihr einen gewissen Abo-l-Fath ʿAbd ul-Djalil?«

Man sagte ihm: »Einer seiner Leute hält sich gerade bei uns auf.«

Sofort trat ein Mann auf uns zu und richtete die Frage an uns: »Von woher kommt ihr denn?«

Wir entgegneten: »Von der Hadjdj.«

Daraufhin sprach er: »Mein Herr Abo-l-Fath ʿAbd ul-Galil hat noch zwei Brüder, die vor einigen Jahren zur Hadjdj aufgebrochen waren. Er hat noch immer große Sehnsucht nach ihnen. Doch keiner von denen, die er bislang nach Nachricht über sie befragt hat, hat ihm einen Hinweis geben können.«

Mein Bruder erwiderte: »Wir haben einen Brief von Naser dabei. Wenn dein Herr eintrifft, dann händigen wir ihm den Brief aus.«

Nach einer Weile begann die Karawane sich auf den Weg zu machen, und wir schlossen uns ihr an. Der Untergebene sprach: »Bald wird mein Herr zu uns stoßen, und falls er euch nicht vorfindet, wird er bestimmt schwermütig werden. Gebt mir darum den Brief. Ich werde ihn ihm geben. Das wird sein Herz erfreuen.«

Mein Bruder entgegnete: »Willst du Nasers Brief oder Naser selbst? Das hier ist Naser.«

Der Untergebene wußte vor lauter Freude nicht mehr, was er tun sollte.

Wir zogen über Miyan-e-Rusta nach Balkh, während sich mein Bruder Abo-l-Fath durch die Steppe Dastgerd näherte. Er war im Auftrag des Wazirs unterwegs zum Amir von Khorasan. Als er von uns hörte, verließ er Dastgerd auf der Stelle und wartete am Ende der Djamukiyan-Brücke auf unser Eintreffen.

Dies geschah am Samstag, dem 26. Djumada-l-Akhira des Jahres 444 (23. Oktober 1052). Nachdem wir gänzlich alle Hoffnung aufgegeben hatten, da wir des öfteren in verhängnisvolle Situationen geraten waren und den Glauben an die Rettung unserer Seelen bereits aufgegeben hatten, trafen wir wieder zusammen und freuten uns sehr über unser Wiedersehen. Wir dankten Gott – Ihm sei Lob und Er ist erhaben – unablässig und betraten Balkh noch an diesem Tag. Der Situation entsprechend sagte ich folgende drei Bayt auf:

»Mögen Leid und Qual der Welt von noch so langer Dauer sein,
ihr Ende, sei gut es oder schlecht, es stellt sich nun mal ein.
Das Himmelsrad dreht sich für uns mit seinem Tag und seiner Nacht,
und wann immer einer geht, der and're sich auf die Spur des ersten macht.
So lange reisen wir in dieser unbeständ'gen Welt,
bis eines Tags die Reise in die Ewigkeit anfällt.«

Unsere Reise führte uns von Balkh nach Misr und von dort weiter nach Mekka. Über Basra gelangten wir nach Fars und kehrten dann wieder nach Balkh zurück. Nicht gerechnet die diversen Abstecher für die Pilgerfahrten und ähnliches, belief sich die Strecke auf 2.220 Farsange.

Den Verlauf dessen, was ich gesehen hatte, habe ich wahrheitsgetreu wiedergegeben. Sollte über das, was ich Berichten entnahm, Einspruch erhoben werden, dann sollten die Leser dies nicht diesem mit Fehlern Behafteten zum Vorwurf machen und ihn deswegen tadeln.

Wenn Gott – Ihm sei Lob und Er ist erhaben – Seinen Beistand gewährt und die Reise in den Osten ansteht, dann soll das Erlebte dem hier hinzugefügt werden. Wenn Gott – Er ist erhaben – es so will. Denn Er, der Mächtige, ist für sich allein. Lob sei Gott, dem Herrn der Menschen in aller Welt, und möge Er Muhammad, dessen Familie und all seinen Gefährten gnädig sein.

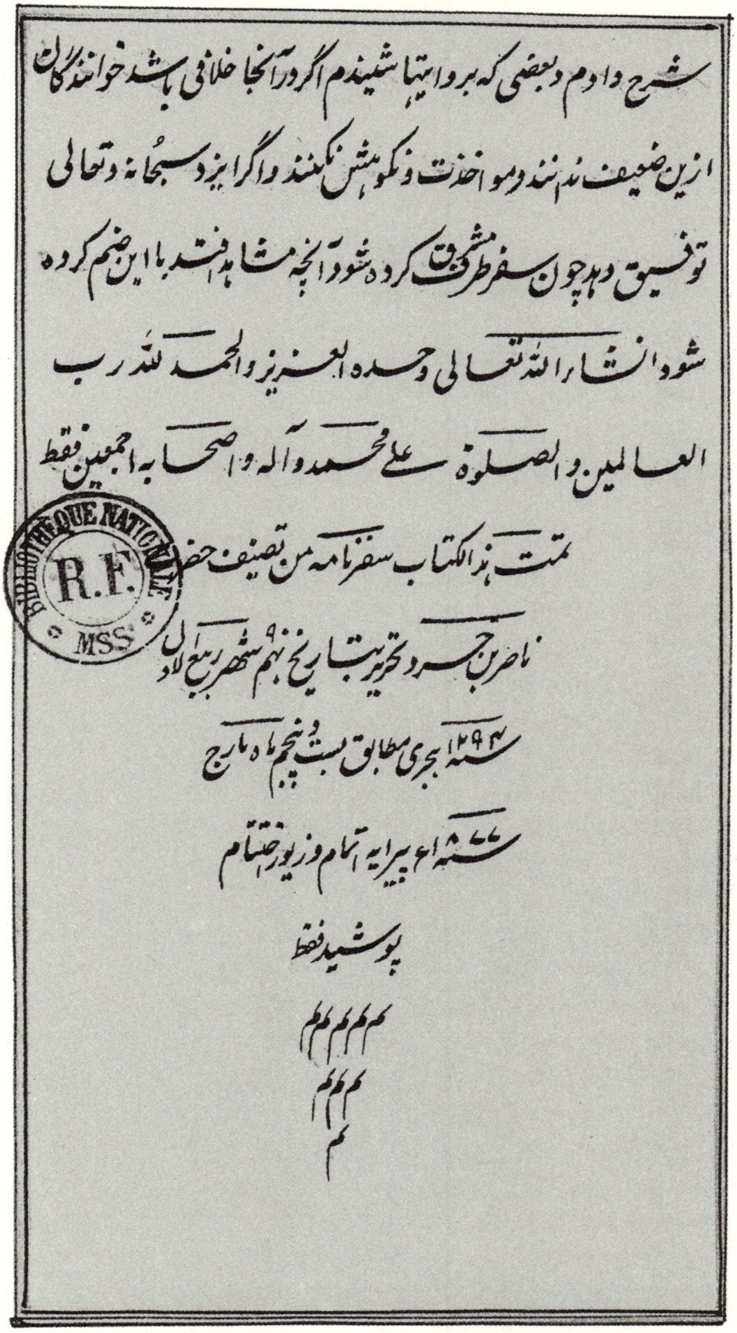
شرح دادم و بعضی که بروایتها شنیدم اگر درآنجا خلافی باشد خوانندگان
ازین ضعیف ندانند و مواخذت و نکوهش نکنند و اگر ایزد سبحانه و تعالی
توفیق دهد چون سفر طرف مشرق کرده شود آنچه مشاهد افتد با این ضم کرده
شود انشاء الله تعالی وحده العزیز والحمد لله رب
العالمین والصلوة علی محمد و آله و اصحابه اجمعین فقط
تمت هذا الکتاب سفرنامه من تصنیف حضرت
ناصر بن خسرو تحریر بتاریخ نهم شهر ربیع الاول
سنه ۱۲۹۴ هجری مطابق بیست و پنجم ماه مارچ
سنه ۱۸۷۷ع بپیرایه اتمام و زیور اختتام
پوشید فقط
تم تم تم تم
تم تم
تم

Die letzte Seite einer Handschrift des »Safarname« von 1877
Bibliothèque nationale, Paris, Sup. Pers. 1544

Anhang

Orte und geographische Bezeichnungen

ʿAbbadan: heute iranisiert Abadan, gegründet vermutlich im 8./9. Jh.

Aʿbalin: vielleicht das alte Zebulon, heute liegt der Ort Ibilin etwa 8 km südl. von Birwa.

Ab-e-garm: ›Heißes Wasser‹; nicht belegt.

Abesgun: Meer von Abesgun – Kaspisches Meer.

Abkhori: vielleicht Abkhoran, existiert nicht mehr.

ʿAdan: Aden, sehr alte Hafen- und Handelsstadt im Jemen auf dem Verbindungsweg zwischen den Karawanen nach Norden und dem Seeweg nach Afrika und Indien.

Ahvaz: Stadt an der Westgrenze des Iran am Fluß Karun.

Akhlat: auch Khilat, sehr alte Stadt, später an anderer Stelle neu erbaut; heute Hauptstadt der Provinz Bitlis.

Akhmim: das koptische Smim und griech. Panopolis.

ʿAkka: Acre oder Akko, das hellenistische Ptolemais und Akkon der Kreuzfahrer, bedeutender Schiffsbauplatz der Umayyaden.

Amid: das byzantinische Amida, heute Diyarbakir.

Amol: alte Stadt, 240 km nordwestlich von Teheran, in islamischer Zeit wichtiger Industrie- und Handelsort.

al-Andalus: Andalusien mit dem Zentrum Sevilla, der Name (Vandalen!) ist erstmals im Jahre 716 belegt, fünf Jahre nach der Niederlage der Westgoten gegen die Moslems unter at-Tariq.

Antakiya: die antike Weltstadt Antiochia, Hauptstadt des hellenistischen und römischen Syrien, wichtige Handelsstadt, im 5. Jh. Zentrum der nestorianischen Lehre.

ʿArʿar: Lesung unsicher, Yaqut kennt mehrere Orte dieses Namens im Nadjd.

Arbil: das alte Arbela, heute Arbel, arab. Irbid.

Arradjan: auch Arraghan oder Arghan, Stadt mit tropischem Klima in Fars an der Grenze zu Khuzistan.

Arzan: ehem. Hauptstadt der römischen Provinz Arzanene, in vorislamischer Zeit Bistum der syrischen Kirche; im 12. Jh. völlig zerstört.

al-ʿAsi: Orontes, Name ist vermutlich griechisch.

ʿAsqalan: das Askalon der Kreuzritter, das heutige Ashqelon liegt 3 km von der antiken Stadt entfernt.

Aswan: Assuan, das alte Suenet und Syene der Griechen, in vorchristlicher Zeit Garnisonsstadt der Juden und Römer, einst wichtiger Handelsort.

Asyut: das alte koptische Siyut, einst ein bedeutender Umschlagplatz im Sklavenhandel.

al-ʿAthr: nach Yaqut eine Stadt im Jemen

ʿAydhab: ehem. Hafen in Oberägypten, einst sehr bedeutend für den Handel.

ʿAyn ush-Shams: Sonnenquelle, das antike Heliopolis, beim heutigen al-Matariya; vormals das Hauptkultzentrum des Gottes Re, das On der Bibel.

Azarba'idjan: die alte Provinz Atropatene; heute bestehend aus zwei Teilprovinzen mit den Hauptstädten Reza'iye und Tabriz, erklärte 1945 kurzzeitig ihre Unabhängigkeit.

Baghdad: die 762 von al-Mansur gegründete ›Runde Stadt‹ und Sitz der ʿAbbasidenkalifen.

al-Bahrayn: ›Zwei Meere‹, früher die gesamte Ostküste der Arabischen Halbinsel, heute Inselgruppe.

Bahr un-Na'am: ›Meer der Straußenvögel‹, vielleicht identisch mit Ibn Djubayrs Bahr un-Ni'am (s. Gaudefroy-Demombyne S.66, der auch auf die bewohnte Insel Djazirat un-Nu'man im Roten Meer hinweist).

Balkh: Marco Polos Balach, die alte Hauptstadt der Provinz Baktrien, eine Gründung aus vorchristl. Zeit mit zentraler Lage zwischen Indien, China, Turkestan und dem Iran.

Bargari: das Hudud ul-'Alam hebt die lokale Produktion von Teppichen, Hosenschnüren sowie den Holzschlag hervor; das heutige Muradiye in der Türkei.

Barqa: Distrikt von Mekka.

Barwa: kleiner Ort beim Tell Barwa, heute Birwa.

Baryab: auch Faryab, Paryab, Stadt im Bezirk Djuzdjan in der Nähe von Balkh am Westufer des Oxus.

Barz ol-Kheyr: korrupt, vielleicht das heutige Kuhgir.

Basra: Marco Polos Balsora, 638 als Heerlager (al-Misr) von 'Umar Ibn ul-Khattab erbaut.

Bayrut: Hauptstadt von Herodes Agrippa; die heutige Hauptstadt des Libanon.

Bayt ul-Lahm: ›Haus des Fleisches‹, fälschlich für ›Haus der Lachama‹, Bethlehem, das antike Ephrata.

Bayt ul-Maqdis: auch Bayt ul-muqaddas, ›Heiliges Haus‹, arab. Name Jerusalems.

Bil: nach Yaqut ein Dorf im Distrikt von Rey, heute Nezamabad.

al-Bisha: Ort und ehem. Bezirk südl. von Mekka; heute heißt der Hauptort Qal'a Bisha.

Bitlis: bis Mitte des letzten Jhs. in kurdischer Hand; einst zentral gelegener Karawanenort.

Biyaban: Provinz, besteht heute aus drei Teilprovinzen: Biyabanak, Khorbiyabanak, Djandak-e-Biyabanak.

Chastkhoran: wird bei Beyhaqi (S. 160) erwähnt, existiert heute nicht mehr.

Chin: China.

Damavand: höchster Berg des Alborz-Gebirges, um den sich viele Mythen ranken; gilt als das Gefängnis des legendären Tyrannen Zahhak.

Damghan: Stadt und Landschaft zwischen Teheran und Mashhad, weist mit dem Tari-Khane die älteste noch erhaltene Moschee Irans auf (9. Jh.). Das hellenische Hekatompylos (Hundert-Tore-Stadt) war die Hauptstadt des Arsakidenreiches (247 v. Chr.-226 n. Chr.).

Damiyat: Damiette, das griech. Tamiathis, berühmt für seine Stoffe (Damiyati); die heutige Stadt steht am anderen Nilufer.

Damun: alter, bereits in der Antike bewohnter Ort.

Darband: alte Stadt aus der Sasanidenzeit, das arab. Bab ul-Abwab (Tor der Tore).

Dastgerd: arab. Dastdjird, nach Yaqut Dastdjird-e-Djamukiyan (vgl. die im Text erwähnte Brücke).

Deylam: Gebirgslandschaft südwestlich des Kaspischen Meeres.

Didjla: Tigris.

Dimashq: Damaskus, sehr alter Ort, im 11. Jh. v. Chr. blühende Hauptstadt des aramäischen Reiches, später die Metropole der Umayyaden.

ad-Diqa: (oder ad-Dayqa, arab. für Armut) nach Yaqut zehn Farsange von 'Aydhab entfernt.

Diyarbakr: Provinz in Obermesopotamien.

Djabal ul-Qamar: trotz unterschiedlicher Vokalisierung vermutlich Ptolemäos' ›Mondberg‹ (s. al-Mas'udi S.34, dazu Karte bei Ibn Hauqal S.140/141, Bd.1); laut Hudud ul-'Alam soll er 500 Farsange lang sein und Silbervorkommen beherbergen.

al-Djar: Hafen- und Handelsstadt am Roten Meer, ehem. Versorgungshafen von Medina.

Djayhun: Oxus oder Amu Darya, Marco Polos Gihon.

Djaz': vielleicht Yaquts Djaz' Bani Hammaz, Tal in al-Yamama.

al-Djidda: auch al-Djudda, reiche Handelsstadt, seit dem 7. Jh. der Pilgerhafen von Mekka.

Djubayl: das Afaya der Phönizier, der Überlieferung nach ihre älteste Stadt und bedeutendes Kultzentrum; das Gibal der Hebräer, das griech. Byblos und Gibeleth der Kreuzfahrer.

al-Djuhfa: ›Wasser, das alles mit sich reißt‹, Ort zwischen Medina und Mekka, laut Yaqut zuvor Mahyaʿa genannt; einst Treffpunkt der Mekkapilger aus Ägypten und Syrien.

Djuzdjanan: auch Djuzdjan u. Djuzgan, Distrikt; ein Ort dieses Namens ist unbekannt; vermutlich Anbar, das heutige Sar-e-Pul, oder korrupt für al-Djurzuwan.

Faradis: arab. Plural des urspr. awestischen pairidaeza ('eingezäunter Raum‹, neupers. ferdous, vgl. dt. Paradies); das antike Herodium.

Farang: (eigentlich Farangistan) Frankenland.

Fars: Persis, Region in Iran mit Zentrum Siraz.

al-Filastin: (v. Philister) arab. Name für die römische Provinz Palästina Prima, das Gebiet westlich von Judäa und Samaria.

al-Fulaydj: vielleicht das von Yaqut erwähnte Tal Fulaydj in al-Yamama, im Bezirk Faladj ul-Afladj zwischen Basra und Darriya, oder der Ort Faladj in al-Yamama Furat: Euphrat.

al-Fustat: (von gr. fossaton, Graben) das byzantinische Babylon, unter den Fatimiden hieß Kairo auch Misr ul-Fustat; bereits um 500 v. Chr. stand hier eine Festung der Perser.

Garma: das Djarmaq der arabischen Geographen, auch Seh Deh (drei Dörfer) genannt.

Gavan: vielleicht korrupt für Djoveyn bei Sarakhs.

Ghaznin: Ghazna, Stadt südlich von Kabul.

Gilan: ›Land der Gelen‹, Provinz zwischen Kaspischem Meer und Alborz-Gebirge, mit Hauptstadt Rast.

Gonabad: arab. Djunabid, sehr alte Stadt und Bezirk in Süd-Khorasan; heute eine Kleinstadt.

Gordji: Georgien.

Habasha: Äthiopien.

Halab: Aleppo, sehr alte Stadt in Syrien mit enormer Bedeutung als Warenumschlagplatz zwischen Europa und Asien.

Hama: das antike Hamath und hellenistische Epiphania; die sehr alte Stadt ist noch heute berühmt für ihre Wasserräder.

Hamadan: das alte Hagmata und Ekbatana, die Hauptstadt des Reiches der Meder.

Harran: sehr alte Tempelstadt; im Jahre 53 v. Chr. fand bei diesem Ort die Schlacht von Carrhae zwischen Römern und Parthern statt.

al-Haud: arab. für Zisterne.

Hayfa: das Sykamios der Griechen, am Berg Karmel gelegen, Gründungsort des Karmeliterordens (1155). 1868 siedelten hier die deutschen Templer; heute das Zentrum der Baha'i.

Hazira: mehrere Orte möglich, u.a. Qalʿa Nabi Hazur.

Herat: sehr alte Stadt im heutigen Afghanistan.

Heysamabad: nach Yaqut ein Ort nahe Hamadan.

Hidjaz: Landschaft im Nordwesten der arabischen Halbinsel, etwa von Akaba bis Mekka.

Hindustan: Indien.

Hisn Bani Nasir: nicht belegt.

Hims: Homs, das antike Emesa.

ʿIraq: zum einen al-ʿIraq ul-ʿarabi, das fruchtbare Gebiet zwischen der syrischen Wüste, den Wüsten und Steppen Arabiens und dem Iran, zum anderen die pers. Provinz al-ʿIraq ul-ʿadjami.

ʿIraqayn: ›die beiden ʿIraq‹, s.o. ʿIraq.

ʿIrqa: auch ʿArqa, das Arkados der Kreuzfahrer, alte phönizische Siedlung; unter den Byzantinern bekannt als Caesarea des Libanon.

Isfahan: Marco Polos Spaan, Stadt und

Provinz, Hauptstadt der Saldjuqen, unter den Safaviden religiöses Zentrum der Schia und heute zweitgrößte Stadt des Iran (alte Schreibweise: Spahan).

Iskandriya: Alexandria, Stadt am westlichen Nildelta, einst Standort des 180 Meter hohen Pharos.

Kafar Kanna: galt lange Zeit als der Ort, an dem Jesus sein erstes Wunder vollbrachte, indem er Wasser zu Wein werden ließ.

Kafar Saba: Kafar Saba und Kafar Sallam sind zwei verschiedene Orte; Kafar Saba liegt etwa 15 km landeinwärts, Kafar Sallam hingegen an der Küste.

Kafar Sallam: s.o. Kafar Saba.

al-Kanisa: (Kirche) Ort am Fuße des Berges Karmel, auf dem Tell Kunaysa, den die Kreuzritter irrtümlich für das biblische Kapernaum hielten.

Kazerun: damals reiches Handelszentrum in Fars.

Khabis: arab. für Khabidj in Kerman; heute in Ruinen.

al-Khalil: Kurzform für Mashhad Ibrahim ul-Khalil, Hebron, das Kiriyat Arba des Alten Testaments.

Khan Langan: Distrikt, vermutlich der Hauptort Firuzan.

Khandan: vielleicht Khandab, Dorf bei Qazvin.

Kharzavil: heute Kharzan, Dorf bei Mandjil.

Khatun: vermutlich Latrun, das Castrum boni latronis der Kreuzfahrer.

Khorasan: das alte Baktrien, umfaßt etwa den Nordosten des Iran sowie die angrenzenden Teile Afghanistans und Turkmenistans.

Khoy: liegt heute im Gebiet der Kurden, einst wichtige Station im Seidenhandel.

Kish: auch Qeshm, das alte Qays, Insel im Persischen Golf, einst wichtiger Handelsplatz.

Kufa: 638 gegründete Lagerstadt (al-Misr) am Ufer des Euphrat, später schiitisches Zentrum.

Kuwaymat: vielleicht Kafar Tab (s. Hudud ul-ʿAlam).

Lahavur: Lahore, Stadt im Pandjab am Fluß Rawi.

Lahsa: korrekt al-Ahsa' oder al-Hasa', mehrere Oasen im Osten der Arabischen Halbinsel bzw. der ganze Osten mit der heutigen Hauptstadt al-Hufuf.

Lavasan: auch Lavasanat, Distrikt beim Berg Damavand (Lavasan-e-kuchek und Lavasan-e-bozorg).

Lurdaghan: auch Lurghan oder Lurkan, ehem. Bezirkshauptstadt in der Provinz Ahvaz.

Maʿarrat an-Nuʿman: nach einem Prophetengefährten, Nuʿman Ibn Bashir; das Marre der Kreuzfahrer.

Magharik: s. Damun.

al-Maghrib: Westen, ›dort wo die Sonne untergeht‹, etwa das Gebiet zwischen der Cyrenaika und dem Atlantik; heute die Eigenbezeichnung Marokkos.

al-Mahdiya: 916 von al-Mahdi gegründet, im 15. Jh. Piratenunterschlupf.

Mahruban: Hafenstadt nahe der Grenze zu Fars, einstiger Verbindungshafen zwischen Basra und Indien.

Makran: Küstenzone in Südiran.

Manbidj: das alte Hierapolis, vermutlich eine Gründung der Assyrer, von Harun ur-Rashid zur Sicherung der Region al-ʿAwasim befestigt; heute Münbiç.

Marand: sehr alter Ort, vermutlich assyrische Gründung.

Marv (-e-Shahegan): das alte Margiane, heute Mary.

Marv or-Rud: Stadt zwischen Balkh und Marv, 652 von den Arabern erobert.

Maskiyan: Region in Kerman.

Matlun: korrupt für Martun, eines der vier Dörfer, aus denen Hebron urspr. bestand.

Ma wara' an-Nahr: ›Land, das jenseits des Flusses liegt‹, Transoxanien.

Mayyafariqin: arab. Mafarqin, das alte griechische Martyropolis, das syrische Mipherqet, einst Zentrum der kurdischen

Marwaniden und bis ins 20. Jh. in kurdischer Hand; das heutige Silvan.

Medina: vormals Yathrib, Beiname Dar ul-Hidjra (Haus der Zuflucht), da Muhammad mit seinen Getreuen hierher auswanderte (Hidjra im Jahre 622); damals war die Stadt von den Stämmen der Aus und Khazradj und von Juden bewohnt.

Mekka: die Stadt der Quraysh, bereits in vorislamischer Zeit bedeutender Handelsort und Kultzentrum mit dem Beinamen Umm ul-Qura, Mutter der Städte.

al-Misr: (Pl. Amsar) arab. für befestigtes Heerlager; heute Eigenbezeichnung des Landes Ägypten sowie im lokalen Gebrauch für die Hauptstadt Kairo.

Miyan-e-Rusta: nicht belegt.

Multan: alte Stadt im Pandjab.

Mutar: nach Yaqut ein Dorf im Bezirk at-Ta'if.

an-Nadjd: das innerarabische Hochland.

Nadjran: wichtige Oasenstadt in Südarabien, schon lange vor dem Islam Sitz einer christlichen Gemeinde, die sich später dem Propheten beugen mußte.

Na'in: heute eine Kleinstadt, berühmt für ihre Seidenteppiche.

Nishabur: das alte Nev-Shahpur, eine Gründung des Sasanidenherrschers Shahpur I. (241-272).

Nuba: Nubien, die rund 1.000 km lange Niltalregion zwischen Ägypten und Sudan.

Pandjdeh: ›Fünf Dörfer‹, Ort im Bezirk Marv-e-Rud.

Piyadha: das Biyadhaq der arabischen Geographen, heute Bayaziye.

Qabban: Stadt und Bezirk in Azarba'idjan, zwischen Tabriz und Darband; das heutige Aqa Baba.

al-Qahira: ›die Siegreiche‹, die 969 vom Fatimidenfeldherrn Djauhar gegründet Palaststadt; Fustat/Misr war der sunnitische Stadtteil.

Qalmun: auch Qalamun, das Calamos der griech. Geographen, befestigter Ort südlich von Tripoli.

Qariyat ul-ʿInab: ›Traubendorf‹, das alte Kiriyat Yearin.

Qarul: vermutlich das antike Edessa, das Callirhoe der Griechen, heute Urfa. Hier soll der Überlieferung zufolge Abraham in einer heute noch zu besichtigenen Höhle geboren worden sein.

al-Qatif: alte Oasenstadt, hier wurden die ersten großen Erdölvorkommen in Arabien entdeckt.

Qayen: alte Stadt in der Provinz Qohestan, im 15. Jh. neu erbaut; 1979 durch ein Erdbeben verwüstet.

Qayrawan: Kairuan im heutigen Tunesien.

Qaysariya: das antike Caesarea, die alte Hauptstadt Palästinas.

Qazvin: alte Stadt und Distrikt nordwestlich von Teheran, das Kasibin Marco Polos.

(Djund) Qinnasrin: ehem. Karawanendurchgangsort; mit Djund wurde eine militärische Region bezeichnet. Bis in die Zeit der Umayyaden existierten vier solcher Regionen (Hims, Dimashq, al-Urdunn und al-Filastin), später kam noch Qinnasrin hinzu.

al-Quds: ›Das Heiligtum‹, Beiname Jerusalems.

Quhe: entweder Quhadh ul-ʿUlya oder Quhadh ul-Ma' (s. Yaqut); beide wurden gemeinhin Quhe genannt.

al-Qulzum: das antike Klysma, Hafenstadt am Roten Meer, beim heutigen Suez; befestigter Ort, der den alten Verbindungskanal zwischen Nil und Rotem Meer (von den Römern begonnen und von Darius vollendet) absichern sollte / Meer von al-Qulzum: Rotes Meer.

Qumis: alte Provinz, heute im lokalen Dialekt Kumech.

Qus: das alte Apollonopolis Parva, einst altägyptische Kultstätte und wichtiger Handelsort.

Qustantaniya: Konstantinopel.

ar-Ramla: (Sand) einzige arabische Stadtgründung in Palästina (716 unter Sulayman Ibn ʿAbd ul-Malik).

Raqqa: heute ein Dorf im Bezirk von Ferdous.

Rey: das alte Raga in Medien, das in den biblischen Apokryphen als Rhagai erscheint, südöstlich von Teheran gelegen; später auch Europos, Arsakiya und Muhammadiya genannt; heute nur noch Ruinen.

Rostabad: vermutlich das heutige Doulatabad.

Rum: abgeleitet von Rom (Reich der Romäer), das byzantinische Reich / Meer von Rum: Mittelmeer.

as-Sa'da von 897 bis 1261 Hauptstadt des Zayditenreiches.

Sa'id ul-a'la: auch Sa'id Misr, Oberägypten.

Sa'idabad: belegt an der Westgrenze von Deylam.

as-Salihiya: Stadt mit Werfthafen am östl. Nilarm.

Samarqand: das alte Maranda.

San'a: ab 1261 Hauptstadt des Zaiditenreiches und seit 1990 Hauptstadt des vereinten Jemen; weltweit berühmt für seine einzigartige Architektur.

Sanglan: vielleicht Samangan, Ort etwa 100 km östlich von Mashhad oder Sangan, Ort im Distrikt Marv.

Saqlab: Land der Slaven.

Sarab: Ort zwischen Ardabil und Tabriz, am gleichnamigen Fluß gelegen.

Sarakhs: alte Stadt zwischen Mashhad und Marv, am Unterlauf des Flusses Hari-Rud.

Sarba: Ort zwischen Taykha und Djadila.

Sarmin: bis zur Eroberung durch Salah ud-Din im Jahre 1175, ein Zentrum der syrischen Assassinen.

Sarudj: Stadt in der Provinz Diyar Modar, heute Sürüç.

Save: vormals Savadj, Stadt und Bezirk zwischen Qazvin und Qom, einst Sammelpunkt der Mekkapilger; Marco Polo nennt es Saba und will dort die Gräber der drei Weisen aus dem Morgenland gesehen haben.

Sayda: Sidon, eine Gründung der Phönizier, ehem. Bischofssitz; Fundort des Alexandersarkophages.

Seh Darra: ›Drei Täler‹, alter Distrikt von Balh.

Semnan: Stadt an der alten Karawanenstraße von Khorasan nach Medien am Rande der Kavir-Wüste.

Sepidrud: Quellfluß des Qizil Uzan.

Shaburghan: (arab. Shabirqan), das alte Asapuragan, bedeutende Stadt der Provinz Djuzdjan; Marco Polo nennt sie Sapurgan und rühmt ihre getrockneten Melonen.

Shahrud: Quellfluß des Qizil Uzan.

Sham: Syrien, umfaßte in der Antike den heutigen Libanon, Palästina sowie Teile Jordaniens und der Türkei.

Shemiran: Stammburg der lokalen Dynastie der Musafiriden; 1227 von den Mongolen geschleift.

Sidjilmasa: einst bedeutender Karawanenort, von dem aus al-Mahdi zu Beginn des 10. Jh. seine Mission unter den Berbern begann; heute nur noch Ruinen.

Siqiliya: Sizilien, von 827-1061 unter islamischer Herrschaft; während dieser Zeit wurden Berber angesiedelt, die viele neue Anbauprodukte mitbrachten (u.a. Datteln, Hartweizen, Zuckerrohr).

Sur: das heutige Tyros, sehr alte phönizische Handelsstadt, der antike Ort lag auf einer dem Festland vorgelagerten Insel.

Tabariya: 18 n. Chr. zu Ehren von Tiberius gegründet, von 1099-1187 Hauptstadt von Galiläa.

Tabas: Name zweier Städte; hier handelt es sich um Tabas-e-Gilaki (arab. Tabas ut-Tamr), später ein Zentrum der Isma'iliten. Tabas wurde 1978 durch ein Erdbeben praktisch völlig zerstört.

Tabriz: Hauptstadt der Provinz Azarba'idjan, heute viertgrößte Stadt des Iran.

at-Ta'if: die Stadt der Banu Thaqif, 630 von Muhammad erobert; infolge ihres milden Klimas noch heute beliebte Sommerresidenz.

Taleqan: Marco Polos Thaikan, zwischen

Marv or-Rud und Sarakhs, bekannt für seine Filzproduktion.

Tarom: Bezirk am Fluß Qizil Uzan.

Tawwa: auch Tawwadj, Tawwaz, ehemals bedeutende Handelsstadt, heute nicht mehr existent.

Termez: ehem. buddhistisches Zentrum; heute an anderer Stelle neu erbaut.

ath-Thurayya: ›Pleiaden‹, laut Yaqut ein Gewässer im Bezirk Darriya; vielleicht korrupt für Thuraba, Ort westl. von at-Ta'if.

at-Tihama: Küstenstreifen zwischen Bab ul-Mandab und der Grenze Saudi-Arabiens.

at-Tina: nach Yaqut ein Ort in Ägypten zwischen al-Farama (Begräbnisort Galens) und Tinnis; Ibn Hauqal hebt den Export von Pinienholz hervor.

Tinnis: Stadt an der östlichen Nilmündung; die im Hudud ul-ʿAlam Tinnis-See genannte Lagune mit Verbindungen zum offenen Meer heißt heute Manzala-See.

Tokharestan: auch Tokhayristan, Gebiet am Oberlauf des Oxus zwischen Badakhshan und Hindukusch; der Name leitet sich vom iranischen Stamm der Tocharer ab.

Trabarzan: das Darbassa der arabischen Geographen, das Turbessel der Kreuzfahrer.

Trablus (ush-Sham): Tripolis, heute maronitischer Bischofssitz.

Tun: Name einer Stadt und eines Bezirkes, heute Ferdous; 1968 durch ein Erdbeben völlig zerstört.

Turkistan: Land der Türken, in etwa identisch mit Mittelasien.

al-Ubulla: alte persische Gründung, von den Arabern indes wegen des ungünstigen Klimas aufgegeben, das griech. Apologos.

al-ʿUman: Oman.

Van: der Überlieferung zufolge eine Gründung von Königin Semiramis, am Ostufer des Vansees gelegen.

Vastan: ehem. kleine Stadt und Bezirk, heute Gevas.

Wadi-l-Qura: Senke nordwestlich von Medina und ehem. jüdische Siedlung.

al-Yamama: zentralarabische Landschaft, alter Name al-Djaww, mit dem Hauptort al-Hadjr, später ebenfalls al-Yamama genannt; hier predigte vermutlich schon vor Muhammad der Prophet Musaylima (Maslama Abu Tumama).

al-Yaman: ›Land zur Rechten (von Mekka)‹, Jemen.

az-Zabid: einst Zentrum der shafiʿitischen Rechtsschule mit berühmter Universität und Sklavenumschlagplatz.

Zangibar: Sansibar.

Zuzan: Stadt und Provinz bei Nishabur.

Eines der besonders hervorzuhebenden Merkmale des Safarname, worauf man auch bei dessen Lektüre gleich zu Beginn stößt, sind die Datumsangaben. Dabei hat der Autor zwei unterschiedliche Systeme verwendet: den islamischen Mondkalender und den persischen Sonnenkalender.

Der offensichtliche Grund für einige der Korrespondenzdaten ist, dem Leser anhand der Sonnenjahrrechnung eine Vorstellung von der Jahreszeit zu geben, damit dieser daraus zu ersehen vermag, wann gewisse Obst- und Gemüsesorten, wie sie der Autor staunend vermerkt, in den von ihm beschriebenen Gegenden ihren Reifegrad erreichen, einhergehend mit der Schilderung des Klimas zu gewissen Jahreszeiten. Dies ist aus den Mondkalenderdaten nicht ersichtlich, da das Mondjahr ja um 11-12 Tage kürzer ist als das Sonnenjahr und somit die Jahreszeiten allmählich durchläuft (ein Mondmonat ist nur 29,531 Tage lang).

Die Zeitrechnung in Arabien und im Iran erfordert demnach einige zusätzliche Erläuterungen und Informationen, die indes in diesem Rahmen nicht erschöpfend ausfallen können, dennoch aber einige Probleme bei der Behandlung dieses Themas aufzeigen wollen.

Arabien

Bereits in vorislamischer Zeit war Mekka ein städtisches Zentrum der Arabischen Halbinsel, in dem Kult und Handel Hand in Hand gingen. Die Stadt lag an der Weihrauchstraße, über die die Karawanen aus dem Süden den begehrten Luxusartikel nach Norden transportierten, was ihren Wohlstand sicherstellte. Hier fanden auch regelmäßige jährliche Zusammenkünfte statt, zu deren Festlegung, wie sich herausstellte, der gebräuchliche Mondkalender, der keine Schaltjahre kannte, nicht geeignet war, da die Treffen zwangsläufig auch in ungünstige Jahreszeiten fielen. Nachdem eine erste Kalenderreform im zweiten Jahrhundert vor der Hidjra, wonach vom reinen Mondkalender abgewichen und ein Lunisolarjahr eingeführt wurde, das abwechselnd 12 und 13 Monate umfaßt, sich indes als ebenso unbrauchbar erwies, entschloß man sich zu einer Verbesserung des Kalenders, die an-Nasi' (Verschiebung).

Die Aufgabe, die dem sog. al-Qalammas übertragen wurde, lag darin, jährlich zur Zeit der Wallfahrt zu verkünden, nach welchem Monat diese Verschiebung stattfinden sollte.

Nach diesem System wurde bis ins Jahr 10 nach der Hidjra verfahren, bis schließlich Muhammad selbst die Einstellung dieses Brauchs verfügte (vgl. Qoran Sura 9, Vers 36 f.: »Zwölf gilt bei Gott als die Zahl der Monate. ... Die Verschiebung ist ein Übermaß an Unglauben. ...«; nach Sura 10, Vers 5 ist allein der Mond ausschlaggebend für die Jahresrechnung).

Datums- bzw. Jahresangaben vor der Hidjra sind so gut wie nicht zu bestimmen, da die Überlieferung bei der Wiedergabe von Ereignissen keine Jahreszahlen verwendet. Angegeben wurde in aller Regel eine bedeutendere kriegerische Auseinandersetzung. So ›datierte‹ man mittels der Formel ›in den Tagen der Kämpfe...‹ (fi ayyami-l-maʿarik), und das Jahr nannte man nach einem besonders markanten Ereignis. Am bekanntesten ist das Jahr des Elefanten (ʿAm ul-Fil, vermutlich das Jahr 570), in dem Mekka von Abraha, dem abessinischen Gouverneur des Jemen, erfolglos angegriffen wurde, um die vorherrschende Stellung der Stadt zu brechen, wobei Kriegselefanten zum Einsatz kamen. Diese Sitte der Benennung eines Jahres gilt auch noch für das erste Jahrzehnt nach der

Hidjra. So trägt etwa das Jahr 1 den Namen ʿAm (oder Sanat) ul-Idhn, das Jahr der Bewilligung, und das zehnte Jahr, das Todesjahr des Propheten, heißt Jahr des Abschieds (ʿAm ul-Widaʿ).

Die islamische Mondjahrrechnung beginnt mit dem Jahr der Auswanderung des Propheten von Mekka nach Medina, der Hidjra. Der genaue Tag ist nicht bekannt, vermutet wird aber der 2. Rabiʿ ul-Awwal, der 14. Sept. 622. Die Epochenrechnung beginnt indes mit dem 1. Muharram, dem 16. Juli 622. Am 12. Rabiʿ ul-Awwal, entsprechend dem 24. September, hielt der Prophet Einzug in Medina. Die Epochenrechnung wurde im Jahre 638 während der Regierungszeit des Kalifen ʿUmar Ibn ul-Khattab (634-644) eingeführt, um damit eine geregelte Besteuerung und die Regelmäßigkeit sonstiger Zahlungen zu gewährleisten.

Das Jahr gliedert sich in 12 Monate mit abwechselnd 30 und 29 Tagen, lediglich der letzte Monat hat in einem Schaltjahr einen zusätzlichen Tag. Die Monatsnamen lauten: al-Muharram (zuvor Safar ul-Awwal), Safar, Rabiʿ ul-Awwal, Rabiʿ ul-Akhir (oder Rabiʿ uth-Thani), Djumada-l-Ula, Djumada-l-Akhira (oder Djumada-th-Thaniya), Radjab, Shaʿban, Ramadan, Shawwal, Dhu-l-Qaʿda, Dhu-l-Hidjdja. Der Ramadan ist der Fastenmonat, im Muharram begehen die Schiiten den Märtyrertod Husayns (ʿAshura-Zeremonien) und in den vier Monaten al-Muharram, Radjab, Dhu-l-Qaʿda und Dhu-l-Hidjdja (Wallfahrtsmonat) sind gewaltsame Auseinandersetzungen verboten.

Iran

Im Iran war schon lange vor dem Erscheinen des Islam die Sonnenjahrrechnung in Gebrauch. Naser-e-Khosrou erwähnt zu Anfang die Yazdagerd-Ära, die sich auf den letzten Sasaniden Yazdagerd III. (reg. 632-651), den Sohn des Shahriyar bezieht. Die Ära beginnt mit der Zählung rund elf Jahre nach der Hidjra (genau acht Tage nach dem Tod Muhammads) am 16. Juni 632, dem Krönungstag des Herrschers. Die Yazdagerd-e-djadid (neu) Ära findet heute noch bei den Zoroastriern Verwendung.

Bis in die islamische Zeit hinein wurde das Jahr in 12 Monate mit jeweils 30 Tagen zuzüglich 5 Schalttagen (Andargah) am Ende des Monats Aban unterteilt. Die Monatsnamen lauten: Farvardin, Ordibehesht, Khordad, Tir, Amordad (später korrupt Mordad), Sahrivar, Mehr, Aban, Azar, Dey, Bahman, Esfand. Das Jahr begann mit der Tagundnachtgleiche im Frühling (21. März), dem Nouruz (Neujahrstag). Daneben trugen die einzelnen Monatstage bestimmte Namen: Ohrmazd, Bahman, Ordibehesht, Shahrivar, Esfandarmaz, Khordad, Amordad, Dey be Azar, Azar, Aban, Khʷar, Mah, Tir, Gush, Dey be Mehr, Mehr, Sorush, Rashn, Farvardin, Bahram, Ram, Bad, Dey be Din, Din, Ard, Ashtad, Asman, Zamyad, Mantrasepand, Aneran. Die Schalttage nannte man Ahnad, Asnad, Esfandarmaz, Akhshatar und Vahisht.

Nach dieser Einteilung des Jahres (12 Monate 30 Tage plus 5) ergibt sich die Summe von 365 Tagen. Ein Jahr ist nun aber nicht exakt 365 Tage lang, sondern 365 plus ein Rest von etwa einem Viertel Tag. Daraus folgte, daß nach dem Ablauf von 120 Jahren ein ganzer Monat dazwischengeschaltet werden mußte. Trotzdem stellte sich heraus, daß der ›Rest‹ noch immer nicht ausgeglichen worden war, was sich daran bemerkbar machte, daß der Nouruz nicht auf den Tag der Tagundnachtgleiche gefallen war (im Vergleich hierzu sei kurz darauf hingewiesen, daß das Gregorianische Jahr mit seiner Durchschnittslänge von 365,2425 Tagen noch 0,0003 Tage vom tropischen Jahr abweicht, was bedeutet, daß die Fehlerrechnung nach 3.000 Jahren sich auf einen Tag beläuft). Die genaue Berechnung des Nouruz war, neben der kultischen Bedeutung, wichtig für den Einzug der Steuer. Das Steuerjahr war infolge des ›Rechenfehlers‹ solch extremen Schwankungen unterworfen, daß zeitweise gar die Zahlungen vor der Ernte fällig waren.

Da auch das islamische Mondjahr keine Abhilfe schaffen konnte, war eine neuerliche Reform also notwendig. Nachdem mehrere Versuche aus den unterschiedlichsten Gründen gescheitert waren (so u.a. unter den Kalifen Hisham Ibn ʿAbd ul-Malik, reg. 724-743; Harun ur-Rashid, reg. 786-809; al-Mutawakkil, reg. 847-861); at-Taʾiʿ Ibn ul-Mutiʿ, reg. 974-991; dem Fatimiden al-ʿAziz, reg. 975-996; Khalaf Ibn Ahmad in Sistan, reg. 970-1003 sowie dem Buyiden Rokn od-Doule, reg. 949-976/7), wobei es lediglich unter dem Kalifen al-Muʿtadid (reg. 892-902) gelang, eine teilweise erfolgversprechende Schaltung vorzunehmen, stellte sich erst unter dem Großsaldjuqen Djalal od-Din Malekshah (reg. 1072-1092) der gewünschte Erfolg ein. Er und sein Wazir Nezam ol-Molk beauftragten im Jahre 1075 acht Gelehrte mit diesem Unterfangen, darunter den berühmten Dichter und Gelehrten ʿOmar-e-Khayyam. Das Ergebnis war die gelungene Korrektur des Kalenders und die Einführung der Djalali-Ära (auch Maleki-Ära) am Freitag, dem 1. Farvardin 457, dem 15. März 1079 (9. Ramadan 471), also noch zu Lebzeiten Naser-e-Khosrous.

Danach besteht das Jahr aus 30tägigen Monaten zuzüglich 5 Schalttagen am Jahresende. Die Exaktheit basierte auf dem Wechsel der Schaltjahre, die alle vier bzw. fünf Jahre eingeschoben wurden. Grundlegend hierzu ist die Kabise-ye-Khayyam genannte Tabelle, wonach das Jahr aus 365 Tagen 5 Stunden 49 Minuten und einem Rest besteht.

Heute gelten im Iran zwei Kalendersysteme, der islamische Mondkalender und der iranische Sonnenkalender, der Hidjri-Shamsi-Kalender, der ebenfalls die Hidjra als Ausgangspunkt hat. Das Datum der Auswanderung des Propheten, unser 16. Juli 622, fällt danach auf den 26. Tir (119 Tage nach dem Nouruz). Die ersten sechs Monate haben nunmehr 31 Tage, die folgenden fünf 30 und der letzte Monat 29, in einem Schaltjahr 30 Tage.

In Afghanistan schließlich wird nach dem Tierkreiszeichenkalender gerechnet, der ebenfalls mit dem Jahr der Hidjra beginnt. Die arabischen Monatsnamen dieses Kalenders, die auch uns bekannten Tierkreiszeichen, lauten: Hamal (Widder), Thaur (Stier), Djauza' (Zwillinge), Saratan (Krebs), Asad (Löwe), Sunbula (Jungfrau), Mizan (Waage), ʿAqrab (Skorpion), Qaus (Schütze), Djady (Steinbock), Dalw (Wassermann), Hut (Fische). Nach einigen Umstellungen zählen die ersten sechs Monate heute jeweils 31 Tage, die folgenden fünf 30 und der letzte Monat 29, in einem Schaltjahr 30 Tage. Das Jahr beginnt am 21. März.

Bei einer Umrechnung gilt es die weitverbreitete Sitte zu berücksichtigen, wonach bereits mit dem Abend der folgende Tag beginnt. Auch sagt eine Umrechnungstabelle nichts darüber aus, ob beispielsweise am ersten Tag des Monats Ramadan tatsächlich mit dem Fasten begonnen wurde oder nicht, da die einzelnen Mondphasen gewissen Schwankungen unterliegen und der Beginn des Fastenmonats traditionell nach dem Erscheinen der Mondsichel am Abendhimmel bestimmt wird und nicht nach der astronomischen Rechnung.

Die von Naser-e-Khosrou angegebenen Daten stimmen im großen und ganzen überein. Falsch ist lediglich die Gleichsetzung des 20. Safar 438 mit dem 5. Shahrivar 415 (S. 30), die aber nicht unbedingt in die Verantwortung des Verfassers fallen muß. Korrekt muß hier der 25. Shahrivar stehen. Ohne im einzelnen darauf näher einzugehen, stimmen auch einige der erwähnten Wochentage nicht mit den Angaben der einschlägigen Umrechnungstabellen überein; sie fallen fast alle auf einen Tag früher. Ferner steht in allen Handschriften zu Beginn des Safarname das Korrespondenzdatum 410 (in unserer Ausgabe S. 24). Dies ist ein offensichtlicher Irrtum, der stillschweigend in 414 korrigiert wurde.

Die Daten der iranischen Zeitrechnung lassen sich teilweise übrigens nur mit der islamischen in Einklang bringen, wenn man davon ausgeht, daß die Schalttage noch an den Monat Aban angehängt wurden. Im Gegensatz dazu steht ein Hinweis zu den Wüstenfeld-Mahlerschen Umrechnungstabellen, wonach die Schalttage ab dem Jahre 376 (1006/7) dem letzten Monat Esfandarmaz hinzuzurechnen sind. Auch Taqizade setzt diese Verschiebung ab dem Jahr 1006 an. Ginzel (Bd.1 S.298f) hingegen verweist auf die doch recht individuelle, zu Beginn nicht einheitliche Handhabung dieser Regel.

Der Vollständigkeit halber soll noch auf die ethnologische Forschung verwiesen werden, die im Gebiet des Pamir die Verwendung eines Jahreszeitenkalenders ausgemacht hat. Zur Festlegung der Monate und Jahreszeiten werden dazu genau bestimmte Horizontmarken an den umliegenden Bergen zur Kontrolle des Sonnenstandes anvisiert. Diese Kalenderrechnung, so ist überliefert, soll Naser-e-Khosrou eingeführt haben. Lentz kommentiert dies mit den Worten (S.74f): »Welche Bedeutung man dieser Berechnung zuschreibt, ersehen wir daraus, daß ihre Einführung dem von den Pamirtadschiken als Heiligen verehrten Nasir Chusrau ... zugeschrieben wird.« Nach fast tausend Jahren also ist der persische Dichter an seiner letzten Wirkstätte noch nicht in Vergessenheit geraten.

Die vorliegende Übersetzung basiert auf folgenden Ausgaben des Safarname: M. Ghanizade, Berlin 1341/1963; Dr. Nader Vazinpur, Tehran 1354/1976; Mohammad Dabir Siyaqi, Tehran 1344/1966, neu überarbeitet und mit Anmerkungen versehen 1991; ohne Angaben, abgedruckt in der französischen Übersetzung von C. Schefer, Nachdruck Amsterdam 1970 (in der Originalausgabe von 1881 nicht enthalten).

Von den existierenden Übersetzungen wurden eingesehen: C. Schefer, *'Sefer Nameh – Relation du voyage de Nassiri Khusrau en Syrie, en Palestine, en Égypte, en Arabie et en Perse,* Paris 1881, Nachdruck Amsterdam 1970; Guy Le Strange, *Diary of a Journey through Syria and Palestine,* hrsg. von der Palestine Pilgrims Text Society, London 1893 (enthält nur den Palästina betreffenden Teil der Reise); W. M. Thackston, *Naser-e-Khosraw's Book of Travels (Safarnama),* New York 1986. Weitere Übersetzungen, die jedoch nicht konsultiert wurden, liegen in Türkisch, Russisch, Arabisch und Italienisch vor.

Sonstige verwendete Literatur

Abu Reyhan Biruni, *Athar ul-Baqiya,* Tehran 1363 sh

al-Maqriz, *Kitab al-Mawaʿiz wa al-Iʿtibar bi Dhikr al-Khitat wa al-Athar* (15. Jh.) Nachdruck Bayrut o. J.

al-Masʿudi, *Bis zu den Grenzen der Erde,* übers. und hrsg. von G. Rotter, Stuttgart 1982

al-Qazvini, *Athar ul-Bilad,* Bayrut 1960

Beyhaqi, M., *Tarikh-e-Beyhaqi,* Tehran 1336 sh

Birashk, A., *Ghaname-ye-Tatbiqi,* Tehran 1367 sh

Browne, E. G., *A Literary History of Persia,* 4 Bde., Cambridge 1928

Burton, Sir R. F., *Personal Narrative of a Pilgrimage to Al-Madinah & Meccah,* 2 Bde., Dover 1964 (Nachdruck der Originalausgabe von 1893)

Cahen, C., *Der Islam I,* Fischer Weltgeschichte Bd. 14, Frankfurt/M. 1968

The Cambridge History of Islam, hrsg. von P. M. Holt u. a., 2 Bde., Cambridge 1970

Cornu, G., *Atlas du monde arabo-islamique: L'époque classique,* Leiden 1985

Creswell, K. A. C., *The Muslim Architecture of Egypt,* 2 Bde., Oxford 1952

Dehkhoda, A. A., *Loghatname,* Tehran 1325 sh ff.

Ehlers, E., *Iran – Grundzüge einer geographischen Landeskunde,* Wissenschaftliche Länderkunden Bd. 18, Darmstadt 1980

The Encyclopaedia of Islam, hrsg. von C. E. Bosworth u. a., bisher 6 Bde., Leiden 1986–1993

Endreß, G., *Einführung in die islamische Geschichte,* München 1982

Enzyklopädie des Islam, hrsg. von M. Th. Houtsma u. a., 4 Bde., Leiden/Leipzig 1913

Ethé, H., *Neupersische Litteratur,* in: Grundriß der iranischen Philologie, hrsg. von W. Geiger und E. Kuhn, Straßburg 1896–1907

Gabrieli, F., *Le Caire de Nasir-i Khusrev,* in: Colloque international sur l'Histoire du Caire, 27. 3–5. 4. 1969, S. 155ff., Gräfenheinichen o. J.

Gaudefroy-Demombynes, M., *Ibn Jobair: Voyages,* 4 Bde., Paris 1949–65

Ginzel, F. K., *Handbuch der mathematischen und technischen Chronologie,* 3 Bde., Leipzig 1906–14

de Goeje, M., *Mémoires d'histoire et de géographie orientales,* Leiden 1862

ders., *Mémoires sur les Carmathes de Bahraïn et les Fatimides,* Leiden 1862

Grabar, O., *Die Entstehung der islamischen Kunst,* Köln 1977

Halm, H., *Die Schia,* Darmstadt 1988

Hinz, W., *Islamische Maße und Gewichte,* Handbuch der Orientalistik, hrsg. von B. Spuler, Erg.Bd. 1/Heft 1, Leiden 1955

Hudud al-ᶜAlam min al-Mashriq ila al-Maghrib (Verfasser unbekannt) 982/83, Ausgabe: Dr. Manuchehr Sotudeh, Tehran 1983

Hudud al-ᶜAlam: The Regions of the World, übersetzt und kommentiert von V. Minorsky, London 1970

Hurgronje, S., *Mekka,* 2 Bde., Haag 1889

Ibn Hauqal, *Configuration de la Terre (Kitab Surat ul-Ard),* übersetzt von J. H. Kramers und G. Wiet, 2 Bde., Bayrut/Paris 1964

Johnson, F., *A Dictionary: Persian, Arabic, and English,* London 1852

Karmon, Y., *Israel – Eine geographische Landeskunde,* Wissenschaftliche Länderkunden Bd. 22, Darmstadt 1983

Koch, K. u. a. (Hrsg.), *Reclams Bibellexikon,* Stuttgart 1978

Lane, E. W., *Arabic-English Lexicon,* London 1863–1893

Lentz, W., *Zeitrechnung in Nuristan und Pamir,* Neuauflage mit erweitertem und überarbeitetem Vorwort, Graz 1978

Le Strange, G., *Lands of the Eastern Caliphate,* Cambridge 1905

ders., *Palestine under the Moslems,* Boston/New York 1890

Lietzmann, D. H. und D. K. Aland, *Zeitrechnung der römischen Kaiserzeit, des Mittelalters und der Neuzeit für die Jahre 1–2000 nach Christus,* Berlin 1956

Lombard, M., *Blütezeit des Islam. Eine Wirtschafts- und Kulturgeschichte, 8.–11. Jahrhundert,* Frankfurt/M. 1991

Moᶜin, M., *Farhang-e-Farsi,* Tehran 1978

ders., *Mazda Yasna va Adab-e-Parsi,* 2 Bde., Tehran 1984

Paret, R., *Der Koran,* 2. Aufl., Stuttgart 1980

ders., *Mohammed und der Koran,* 5. überarbeitete Aufl., Stuttgart 1980

Polo, M., *Von Venedig nach China,* Darmstadt 1983

Rogers, M., *Die Ausbreitung des Islam,* Berlin 1975

Rypka, J., *Geschichte der neupersischen Literatur bis zum Beginn des 20. Jahrhunderts,* Leipzig 1959

ders., *History of Iranian Literature,* Dordrecht 1968

Safa, Z., *Tarikh-e-Adabiyat dar Iran,* 6 Bde., Tehran 1335 (n. H.)

ders., *Gandj-e-Sokhan,* 3 Bde., Tehran 1339–40

Spuler, B., *Iran in früh-islamischer Zeit,* Wiesbaden 1952

Steingass, F., *Persian-English Dictionary,* London 1892

Strotzmann, R., *Gnosis-Texte der Ismailiten,* Göttingen 1943

Taqizadeh, S. H., *Old Iranian Calendars,* London 1938

Wehr, H., *A Dictionary of Modern Written Arabic,* hrsg. von J. M. Cowen, 3. Aufl., New York 1976

Wüstenfeld, F. (Hrsg.), *Jacut's Geographisches Wörterbuch* (d. i. Yaqut, Muᶜdjam ul-Buldan), 6 Bde., Leipzig 1924

Wüstenfeld-Mahler (unter Mitarbeit von J. Mayr), *Vergleichungs-Tabellen zur muslimischen und iranischen Zeitrechnung, neu bearbeitet von B. Spuler,* Wiesbaden 1961

de Zambaur, E., *Manuel de généalogie et de chronologie pour l'histoire de l'Islam,* Hannover 1927